부모, 교사, 언어재활사를 위한 이론과 실제

청각장애 아동의
듣기, 말하기, 읽기

Susan R. Easterbrooks · Ellen L. Estes 공저
김영욱 · 김희영 · 이윤선 · 한효정 공역

Helping Deaf
and Hard of
Hearing Students
to Use Spoken Language
A Guide for Educators
and Families

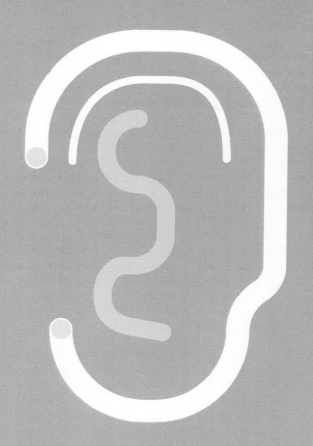

학지사

Helping Deaf and Hard of Hearing Students to Use Spoken Language:
A Guide for Educators and Families
by Susan R. Easterbrooks and Ellen L. Estes

역자 서문

청각장애 아동의 언어 및 의사소통 능력은 일반 아동처럼 일상에서의 경험과 활동을 통해 자연스럽게 발달되지 않는다. 청각 손상으로 인한 듣기의 문제가 이들의 언어 및 의사소통 발달을 어렵게 하기 때문이다. 이러한 문제를 개선하기 위해 중재 전략을 개발하고, 청각기기를 발전시키는 등의 노력이 지속되어 왔다. 특히 보청기와 인공와우의 발전은 청각장애 아동의 구어 습득과 발달의 수월성을 높였다. 하지만 많은 청각장애 아동에게 구어 습득 과정은 마치 험난한 산을 오르는 것과 같이 어려운 과제이다. 이 험한 산을 완만하게 해 줄 수는 없지만, 오르는 길목마다 이정표를 세워 주고, 좀 더 안전하고 쉽게 산행할 수 있도록 돕고, 어려움을 극복하려는 아동을 격려해 줄 수 있는 사람이 필요하다. 이에 역자들은 청각장애 아동과 가족에게 필요한 정보를 제공하고, 청각장애 아동의 구어 의사소통 능력의 향상을 위한 교사 및 언어중재자의 중재전략 개발과 적용에 참고할 만한 책을 찾고 있었다. 그 가운데 알게 된 이 책은 듣기 모형을 듣는 것(listening) 이상의 듣기처리 과제(brain task)라는 용어로 제시하고 있어 흥미로웠고, 소개된 사례와 저자의 경험에서 우러나온 문장을 읽을 때는 종종 자신도 모르게 감탄사가 흘러나왔다. 특히 청각 및 말·언어 발달 중재 모형을 듣기처리 과제, 듣기 및 말하기 기술, 외적 요인을 동시에 고려한 입체 모형의 제시가 전문성과 실제성을 담보하였다.

이 책은 청각장애 아동의 언어 및 의사소통 중재 활동을 영·유아기, 학령전기, 학령기별로 구분하여 제시하고 있다. 모형을 적용할 때 고려해야 하는 활동과 목표 사항을 상세히 기술하여 청각장애 아동을 처음 접하는 독자의 경우에도 개념적 틀을 쉽게 마련할 수 있게 하였다. 또한 아동의 수준에 적합한 놀이와 활동을 중심으로 하는 중재 전략을 제시하여 부모, 교사, 언어재활사의 중재 목표 설정과 전개의 실제에 필요한 지침도 잘 제시해 주고 있다. 또 한 가지 특징은 전통적으로 청각장애 아동의 교육과 언어재활에서 중점을 두었던 보상 활동 중심이 아니라 전인 발달을 강조하고, 활동과 참여의 가능성을 바탕으로 한 활동 중심 중재 모형을 제시하였다는 점이다. 이와 같이 이 책은 청각장애 아동의 듣기 및 말·언어 발달을 위한 홀륭한 지침서이다. 청각장애 아동의 언어와 의사소통 능력의 향상을 위해 노력하는 많은 사람에게 좋은 자료로 활용되기를 바라는 마음으로 번역을 시작하였다.

역자들이 함께 번역하며 용어도 통일하고, 저자의 의도를 최대한 전달해 보려고 노력하였지만 부족한 부분이 많이 보인다. 특히 우리에게 익숙하지 않은 놀이와 활동들, 한국어의 특성과는 다른 영어의 예들은 원본 그대로 옮겼다. 이는 원본에 충실해야 한다는 역자들의 뜻이다. 다만 이 책의 제목은 원본을 직역하지 않고 우리에게 친숙한 표현으로 하였다는 점을 양해해 주기 바란다. 따뜻한 봄부터 추운 겨울까지 수고한 역자들, 이 책의 출간을 허락해 주신 학지사 김진환 사장님, 원고를 꼼꼼히 편집해 주신 김서영 선생님, 그리고 이 글을 먼저 읽고 수정을 도와주신 여러 현장의 선생님들께도 감사를 드린다.

추천사

자신이 속한 세상의 언어로 정확하고 일관성 있게 의사소통할 수 있다면 사람은 세상에 좀 더 쉽게 대응하며 살아갈 수 있다. 이는 특히 심각한 청각장애를 가지고 태어난 사람들의 경험에서 명백하게 나타난다. 청각장애 아동이 언어를 구성하는 소리의 미묘한 차이를 충분히 인식하지 못한다면, 말하는 법을 배우는 데 있어 상당한 난항을 겪게 된다.

과거에는 보청기 착용만으로는 구어 습득에 한계가 있었다. 역사적으로 청각장애 아동의 구어를 발달시키려는 노력은 때때로 성공하였다. 하지만 제한된 구어 능력을 가진 청각장애 아동은 자신의 직계가족, 선생님, 가족의 친구들과만 의사소통하려 할 수도 있다.

과거 몇 년 동안 교육자들은 특별한 훈련을 받았고, 이 어려운 과제를 수행할 준비를 하였다. 놀랄 것도 없이 기술의 발전은 우리의 일상에 영향을 미쳤으며, 청력손실이 청각장애 아동에게 미치는 영향을 완화시켜 구어를 더 쉽게 배울 수 있는 기회를 제공하였다. 오늘날의 디지털 보청기 사용과 인공와우 이식을 통해 청각장애 아동은 청각적 자극에 더 잘 접근하게 되었다. 그러나 이러한 기기만으로 구어 습득이 가능한 청각장애 아동도 있지만, 상당수의 청각장애 아동은 그들과 함께 일하는 교사와 임상가들에게 여전히 더 많은 것을 필요로 한다.

언어 학습이 약간 더딘 아동도 있고, 말초 청력손실을 넘어서서 문제를 처리하거나 학습하는 데 어려움을 겪는 아동도 있다. 교사와 임상가가 아동에게 의도적으로 안내하여도 청각적 접근만으로 구어를 습득하기에는 충분하지 않다. 이러한 아동은 구어 학습을 위해 좀 더 의도적인 가르침을 필요로 한다. 그리고 일단 교육이 진행되면 아동에게 지식과 기술을 체계적으로 적용하는 것이 도움이 될 것이다.

Susan Easterbrooks와 Ellen Estes가 청각장애를 담당하는 교사, 언어재활사에게 도움이 되는 글을 쓴 것은 행운이다. 아동에게 청각적 접근이 가능하도록 맞추어진 특별한 경우에도 의도적으로 교육하지 않고서는 언어를 습득하기에 충분하지 않다. 이 책은 '언어가 없는(languageless)' 것처럼 보이는 아동을 가르치는 교사나 언어재활사에게 특히 유익할 것이다.

이 책은 이론과 실제를 결합한 것이며, 초보 교사와 언어재활사가 의도적으로 구어를 발달시키기 위한 과제의 개념적 틀을 만드는 데 도움이 될 것이다. 동시에 풍부하고 실제적인 목표의 예들이 제시되어 있어 아동에게 말하는 것을 학습시키기 위한 목표를 설정하는 데 도움이 될 것이다. 미숙한 화가가 그림의 기초로 형태, 배경, 거리, 원근법을 배우는 것처럼, 초보 언어재활사들 또한 교수와 학습에 영향을 주는 듣기처리 과제, 듣기와 말하기 기술, 외적 요인과 같은 개념을 접하게 될 것이다. 일단 개념적 틀을 이해하고 나면 이 글을 읽는 독자는 청각장애 학생이 말하기 능력을 발달시켜 나가는 과정 어디에 머물러 있는지 앞의 요소들의 교차점을 찾아야 할 것이다. 구어 학습에 필요한 세 가지 측면을 통해 다양한 모델 요소를 설정할 수 있다.

이 책을 출판하기 위해 신중하고 면밀히 준비하신 Susan과 Ellen의 수고에 감사드린다. 책에서 제시한 모형을 통해 청각장애 아동을 가르치는 모든 사람 간의 정확한 의사소통이 가능해질 것이다. 청각장애 아동 전문 교사이자 경험이 많은 교육자인 저자들은 독자가 청각장애 아동의 구어 발달에 관해 더 알 수 있도록 이 책 안에 과학적 지식과 예술적인 기술을 제시하였다.

Mary Ellen Nevins, EdD
교사, 교사교육자, 저술가, 교육상담가, 발달전문가
현재 미시간주 테컴시에서 사설기관 운영

저자 서문

무언가 특별한 일이 발생하지 않는 한, 대부분 의사소통 능력은 정상적이고 자연스럽게 발달한다. 청력손실은 아동이 의사소통을 배우기 어렵게 만드는 일반적인 사건 중 하나이다. 구어 습득은 매우 복잡한 과제이며, 구어 습득에 필요한 사고, 소리, 움직임 등이 노력을 필요로 하지 않는 과정처럼 보이지만 실제로 우리의 뇌는 이들의 조정자 역할을 한다. 청력손실은 의사소통 발달에 영향을 준다. 이러한 영향을 극복하기 위해 필요한 것 중 하나가 준비된 교사이다. 두 번째는 권한을 부여받은 부모이고, 세 번째는 기술의 발전이다. 기술의 발전으로 인해 청각장애 아동의 구어 발달에 필요한 듣기 가능성이 높아졌다. 이 책은 일반교사, 특수교사, 조기 중재자, 특별히 훈련받은 교사 등 청각장애 아동을 가르치는 교사들을 위해 쓰였다. 어떻게 해서 청각장애가 있는 아동과 일하게 되었는지는 중요하지 않다. 무엇을 할 수 있는가가 중요하다.

이 책에서 우리는 수어가 아닌 구어를 배우는 어린 아동에게 초점을 맞추고 있다. 미국 수어(ASL)는 많은 청각장애 아동이 풍부하고 완벽하게 의사소통할 수 있도록 선택권을 제공해 주는 훌륭한 언어이지만, 이것은 이 책의 초점이 아니다(수어 학습에 대한 폭넓은 논의는 Easterbrooks & Baker, 2002를 참고).

청각장애 아동에게 구어를 가르치기 위한 기술과 과학이 있다. 먼저, 제1부에서 제시한 기술은 청각장애 아동의 의사소통 발달을 돕기 위해 상호작용하는 창의적인 방식으로 이루어진다. 구어 의사소통을 가르치기 위해 사용할 수 있는 다양한 전략을 요령 있게 적용하길 바란다. 제2부에서는 청각장애 아동을 중재하는 데 관련된 다른 하나인 과학을 제시하였다. 청각장애 아동에게 구어 의사소통을 가르치는 기술 이면에 존재하는 과학을 더 잘 이해할수록 더 나은 교육자가 될 수 있다.

차례

제2부 중재의 과학: 듣기, 말하기 기초 177

제1부
중재의 기법:
듣기, 말하기, 읽기 중재

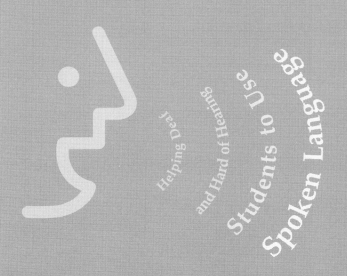

청각장애 아동은 의사소통하는 방법을 배울 때 많은 어려움에 직면한다. 또한 의사소통의 어려움으로 인해 학업 수행 및 사회-정서 발달에서의 어려움이 생길 수 있다. Helen Keller는 청력손실과 시력손실 중 어느 것이 더 큰 어려움이었는지에 대한 질문에 보지 못하는 것보다 듣지 못하는 것이 더 큰 어려움이라고 답하였다. 보지 못하는 것은 사물과의 단절이지만 듣지 못하는 것은 세상 사람과의 단절이기 때문이다. 우리는 타인과의 접촉을 통해 의사소통하는 법을 배우며, 그 의사소통을 통해 사회 및 학업 지식과 기술들을 배운다.

이 책의 1부는 5장으로 구성되며, 아동 발달의 본질과 구어를 듣고 사용하는 과정이 반영된 내용으로 채워졌다. 예를 들어, 처음으로 중재를 받는 5세 청각장애 아동을 가르친다면 영·유아와 관련된 활동과 기술들부터 시작하는 것을 권장한다. 새로운 학습자에게 적용되는 과학은 동일하다. 그리고 연령에 적합한 활동을 통해 초기 기술을 익히도록 해야 한다. 이와 관련된 장을 읽을 때, 우리가 제안한 환경을 구성하는 것이 왜 필요한가에 대해 좀 더 자세히 알고자 한다면 책의 2부를 참조해야 할 것이다. 1부의 구성은 다음과 같다.

제1장 '듣기 및 말하기 중재: 중재 모형 및 활동'에서는 청각 및 말·언어 발달 모형을 소개한다. 이 장을 통해 독자는 구어 의사소통 능력에 대해 배울 수 있고, 청각 및 말·언어 모델을 구성하는 각각의 요소를 종합적으로 생각할 수 있는 형식에 대해 배울 수 있다.

제2장 '영·유아 조기 선별 및 조기 중재'에서는 아주 어린 청각장애 아동을 가르칠 때 필요한 접근방법과 실제, 기술, 전략 등의 내용을 다룬다.

제3장 '학령전기 아동 중재'에서는 3세부터 6세 아동을 가르칠 때 알아야 하는 접근방법, 실제, 기술, 전략 등의 내용을 다룬다.

제4장 '학령기 아동 중재'에서는 학교에 다니는 아동에게 도움이 되는 내용을 다룬다.

제5장 '청각장애 아동의 문해 기술 발달'에서는 청각장애 아동이 문해를 습득할 때 겪는 어려움, 어떻게 언어와 문해를 연결시키는가에 대한 논의를 다룬다.

일반교사 또는 특수교사처럼 독자는 ① 청각장애 아동이 의사소통을 배우도록 도와주고, ② 의사소통을 배우는 동안 사회적 및 학업적 정보를 제공해야 한다. 이를 창의적인 방식으로 지원해 주는 것이 중요하다. 그 과정이 항상 쉽지는 않겠지만, 늘 흥미진진하다.

01

듣기 및 말하기 중재: 중재 모형 및 활동

건청 아동은 항상 들을 수 있기 때문에 구어를 배울 수 있다. 이들은 자신의 말소리와 다른 사람의 말소리를 듣는다. 그러나 선천적으로 청력손실을 가지고 태어난 아동은 일상생활에서의 자연스러운 듣기가 어렵기 때문에 건청 아동과는 달리 반드시 듣기(듣는 방법)를 배워야 한다. 소리는 귀를 통해 듣는(hear) 것이지만, 이러한 소리를 듣고 이해하는 것(listen)은 뇌를 통해 이루어진다. 청각장애 아동은 이해할 수 있도록 소리를 구조화해야 한다.

아동이 소리를 구조화하는 데 도움이 되는 최선의 방법은 소리를 언어와 관련시키는 것이다. 언어는 사고, 개념, 단어, 소리 등을 조직하는 데 있어 숙련된 조직자 역할을 한다. 이 장의 목적은 일반교사와 특수교사에게 유용한 모형을 제공하는 데 있다. 이 모형을 활용하여 교사들은 듣기 및 말하기와 관련한 구성 요소들을 조직하고, 이를 학생들이 이해하고 사용하도록 가르칠 수 있다. 이 장에서는 듣기 및 말·언어 발달 모형(Model of Auditory, Speech, and Language Development)에 대해 자세히 설명하고 있다.

구어는 듣기를 통해 가장 쉽게 학습된다. 과거에는 '구어 듣기를 위한 학습'을 청능훈련(auditory training)이라는 용어로 그 개념을 설명하였다(Erber, 1982). 최근에는 청능훈련이라는 용어 대신 청각중추 발달(auditory brain development)을 사용한다. 그리고 이 책에서는 청능훈련을 청지각 발달(auditory perceptual development)로 사용할 것이다. 그러나 언어를 듣고 배우는 것(언어 듣기 학습)은 출생 시부터 시작되어 여러 해에 걸쳐 진행되는 과정이다. 듣기를 배우는 과정 동안 아동은 구어에서 나타나는 크고 작은 차이를 인식해야 한다. 예를 들면, 차 경적 소리는 아동의 형제가 내는 웃음소리와 매우 다르다. 차의 경적 소리와 형제의 웃음소리를 많이 들어 본 아동은 이 두 소리의 차이를 잘 구분할 것이다. 소리를 많이 들어본 아동일수록 들어본 소리에서 더 작은 차이도 들을 수 있다. 듣기 경험이 많은 청자는 'wipe your feet'과 'go to sleep'을 다르게 들을 것이다. 이 두 문장의 패턴이 매우 유사하기 때문에 그 언어에 대한 듣기 경험이 많지 않은 사람은 구분하기 어렵다.

언어 듣기 학습의 대부분은 청각 피드백 순환경로(auditory feedback loop)를 발달시키는 것에 있다. 스스로 모니터링할 수 있기 위해서 아동은 자신의 말을 들을 수 있고 말하는 방법을 배워야 한다. 청각 피드백 순환경로 발달은 옹알이 이전에 반드시 선행되어야 하는 것이며 구어 발달에 도움이 된다. 청각 피드백 순환경로에 대한 자세한 내용은 제6장에서 다루고 있다.

청력손실을 가진 아동은 크게 두 부류로 설명된다. 한 부류는 집중적인 자극(intensive stimulation)을 필요로 하는 반면 다른 부류는 광범위한 중재(extensive remediation)를 필요로 한다. 잘 준비된 집중적인 자극 환경은 듣기와 구어의 자연스러운 출현을 촉진하는 데 도움이 된다. 이는 정상 발달 패턴을 따르며 촉진적 언어 학습(facilitated language learning; Deskardin, Eisenberg, & Hodapp, 2006) 또는 우발적 언어 학습(incidental langauage learning; McConkey-Robbins, 1998)으로 불린다.

그러나 청각장애 아동 중 학습장애나 언어 경험 결핍, 문해 발달 시작 시기가 늦는 등의 이유 때문에 정상 발달 속도로 구어를 학습할 수 없는 청각장애 아동도 있다. 이러한 아동에게는 직접 교수 또는 본질적으로 좀 더 치료적인 설명적 교수(didactic instruction)가 필요하다.

듣기에 어려움이 있고 언어와 관련된 기본 능력이 부족한 아동에게는 좀 더 직접적이거나 설명적인 교수를 할 필요가 있다. 그러나 이 책은 듣기를 통해 구어 습득이 가능한 정도의 청력손실을 가진 아동에 초점을 두었다.

필수 듣기 과제

아동의 청각중추가 발달하는 동안 교사는 구어 자극을 분리된 자극으로 구성해야 한다. 구어 자극을 분리시킴으로써 아동이 메시지를 좀 더 쉽게 이해할 수 있기 때문이다. 청력손실은 청각 자극이 온전히 수용되지 못하도록 하는 일련의 필터(방해) 역할을 한다. 따라서 청각중추 발달(auditory brain development)은 이러한 방해를 조금씩 제거하는 과정이며 다음의 내용을 포함한다.

- **소리에 대한 생각:** 아동은 소리에 대해 생각하고 이를 조직해야 한다. 소리를 조직하는 것은 들은 소리를 탐지하고, 변별하고, 확인하고, 이해하는 것을 학습하는 과정을 의미한다(Erber, 1982). 즉, 소리가 있음을 인식하고 한 소리가 다른 소리와 서로 다르다는 것을 변별한다. 그리고 특정 소리가 다른 사물 또는 사건(events)과 관련되며, 특정 소리가 가지는 의미를 이해해야 한다. 예를 들면, 아동의 사고 필터는 소리를 탐지할 수 있으나 변별하지 못하는 아동에게 'See the bee.'라는 소리를 들려줄 경우, 이 아동은 'See the bee.'라고 말하는지 혹은 'See the tree.'라고 말하는지 변별할 수 없다.
- **말 · 언어적 요소:** 말 · 언어는 모음과 자음을 바탕으로 한 단어와 구 그리고 문장으로 구성된다. 또한 목소리로 기쁘거나 슬픈 감정을 표현하는 것과 같이 운율과 억양에 따라 다양한 표현이 만들어진다. 세 단어 조합 시기의 아동에게 "목욕 시간이야. 고무 오리 가지고 이리 와(Time to take your bath. Get your rubber ducky and come here)."라는 긴 문장을 들려주었을 경우, 이 아동은 '오리 욕조에 넣어(bath ducky here)'처럼 단지 세 단어로 구성된 문장으로 들을 수 있다. 이 경우에 아동은 오리 인형을 욕조에 넣으라는 것으로 이해할 수도 있다.
- **아동의 환경:** 아동의 머릿속에서 일어나는 것과 아동이 실제로 보거나 만질 수 있는 세계에서 일어나는 것은 상호작용한다. 실제 환경에서 일어나는 것과 청각적 정보가 서로 더 밀접할수록 아동의 구어습득은 수월해진다. 예를 들면, 아동이 'banana'와 'apple'을 변별하는 단계라면 아동 앞에 'pear'를 놓지 말아야

한다. 만약 아동이 'a tree'와 'a bee'와 같이 상대적으로 작은 차이를 변별하는 단계라면 배경소음이 되는 라디오를 켜지 말아야 한다.

• **아동의 행동:** 영아는 특정 행동만을 할 수 있는 반면 유아는 영아에 비해 다양한 행동 목록을 가진다. 학령전기 아동의 행동 목록은 매우 다양하며 학령기 아동에게서 보이는 가장 정교한 행동을 보일 수도 있다. 학령기 아동에게 소리 인식 단계의 듣기훈련을 할 때, 우유병을 빨다가 소리가 들리면 빨기를 멈추게 하는 것은 적절하지 않다. 반대로 3개월 된 아기에게 소리를 들으면 단어에 동그라미를 치도록 하는 것도 적절하지 않다. 아동이 소리를 인식했는지를 파악하기 위해 관찰하는 행동을 선택할 경우, 관찰목표 행동으로 아동의 발달단계에서 할 수 있는 행동을 선정한다.

아동 이해

듣기 및 언어 모두 어려움을 가진 아동을 대할 때 교사는 아동의 모든 요구를 고려해야 한다. 아동은 감정(emotion)을 가지고 있다. 아동이 슬플 때 듣기 및 언어 교수에 참여하기 어려울 수 있다. 아플 땐 듣기훈련에 집중하기 어려울 수 있다. 시각장애 아동이라면 교수에 제공된 교구를 볼 수 없거나 조작할 수 없을 것이다. 아동이 가정에서 사용하는 언어와 학교에서 사용하는 언어가 다르다면 교수에 대한 부담이 클 것이다. 또한 아동은 언어 학습 과제를 자신의 실제 경험과 연결 짓는다. 많은 경험을 한 아동이 있는 반면 그렇지 않은 아동도 있다. 아동이 경험한 것이 많으면 많을수록 아동에게 의사소통을 가르칠 때 풍부한 자원이 된다.

〈상자 1-1〉에 제시된 퀴즈를 한번 풀어 보자. 숫자와 문자를 연결시켜 본다.

돌발퀴즈

다음에 제시된 번호와 일치하는 내용의 알파벳을 연결하시오.	
1. 그림을 가리키시오	a. 소리에 대한 생각
2. 단어 'pat'의 'p' 소리	b. 아동의 환경
3. 아기인형이 들어있는 상자	c. 말·언어적 요소
4. 'ball'과 'jump'의 변별하기	d. 아동의 행동

1과 d, 2와 c, 3과 b, 4와 a를 서로 짝지을 수 있다. 이 장에서는 중재 시 고려되어야 하는 네 가지 요소에 대해 좀 더 자세히 살펴볼 것이다.

청각 및 말·언어 발달 모형

이 장에서 제시되는 청각 및 말·언어 발달 모형은 교사가 구어 교수에서 반드시 다루어야 하는 말·언어와 듣기의 많은 부분에 대해 생각하는 데 도움이 될 것이다. 이 모형은 두뇌(듣기처리 과제, brain task)는 다양한 맥락(외적 요인, external factors)에서 의미 있는 말과 언어(듣기 및 말하기 기술, listening and speaking skills)로 처리된다는 것을 보여 준다. 예를 들어, Marius에게 세 가지 장난감(boots, boat, bear)을 제시하면(외적 요인) 아동은 −oo−(/우/)와 −oa−(/오우/)(듣기 및 말하기 기술)를 듣고 변별(듣기처리 과제) 반응으로 가리키기(아동 행동)를 할 수 있다는 것을 중재 목표로 설정한다고 하자. 이 수업에서 교사는 아동에게 세 가지 사물을 보여 주고 세 단어 중 하나의 단어를 들려줄 것이다. 그러면 아동은 중재자가 들려준 단어를 듣고 일치하는 장난감을 가리킬 것이다.

또 다른 예를 들면, 교사가 Marissa에게 현재분사 ing가 포함된 2음절 단어(듣기 및 말하기 기술)를 그 단어가 포함된 그림으로 제시하면(외적 요인), 교사가 들려준 목표 단어를 아동이 발화(아동 행동)하고 그것을 이해(듣기처리 과제)할 수 있다는 것을 중재 목표로 설정한다고 하자. 이 수업에서 교사는 Marissa에게 물가에 보트가 있고 아이들이 수영하고 있는 그림을 보여 주며 "잘 들어 봐, 친구가 물속에서 움직이고 (moving) 있잖아. 친구가 팔을 앞뒤로 돌리고(turning) 있네. 그리고 발로 힘차게 물을 차고(kicking) 있어. 친구는 지금 무엇을 하고(doing) 있는 중일까?"라고 물어볼 것이다. 교사의 질문에 Marissa는 "수영하는(swimming) 중이에요."라 답할 것이다. [그림 1-1]에는 좋은 수업 계획을 세울 때 도움이 되는 청각 및 말·언어 발달 모형의 하위 구성 요소들(듣기처리 과제, 듣기 및 말하기 기술, 외적 요인)이 도식화되어 있다.

청각 및 말·언어 발달 모형 구조는 적절한 목표를 결정하기 위한 구조를 제공한다. 듣기처리 과제는 앞에서 뒤로 갈수록 난이도(탐지, 변별, 확인, 이해)가 높아진다. 듣기 및 말하기 기술은 왼쪽에서 오른쪽으로 갈수록 난이도(초분절적 자질, 모음, 자음, 연결 발화)가 높아진다. 하지만 이게 전부는 아니다. 듣기처리 과제는 난이도를 높여 가며 다음 단계로 진전시키는 동시에 듣기 및 말하기 기술의 단계도 함께 발달시켜야 한다. 반대의 경우도 마찬가지이다. 외적 요인은 특정 상황에 관한 것이다. 이 모형에서 제시되지는 않았지만 아동 행동 과제는 모든 회기에서 항상 고려되어야 한다. 목표 설정 시, 다음에 제시된 유형을 고려해 보자.

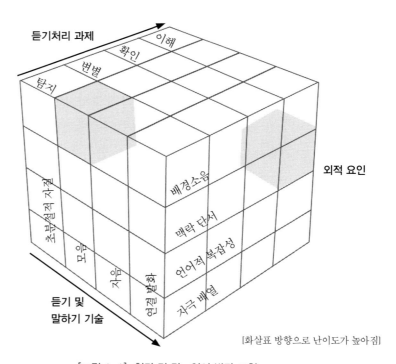

[그림 1-1] 청각 및 말·언어 발달 모형

출처: Illustration by James Poulakos, Mustafa Elsawy 2005.

아동은 (외적 요인) 조건에서 (듣기 및 말하기 기술)의 수준별로 (듣기처리 과제)한 것을 (아동 행동)으로 나타낼 수 있다.

제시된 삼차원의 입체 모형에서 짙게 표시된 부분을 따로 떼어내어 생각해 보자. 예를 들면, Shantia의 목표는 비행기(aaaa)와 소방차(oooo)와 같은 특정 장난감 소리와 연합되어(외적 요인 중 배경소음) 모음 −a−와 −oo−(듣기 및 말하기 기술)를 듣고 뾰족탑에 링을 끼워 탐지했음을(듣기처리 과제) 보여 주는 것이다.

관련 변인 1: 듣기처리 과제

듣기처리 과제는 아동의 소리에 대한 뇌 반응에 관한 것이다. 듣기(listening)를 통해 무슨 소리를 지각했는지 생각하게 된다. 아동에게 듣는 것을 가르치기 위해서는 먼저 아동이 생각하는 것을 예측해야 한다. 즉, 아동이 정보를 가지고 생각하는 것을 예측해야 한다. 듣기처리 과제는 탐지, 변별, 확인, 이해의 네 가지로 구성되어 있다. 청능훈련의 목적은 아동이 들은 정보를 이해하도록 가르치는 데 있다. 각각의 구성 요소는 이해 발달에 도움이 된다. 듣기 교수에 사용되는 활동은 반드시 아동에게 의미 있고 유용한 것이어야 한다. 듣기처리 과제는 단계별로 발달하는 것이 아니다. 한 수준(예: 문장 길이가 다른 구)을 이해하는 데 초점을 두는 동시에 다른 수준(예: 같은 모음으로 구성된 단어)을 변별하는 것에 초점을 둘 수 있다.

탐지

핵심 질문 #1
아동은 소리를 듣는가? 아동은 소리 존재의 유무를 탐지하는가? 아동은 소리자극에 대해 반응하는가? 아동은 소리 범위를 탐지하는가? 교사는 조건화된 놀이 반응을 확립했는가? 자발적 놀람 반응의 증거가 있는가?

듣기처리 과제의 첫 번째 구성요소는 탐지(Detection), 즉 소리의 유무에 따른 반응이다. 청각 발달기 동안 소리 유무에 따른 반응 혹은 무반응이 확립되어야 한다. 그러나 소리에 대한 유무 반응을 보이기 이전에 아동은 소리가 날 때까지 기다릴 수 있는 능력을 가져야 한다. 기다리기 능력이 갖춰지지 않고서는 아동의 반응을 신뢰할 수 없다. 즉, 아동이 실제 소리를 듣고 반응을 하는 것인지, 아니면 소리가 났을 것이라 여기고 반응하는지를 결정하기는 결코 쉬운 일이 아니다. 소리가 날 때 반응하는 능력을 갖추지 못한 아동은 자극이 주어질 때까지 기다리지 못하고 자극이 주어졌을 것으로 예측하고는 반응할 수도 있다. 이들이 만약 실제로 소리를 들을 수 있다면 자극이 들릴 때까지 반응하지 않고 기다렸을 것이다. 이들이 실제로 듣고 있다면 기다리기는 문제가 되지 않는다.

소리에 대한 반응이 발달하는 시기에 소리 자극은 보조장치 착용 시의 청력도를 기준으로 아동이 들을 수 있는 것이어야 한다. 제6장에서도 기술한 것과 같이, 보조장치 착용 시의 청력도에는 아동이 인공와우나 보청기를 착용했을 때의 청각 반응에 대한 정보가 제시된다. 아동이 들을 수 있는 소리부터 듣기 능력을 발달시켜 가는 것이 중요하다. 예를 들어, 1세 아동에게는 소리를 들었을 때 콩주머니를 던지거나 장난감 블록을 쌓는 반응을 하도록 하는 조건화된 유희 반응(conditioned play response)을 가르칠 수 있다. 소리에 대한 특정 단서가 제시되지 않을 때 아동이 소리를 들었다는 것을 알 수 있는 자발적으로 의식하는 반응을 발달시키도록 자극할 수도 있다. 예를 들면, 소리를 들었을 때 아동은 하던 것을 멈추고 소리가 나기를 기대하거나 무언가를 들었다는 것을 보여 주기 위해 발성을 할 것이다. 자발적인 반응을 발달시키기 위해서는 방 안에 있는 누군가가 소리를 내도록 할 수 있다. 그 소리를 기술해 줌으로써 아동이 소리에 대해 주의집중하도록 한다(예: "봐, 아줌마가 장난감 소를 들고는 'moo'라고 했네. 'moo'라고 하는 소리를 난 들었는데, 너도 들었니?"). 듣기처리 과제의 다음 단계로 진행하기 전에 아동은 반드시 자발적으로 소리를 의식하는 능력을 가져야 한다.

탐지 활동의 예: 교사가 친숙한 자극(외적 요인)을 제시할 때 Victoria는 바구니에 장난감 블록을 떨어뜨리는 활동(아동 행동)을 하며 다양한 모음(듣기 및 말하기 기술)을 탐지(듣기처리 과제)할 수 있다.

[그림 1-2] 탐지활동의 예-고리 끼우기

출처: Photographed by John Zimmermann.

변별

핵심 질문 #2

변별은 주로 말 지각 활동의 중재 도구로 사용된다. 그러나 변별 활동을 하기 전에 다음 몇 가지 질문에 대한 답을 생각해 보자. 아동이 두 개의 소리가 같거나 다르다는 것을 어떠한 방식으로든 표현하는가? 소리들 간의 차이를 듣고 있음을 표현하는가? 여러 다른 소리에 각각 다르게 반응할 수 있는가?

　아동이 어음(speech)을 탐지하는 능력을 가지면 듣기처리 과제는 다음 단계로 넘어간다. 탐지의 다음 단계인 청각 변별(auditory discrimination)은 2개 이상의 소리가 서로 다르다는 것을 아는 것이다. 즉, 청각 변별이란 "소리들 간의 유사 또는 차이를 지각하고, 소리들 간의 차이를 듣(각각의 소리를 다르게 듣고), 각기 다른 소리에 다르게 반응할 수 있는 능력"을 의미한다(Erber, 1982, p. 41). 만약 아동이 어떤 두 개의 소리가 다르다고 한다면 이 아동은 이러한 소리에 대해 서로 다른 방식으로 반응할 것이다. 음절 수가 서로 다른 두 단어인 1음절 단어 'cow'와 3음절 단어 'elephant'를 예로 들어 보자. 이 수준에서는 아동이 'cow'보다 'elephant'가 단어 길이가 더 긴 것을 알 수 있는가에 초점을 둘 것이다. 만약 아동이 'elephant'를 듣고 코끼리 코의 움직임을 흉내 내고 'cow'를 듣고 소 울음소리를 흉내 낸다면, 아동은 두 단어의 음절 길이가 서로 다르다는 것을 아는 것이다. 아동은 그 단어가 완전히 무엇을 의미하는지는 아직 잘 모를 수 있다. 그러나 그것은 다음 단계의 것이다. 이 단계에서는 아동이 길이가 다른 단어를 듣고 각각의 단어가 서로 다르다는 것을 다양한 방법으로 표현하는 것에 목표를 두고 있다.

그러나 이러한 변별 과제 단계에서 오래 머무르기보다는 다음 단계인 확인 과제로 빨리 넘어가야 한다. 그 이유는 아동에게 소리가 의미 있을 때 청각 발달 활동을

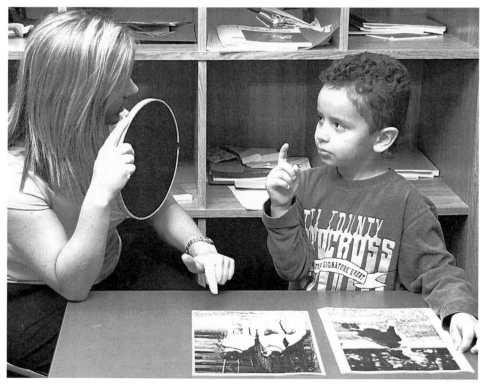

[그림 1-3] 탐지 활동의 예-종성의 유무에 따라 손가락을 올리거나 내리기
출처: Photographed by John Zimmermann.

실시하는 것이 가장 좋기 때문이다. 변별 단계는 종종 치료의 도구로 사용되기도 한다. 예를 들어, 아동이 'cat'을 'tat'으로 말하는 오류를 범한다면, "잘 들어 봐, 너는 지금 'tat'이라고 말했잖아. 그런데 난 'cat'이라고 말했거든. 소리가 다르다는 걸 알겠니?"라고 말할 것이다. 변별을 중재 도구로 사용하는 목적은 아동이 바른 것과 바르지 못한 소리를 비교하는 것에 있다. 이 과정은 들은 것을 토대로 자신의 말을 수정하는 것을 배우는 전략인 청각적 자기점검(auditory self-monitoring) 또는 청각적 피드백(auditory feedback)의 초기 단계이다. 그러나 초기 듣기 학습 단계에 있는 아주 어린 아동에게 변별은 실제 목표가 될 수 있다.

변별 활동의 예: 교사가 Ahmed에게 단어쌍(dog/dogs, cat/cats, tree/trees)을 들려주면(외적 요인) Ahmed는 그것을 듣고 종성자음 -s/z 로 끝나는 단어와 끝나지 않는 단어(듣기 및 말하기 기술)를 변별(듣기처리 과제)할 수 있다. 교사가 들려준 단어쌍이 서로 다르면 손가락을 위로 올리는 활동(아동 행동)을 통해 반응한다.

확인

핵심 질문 #3
아동은 구어와 관련된 명칭을 이해하여 사물 또는 단어를 가리키거나 들은 것을 따라서 말할 수 있는가?

아동이 소리를 변별하는 것이 가능하면 듣기처리 과제는 확인(identification) 또는 재인(recognition) 활동을 통해 소리에 의미를 연결 짓는 단계로 진행된다. 아동은 음향적 패턴을 인식하여 그것을 특정 사물, 사건, 사람, 또는 행위로 지칭한다. 이 단계의 목표는 아동에게 자신이 들은 것을 그대로 말하거나 소리 자극을 나타내는 그림 또는 글자를 가리키도록 하는 것에 있다. 예를 들어, 각기 다른 소리를 가진 세 가지 사물을 아동에게 보여 준다고 가정해 보자. 이 예에서의 목표는 아동이 소리를 듣고 그 소리가 의미하는 정확한 사물을 고르거나 그 소리를 따라 말하도록 하는 데 있다. 이를 청각적 확인(auditory identification) 또는 청각적 연합(auditory association)

이라 한다.

> **확인 활동의 예:** 세 가지 대상물이 제시될 때(외적 요인), Maisha는 말을 모방하거나 대상물을 선택하는 방법으로(아동 행동) 길이가 다른 단어(듣기 및 말하기 기술)를 확인(듣기처리 과제)할 수 있다.

이해

> **핵심 질문 #4**
> 아동은 어떤 사건이나 사물과 소리를 고차원적으로 연합할 수 있는가? 아동은 교사가 들려준 말의 의미를 이해하는가? 아동은 질문에 적절하게 대답하는가? 아동은 지시를 따를 수 있는가?

이해는 듣기 교수의 가장 중요한 목표이다. 이해 단계에서는 아동이 들은 것을 이해하는가를 확인하는 것에 초점을 둔다. 듣기 과제에서 이해란 아동이 구어의 의미를 알고(understand) 제시된 자극과는 양적으로 다른 반응을 보이는 것을 의미한다. 이해(comprehention)의 또 다른 표현은 알아가기(understanding)이다. 이해란 일련의 과정이기 때문에 이 단계의 목적은 듣기처리 과제의 다른 단계에서의 목적과 다르다. 아동이 이해한 것을 나타내는 아동의 반응을 토대로 이해했다는 것으로 추정한다.

이해의 또 다른 표현으로 사용되는 것이 재조직(reformulation)이다. 이해 활동을 하는 동안에 아동은 소리를 듣고 그 소리의 의미를 이해했다는 것을 보여 줄 수 있는 방식으로 정보를 재조직한다. 아동은 이해를 했을 때 그것을 양적으로 측정할 수 있거나 관찰 가능한 방식으로 과제를 바꾸거나 행동을 수행할 것이다. 그 행동이 교수 과제의 목표가 된다.

이러한 행위는 수업의 목표가 될 수 있다. 아동이 들은 것과 관련된 적절한 어떤 행동을 한다면 이 아동은 들은 것을 이해한 것이다. 예를 들면, '손 씻어.'와 '앉아.'를 함께 들려주었을 때 아동이 제대로 수행했다면 이 아동은 들은 것을 이해했다고 볼 수 있다.

지시 따르기와 질문에 대답하기는 아동이 듣고 이해했음을 알아보는 가장 좋은 방법이다. 자신이 들은 것에서 의미를 끌어내고 있는가를 확인해야 한다. 아동이 자극을 들을 뿐만 아니라 언어 또는 자극의 의미를 이해할 수 있는가를 살펴야 한다.

청각적 이해(auditory comprehension)는 청각적 기억(auditory memory), 한 개의 중요 요소가 포함된 한 단계 지시 따르기(following one-step commands with one critical element), 청각적 순서(auditory sequencing) 그리고 청각적 통합(auditory integration)으로 구성되어 있다. 청각적 기억은 아동이 들은 것을 기억하는 것이다. 예를 들어, 교사가 이야기책을 읽어 주고 아동은 들은 이야기 내용대로 특정 행동을 한다고 하자. 이때 아동은 교사가 읽어 준 내용을 듣고 그 내용을 머릿속에 기억하고 있어야 하는데 이를 청각적 기억이라 한다. 한 개의 중요 요소가 포함된 한 단계 지시 따르기는 아동에게 어떤 행동을 가르치기 위해 하나의 단어를 사용하는 것이다. 예를 들면, 'jump' 또는 'push'처럼 이야기에 나오는 행동을 아동에게 가르치기 위해 단어를 사용하는 것이다. 한 단어 교수가 가능하면 이후 청각적 순서로 진행된다. 청각적 순서에서 아동은 이야기에서 두 개 또는 세 개 혹은 그 이상의 명령 또는 행동을 하는 것으로 서너 가지 지시나 행동으로 확장시켜 나간다. 이해 기술의 마지막 요소인 청각적 통합은 사고와 언어를 통합하기 위해 아동이 들은 언어에 대해 생각해 보는 것이다. 예를 들어, "파란색과 노란색을 섞으면 어떤 색이 될까(What color do you get when you mix blue and yellow)?"라고 아동에게 물어본다고 하자. 이는 지금까지의 듣기 예문 중 이해 난이도가 가장 높은 수준으로 이해하기가 어려운 문장이다. 이처럼 이해하기 어려운 문장이 있기에 청능훈련이 필요한 것이다. 사고와 언어를 통합하는 수준까지 도달하기 위해 아동은 언어에 대한 지식과 소리에 대한 적절한 지각 능력을 필요로 한다. 듣기와 언어 그리고 사고를 통합할 능력을 가지지 못한다면 구어 발달에 어려움을 겪을 것이며 나아가 학교에 들어가는 데 어려움을 겪을 것이다.

> **이해 활동의 예:** 교사가 읽어 준(외적 요인) 이야기(듣기 및 말하기 기술)에 대해 의문사 '무엇'과 '어디' 질문에 대해 대답(아동 행동)할 수 있다.

[그림 1-4] 이해 활동의 예-이야기를 듣고 질문에 대답하기
출처: Photographed by John Zimmermann.

이해는 일련의 과정이기 때문에 이해에서의 목표는 듣기처리 과제의 다른 단계에서의 목표와 다르다는 것을 유념해야 한다. 이해는 듣기처리 과제의 일부이지만 이해 평가는 아동이 산출한 것을 기초로 한다. 이해는 내재적으로 언어를 가지고 사고하는 것이다.

관련 변인 2: 듣기 및 말하기 기술

구어는 듣기를 토대로 한다. 아동이 가정과 사회에서 사용하는 언어를 배우고자 한다면 그 언어를 듣는 것부터 배워야 한다. 이 책에서는 듣기처리 과제를 먼저 설명하고 있으나, 소리에 대해 생각을 하려면 우선 소리라는 정보가 필요하다. 청능훈련에서 구어는 소리에 대해 생각해 보기 위해 제공하는 정보이다. 따라서 듣기와 말하기에서의 구어는 교수 단위(instructional unit)의 핵심 목표가 되며 몇 개의 범주로 나누어질 수 있다. 구어 기술은 인위적으로 분리될 수 있기 때문에 뇌에서 사고하는 것이 곧 이해하는 것이라 확신할 수 있다. 즉, 우리의 뇌는 작으면서 의미를 가지는 구어 단위에 집중하여 그것에 대해 생각할 수 있고 이해할 수 있다.

  듣기 및 말하기 기술은 초분절적 자질, 모음, 이중모음, 단어, 구 및 연결 발화로 구성되어 있다. 이러한 요소들은 중재에서 목표로 하는 구어의 단위를 형성한다.

초분절적 자질

> **핵심 질문 #5**
> 아동이 지속시간, 강세, 억양 또는 구 등으로 구성된 소리 패턴들 간의 차이를 들을 수 있는가?

  초분절적 자질(Suprasegmentals) 수준은 아동이 구어 고유의 차이를 인식하는 것을 배우는 가장 첫 번째이고 단순한 수준이다. 초분절적 자질 수준에서는 패턴 지각, 지속시간 패턴, 강세(길이와 강도의 변화), 억양(길이, 강도, 높낮이 패턴의 변화), 구문 패턴의 변화 등을 다룬다.

  패턴 지각 과제에서 아동은 서로 다른 두 개의 소리 패턴을 기초로 각기 다른 행동을 하게 된다. 이때 아동은 긴 소리와 짧은 소리의 차이 또는 끊기는 소리와 연장되는 소리의 차이를 들어야 한다. 'pull'과 'throw the bean bag' 구어 자극의 패턴 지각을 예로 들어 살펴보자. 'pull'이라는 소리 자극이 제시되면 아동은 구슬을 잡아당기고, 반대로 'throw the bean bag' 자극이 제시되면 콩주머니를 던지게 하였다. 이 두 자극을 아동에게 제시했을 때, 아동은 이 두 자극의 의미를 이해할 필요는 없다. 다만 아동은 한 패턴이 하나의 행동에 포함되고 다른 유형은 또 다른 행동에 포함된다는 것을 인지해야 한다. 아동이 패턴을 인식함으로써 그에 따른 행동을 할 수 있는 것이다.

  지속시간 지각 과제는 발화의 지속시간 패턴을 듣는 것이다. 지속시간 지각 과제는 앞에 제시된 예처럼 지속시간의 대조가 큰 것에서부터 시작하여 점차 대조가 적은 것(예: 'ruff'와 'meow')으로 진행한다. 청력손실로 인해 주파수에 따른 소리의 차이(frequency changes)를 듣지 못하는 아동일지라도 들려준 자극들의 지속시간이 다르다는 것을 변별할 수 있다. 이때의 목표는 모음 그 자체가 아니라 모음 패턴의 지속시간을 지각하는 것이다. 너무 어리지 않은 아동을 대상으로 음절 강세(accent) 지각을 목표로 할 경우에도 지속시간을 지각하게 한 다음 음절 강세를 지각하도록 해야 한다. 음절 단위에서 강세는 크기가 아닌 길이에 의해 전달되기 때문이다. 따라서 듣기 연습을 하는 아동은 Pre-sent/Pre-sent 또는 con-tent/con-tent과 같은 단어들을 말할 수 있다.

강세 지각은 'Put that there.'과 'Put that there.' 예문처럼 문장 내 일정 부분이 강조된 것을 인식하는 것이다. 이 예에서 아동은 문장에서 초점이 되는 강세가 목적어에 있는지 또는 위치를 나타내는 부사어에 있는지를 확인해야 한다. 강세 지각에는 지속시간과 강도 패턴이 결합되어 있다. 제시된 예에서 'that'과 'there'에 강세를 주어 말해 보고 그것을 들어보자. 문장 내에서 특정 단어에 강세를 주면 그 단어의 강도가 높을 뿐 아니라 지속시간도 길다는 것을 알게 된다.

억양 지각은 yes/no 질문의 올라가는 억양과 같이 문장에서 어조의 높낮이를 말한다. 억양의 인식과 산출은 구에서 길이, 강도, 높낮이의 변화를 요구한다. 아동이 문장 전체를 끝까지 듣게 하는 활동이나 특정 구어 발화의 억양의 변화를 듣는 활동을 포함한다. 예를 들면, "George is Norm's best friend."를 말할 때 진심인지 비꼬는 것인지에 따라 억양 변화가 다르다.

구문 지각은 'in the car'처럼 우리가 일상적인 말에서 빠르게 같이 사용하는 어떤 단어들을 함께 이해하는 것이다. 구를 이해하고 사용하는 것은 억양의 인식과 사용에 달려 있다. 실제로 사람들이 우리에게 말하거나, 우리가 말할 때 단어들을 같이 조화하여 사용한다. 'OK. I have got to go.'와 같은 구는 실제 세상에서 우리는 'nnn K, Iguttago.'와 같은 유형으로 사용한다. 만약 발달 중인 아이가 전체 패턴보다 각각 단어에 집중하면 이 문장을 이해하는 것이 왜 어려울지 알 수 있다.

> **초분절적 자질 활동의 예:** Andy는 매일 일상적인 경험과 관련이 있는(맥락의 외적 요인) 2~3요소의 억양 패턴(듣기 및 말하기 기술)을 듣고 3개의 그림(폐쇄형 외적 요인) 가운데 정확한 그림을 지적함으로써(아동 행동) 소리의 의미를 확인(듣기처리 과제)했음을 보여 준다.

[그림 1-5] 확인 활동의 예-길이가 다른 문장 패턴 확인

출처: Photographed by John Zimmermann.

　교사는 교실에서 일어나는 매일의 경험이 담긴 그림을 가지고 있다. 그림 아래
에는 글자를 적는다. 예를 들면, 줄 서기(line up), 앉기(sit down), 점심시간(time for
lunch), 손 씻기(wash your hands), 불 끄기(turn off the lights), 책상에 의자 넣기(push
your chair to the table) 등이다. 교사는 다른 길이를 가진 구를 주의 깊게 골라서 3개
의 그림으로 시작한다. 예를 들면, line up, wash your hands, turn off the lights를
골라서 아동에게 글자를 읽어 준다. 되풀이해서 읽어 준 다음 입을 가리고 글자를
말하고, Andy에게 지적하도록 요청한다. Andy가 정확히 반응하면 퍼즐 조각을 주
고, 수업 마지막에는 퍼즐 조각을 다 모을 수 있다.

모음과 자음

핵심 질문 #6

아동이 모음과 자음의 차이를 듣도록 도움을 줄 때, 교사는 모음 내 소리들 또는 자음 내 소리들의 차이를 듣도록 하기 이전에 모음과 자음 범주 간 소리의 차이를 듣도록 하였는가?

모음(Vowel)과 자음(Consonant)은 초분절적 소리음(예: 강도, 지속시간, 음도)과 반대로 말소리의 분절적 소리음이다. 분절적 소리음은 또 다른 용어로 기본 소리(elemental sound)라고 불린다. 한 말소리와 다른 말소리를 구별하는 말소리의 분절적 요소는 모음의 주파수 구성 요소 또는 자음의 조음방법, 조음 위치, 유성성이다. 교육 활동을 할 때 말소리 간의 특징을 들을 수 있음을 확실하게 하는 것은 중요하다. 교육 활동에서 지속시간 또는 강도와 같은 소리의 여러 변인을 합치는 것은 쉽다. 인위적으로 소리의 차이를 명백하게 하기 위해서 소리를 쪼개고 있다는 것을 기억하자.

또한 모음에 초분절적 정보를 덧붙여 들려주어 아동을 혼란스럽게 만들지 않아야 한다. 만약 그렇게 한다면 아동은 두 모음의 소리 생성 방식의 차이보다는 지속시간의 차이에 반응할 것이다. 어떤 특정 듣기 기술을 연습할 때 혼동되는 많은 특성을 부가하기보다는 자극을 일정하게 유지하는 것이 좋다.

아동이 모음 간의 차이를 들을 수 있는지를 결정하기 위해서는 아동의 청력도를 주의 깊게 검토해야 한다. 가능한 한 아동이 들을 수 있는 주파수에 대한 정보를 찾는다. 아동이 얼마나 많은 소리를 들을 수 있는지 결정하기 위해 청력 정보와 관련하여 모음의 제1, 제2포먼트를 찾는다. 포먼트와 청력도에 관한 정보는 제6장을 살펴보자.

〈표 1-1〉에 목록화된 모음은 듣기에 가장 쉬운 것부터 변별하기 가장 어려운 것까지 나열된 것이다. 듣기에 가장 쉬운 모음은 이중모음이다. 왜냐하면 이중모음을 발음할 때 일어나는 변이(transition) 때문이다. 다음으로 가장 쉬운 모음은 그룹 1 모음이다. 왜냐하면 이 모음의 제2포먼트가 가장 낮은 주파수대에 있기 때문이다. 그룹 2 모음은 가장 듣기가 어렵다. 왜냐하면 이 모음은 중주파수대에 제2포먼트를

〈표 1-1〉 모음의 주파수 정보

차이 수준	범주
F2(듣기 쉬움) ↓ F2(듣기 어려움)	이중모음: i–e, a–e, oa, ou, u–e, oi 그룹 1 모음: aw, –oo–, oo 그룹 2 모음: –o–, –u–, er 그룹 3 모음: ee, –a–, –i–, –e–

출처: Biedenstein, Davinson & Moog (1995); Denes & Pinson (1993); Erber (1982); Ling & Ling (1978).

가지고 있기 때문이다. 그룹 3 모음의 경우, 제2포먼트가 더 높은 주파수대에 있는 모음이기에 듣기가 가장 어렵다. 이러한 범주화를 스스로 말하고, 혀의 위치 변화와 주파수의 변화 모두를 탐지할 수 있어야 한다.

아동이 모음 간의 차이를 듣도록 하자. 소리의 차이를 더 잘 인식할 수 있는 이중모음부터 시작하고, 이중모음을 그룹 3 모음과 비교해 본다. pie의 'i–e'와 pay의 'a–e'를 'i–e, a–e, i–e, a–e'로 두 개씩 반복적으로 번갈아 가면서 말하고 들어보자. 그다음 'i–e, –i–, i–e, –i–'에서 반복적으로 eye의 'i–e', pin의 '–i–'를 말하고 들어보자. 어떠한 소리쌍이 가장 어렵다고 생각되는가? 맞다. 두 번째 세트이다. 이것이 아동에게 들려주고 싶은 유형의 대비이다.

모든 그룹 안의 모든 음은 유사한 제2포먼트를 가지고 있기 때문에, 청력손실이 있는 아동은 비슷하게 들을 수 있다. 따라서 모음들을 그룹 내에서 비교하기 전에 그룹 간에 비교하는 연습을 하게 하자. 어려운 듣기를 제시하기 전에 아동이 성공적인 듣기 경험을 하길 원할 것이다. 그룹 간의 비교는 그룹 내의 비교보다 훨씬 더 쉽다.

아동에게 자음 듣기를 가르칠 때 주파수 패턴을 고려해야 한다. 〈표 1-2〉에는 주파수가 낮은 자음군부터 높은 자음군까지 제시되어 있다. 비록 비음은 주파수가

〈표 1-2〉 자음에 관한 주파수 정보

주파수 수준	자음
저주파수 자음	m, b, d, n, -ng
고주파수 자음	무성음 th, s, f, k, h, p, t, sh, ch
중주파수 자음	r, l
저주파수 고주파수 자음	z, zh, v, 유성음 th, j

출처: Denes & Pinson (1993).

낮지만 동시에 매우 부드러운 소리여서 아동이 듣기 어려울 수 있다. 낮은 주파수 음을 연습할 때에는 아동에게 충분한 강도로 들려주는 것을 잊지 않아야 한다. 고주파수 음의 경우 인공와우 수술을 한 아동은 이 음을 들을 수 있지만, 보청기를 착용한 아동의 경우 충분히 듣지 못할 수 있다. 또한 소리의 주파수 특성과 관련된 아동의 청력도를 살펴보는 것을 잊지 말자. 모음에 관해서, 항상 그룹 내에서 비교하여 듣기 전에 그룹 간에 비교하여 들려준다. 이러한 개념에 관한 더 많은 정보는 제6장을 참조하자.

모음과 자음 듣기를 연습할 때, 어떤 말소리(speech sounds)는 크고 어떤 말소리는 작다는 것을 고려하는 것은 중요하다. 때때로 강한 음은 더 약한 음을 가리거나(mask) 압도할 수 있다. 이는 약한 음의 강도를 증가시켜 들려줌으로써 문제점을 보완할 수 있다. 만약 이것을 할 수 없다면, 그 소리를 발달시키기 위해서는 다른 대조음을 선택해야 할 것이다. 소리 강도에 대한 정보는 제6장을 참조하자.

분절 활동의 예(1): Steven은 두 개의 단어(외적 요인) 중 단어를 정확히 가리킴으로써(아동 행동) 유성-무성 파열음의 최소 대비 쌍(듣기 및 말하기 기술)을 확인(듣기처리 과제)할 수 있다.

활동 시 교사는 Steven이 볼 수 있도록 pear/bear 또는 pig/big 등의 단어쌍을 보드에 적어 둔다. 교사는 먼저 Steven에게 적힌 모든 단어를 말해 준 후, Steven의 개인 내적인 피드백 체계 속에서 단어를 이해할 수 있도록 단어를 따라 말하게 한다. 마지막으로, 교사는 단어쌍의 단어들 가운데 하나를 말하고 Steven은 교사가 말한 단어를 가리킨다([그림 1-6] 참조).

분절 활동의 예(2): Ariel은 세 개의 사물을 보여 주면서(세트 크기의 외적 요인) 정확한 사물을 고르고, 단어를 반복하게 함으로써(아동 행동) 단음절 단어에서(맥락의 외적 요인) 장모음 i-e와 o-e(듣기 및 말하기 기술)를 확인할 수 있다.

[그림 1-6] 변별 활동의 예-/b/와 /p/로 시작하는 단어 변별

출처: Photographed by John Zimmermann.

　이 수업에서 교사는 아동에게 이중모음이 있는 단어가 들어간 장난감을 사용한다. 예를 들어, fly, pie, rake, cake, boat, rope와 같은 모형물이다. 교사는 상자에서 장난감을 꺼내면서 아동에게 단어를 말해 주고, 아동이 사물로 무엇을 하는지 이해했음(예: eat the pie, rake leaves)을 확인한다. 교사는 일련의 세 개의 사물 가운데 이중모음에 해당되는 하나의 사물로 시작하고, "＿＿＿＿＿을 나에게 줘."라고 말한다. 만약 Ariel이 교사에게 정확한 사물을 준다면, 다음번에는 Ariel이 교사와 역할을 바꾸어 행동할 수 있다.

연결 발화

핵심 질문 #7

아동은 연결된 담화에서 중요한 요소를 확인할 수 있는가? 아동은 연습된 문장, 대화, 연결된 담화 추적에서 요소들을 확인할 수 있는가?

청각 발달 활동 시, 말 지각의 마지막 단계는 연결 발화 수준, 즉 구어 그 자체이다. 이것은 언어와 말의 목적이 가장 명확하게 녹아든 수준이다. 연결 발화는 단어, 구, 문장, 더 긴 담화를 포함한다.

일단 아동이 다양한 초분절적 자질 패턴 간의 차이를 들을 수 있고, 단어 수준에서 모음과 자음의 듣기 목록이 발달되면, 교사는 아동에게 구와 문장에 반응하도록 요구한다. 아동이 말해야 하는 중요한 요소의 수를 제한을 두어 시작한다. 예를 들면, 아동이 세 가지 중요한 요소(big yellow star와 little green heart)를 듣게 하기 전에 두 가지 중요한 요소(blue shoe와 red sock)를 듣도록 한다. 두 번째 형태는 연결 발화이다. 예를 들면, 차트에 쓴 노래, 시 또는 매우 짧은 이야기 등이다. 그 문장은 많은 요소를 포함할 수 있지만 교사는 아동이 특정 구 또는 단어 그룹에만 초점을 두도록 요구한다. 예를 들면, 아동에게 시 한 줄의 마지막 몇 개의 단어를 기억하도록 요구하거나, '잭과 콩나무(Jack and the Beanstalk)'의 이야기를 들을 때 'fee, fi, fo, fum'을 기억하도록 요구한다. 아동이 연습된 문장에서 메시지를 들을 수 있게 된 후에, 교사가 제공한 주제에 아동이 자연스럽게 대화에 참여하도록 요구한다. 마지막으로, 교사는 아동에게 대화 주제를 제공하지 않고 아동에게 교사가 말했던 것을 말해 보도록 요구할 수 있다.

연결 담화 추적은 학생에게 적절한 언어 수준으로 된 이야기책을 사용하는 특정 교수 전략이다. 첫 번째 수준에서, 교사는 이야기를 읽고 아동에게 이야기에서 일어났던 것을 기술하도록 요구한다. 다음 수준에서 교사는 단어를 손가락으로 짚어 가며 책을 읽을 때 아동이 함께 따라오도록 한다. 가장 어려운 수준에서 교사는 구 또는 문장을 읽은 다음 쉬고, 아동으로 하여금 들었던 것을 정확하게 반복하게 한다. 이러한 기술은 중요한 언어 목적 또는 말 목표로 옮기기 위해 사용될 수 있다.

> **연결 발화 활동의 예:** Cody는 교사가 조용한 교실에서 일대일로(최소한의 배경소음의 외적 요인)『초록 달걀과 햄(Green Eggs and Ham)』이라는 책(폐쇄형 세트)을 읽어 주었을 때 'in a box/tree/car' 등의 목표 연결 발화 구(듣기 및 말하기 기술)를 완성함으로써(아동 행동) 확인 과제를 실시한다.

이 수업에서 Cody와 교사는 이러한 경험 이전에 여러 번 이 이야기를 읽고 토론하게 될 것이다. Cody와 교사는 'in a house' 'in a box' 'in a car' 'in a tree' 'in the dark' 그리고 'in the rain'의 개념을 나타내는 그림 차트를 개발할 것이다. 이 수업에서 교사가 이야기를 읽은 다음 Cody는 그림을 지적하고, 교사가 목표 구(phrase)를 읽을 때 아동은 구를 반복한다.

말 지각 범주

듣기 활동을 시작하기 위한 인식 수준을 결정하는 가장 좋은 방법은 청각사가 실시하는 말 지각 검사의 결과와 초기 말 지각 검사(Early Speech Perception Test: ESP; Moog & Geers, 1990)와 같은 검사 결과를 사용하는 것이다. 이러한 검사는 여섯 개의 범주(〈표 1-3〉참조) 중 아동의 인식 수준이 어디에 해당하는지 판단하는 데 도움을 준다. 검사 결과는 아동이 성공적으로 할 수 있는 것과 목적 또는 목표로서 초점을 둘 필요가 있는 것에 관한 정보를 줄 것이다.

〈표 1-3〉 말 지각 범주

범주	특성
0	말 탐지 못함
1	탐지
2	패턴 인식
3	단어 확인의 초기
4	모음 재인을 통한 단어 확인
5	자음 재인을 통한 단어 확인
6	개방형 단어 재인

출처: Cheng, Grant & Niparko (1999); Geers (1994); Moog & Geers (1990); Staller, Beiter, Brimacombe, Mecklenburg & Ardnt (1991).

말과 언어에 대한 인식은 단지 동전의 한 면에 불과하다. 우리는 일반적인 발달단계와 언어 단계 또한 주의 깊게 검토해야 한다. 언어는 언어 전 의사소통, 어형 변화 전 단계, 단문, 중문, 복문, 중복문의 방식으로 순차적으로 발달한다.

관련 변인 3: 외적 요인

수업을 다소 어렵게 만드는 외적 요인(External Factors)을 주의 깊게 통제하는 것은 중요하다. 이 관련 변인에서 화살표가 없음을 주목하자([그림 1-1]). 이것은 외적 요인이 연속상에서 일어나는 것이 아니라 교실 듣기 과제 동안 여러 방향으로 모든 네 개의 관련 변인이 일어나기 때문이다. 많은 외적 요인의 범주가 있어 수업에 영향을 줄 수 있다. 이 모형에서는 아동의 현재 건강 상태를 포함하거나 규정하지 않았지만 이 장의 초반에 다루었던 또 다른 요인이다. 질병, 중이 문제, 또 다른 신체 요인이 아동이 과제를 수행하는 능력에 영향을 줄 것이다. 이 모델에서는 수업이 실시되고 수업 자료가 사용되는 환경에 흔히 영향을 주는 외적 요인 중 교사가 통제할 수 있는 요소만을 포함하였다. 여기에서 언급되지 않은 다른 외적 요인을 이해하기 위해서 교사는 대상 아동의 고유한 특성을 이해하는 것이 중요하다.

일반적으로 외적 요인에는 크게 네 가지 범주가 있다. 수업하는 배경 환경 또는 물리적 환경, 듣기 또는 말하기 기술의 언어적 환경, 사용되는 자료와 교사의 활동과 관련된 맥락적 환경 그리고 자극 배열이다. 이러한 모든 것은 아동에게 의도적인 듣기 및 말하기 기술을 적용하기 전에 교사가 확립해야 하는 뼈대이다. 교사는 여러 수준의 인식과 말 언어 수준을 가르칠 때 과제가 제시되는 맥락을 조절해야 한다. 듣기는 듣기처리 과제와 기술 유형이 늘어나면서 더 어려워진다. 뿐만 아니라 환경, 재료, 교사 활동을 조절하였을 때 더 어려워진다. 새로운 기술 또는 새로운 수준을 가르칠 때, 교사는 아동이 현재 획득한 수준에서 계속 듣게 하기 위해서 다른 구성 요소의 난이도를 늦출 필요가 있다. 예를 들면, 만약 아동이 세 가지 요소 패턴과 두 가지 요소 패턴 간의 차이를 듣기 시작한다면, 개방형 선택으로 두기보다는 폐쇄형 세트로 하는 것이 좋다. 과제는 도전적이어야 하지만 범위를 벗어나지 않으며 이해 가능하고 혼란스럽지 않아야 한다.

자극 배열

핵심 질문 #8

아동은 개방형 자극 배열에 반응할 수 있는가? 또는 아동은 폐쇄형 또는 한정된 자극이 필요한가? 아동은 수정된 자료가 필요한가?

여러분이 조절하고 싶어 하는 환경 중의 한 가지 구성 요소는 아동 앞에 놓여 있는 자료, 즉 자극 배열(Stimulus Array)이다. 자극의 크기를 조절함으로써 자극을 수정할 수 있다. 자료 세트는 개방형이거나 폐쇄형일 수 있다. 폐쇄형 세트는 선택할 특정 반응 수를 가지고 있다. 아동은 토론 중인 특정 주제(예: 동물원의 동물)와 관련한 사물 또는 그림 중 하나를 교사가 언급할 것이라고 예상한다. 예를 들면, 만약 아동이 1음절과 3음절의 차이를 듣길 원한다면 여러분은 교실에서 학생들의 이름을 사용할 수 있다. 아동은 이미 그 이름에 익숙해져 있기에 선택의 수는 제한적이다. 교사는 'Sam'과 'Anthony'를 말할 수 있다. 이 경우, 아동은 단지 선택의 수가 작기 때문에 과제가 그리 어렵지는 않다. 교사는 듣기 과제의 난이도 수준을 변화시키기 위해서 세트의 크기를 증가 또는 감소시킬 수 있다.

한정된 세트(limited set)에서, 아동은 세트를 분명하게 하는 자연스럽고 상황적이며 맥락적인 단서를 가지고 있지만, 교사는 한정된 세트에서 실제적으로 폐쇄형 세트의 경우에서와 같이, 가능성이 있는 답이 무엇인지 아동에게 말하지 않는다. 예를 들면, 소와 양 책을 읽을 때 아동은 아마도 교사가 '축구'라는 단어를 말하지 않을 것임을 알 수 있다. 또 다른 예를 들자면, 제시된 그림의 모든 단어에 'ch'가 들어가지만 아동은 교사가 'ch'가 들어간 어떤 문장을 말할지는 알지 못한다. 아동은 교사가 말할 예정인 것의 참조 상황은 알고 있지만 교사가 선택할 정확한 단어는 알지 못한다.

개방형 세트(open set)의 경우, 상황과 맥락 단서는 최소한이다. 아동은 교사가 무엇을 말할 예정인지 어떠한 단서도 가지고 있지 않다. 교사가 개방형 과제를 한다면 많은 주제를 전환할 수 있다. 예를 들면, 여러분은 두세 번의 대화가 이루어지는 동안 한 가지 주제에 대해서 이야기할 수 있지만, 아동이 교사가 말하는 것을 주의해서 들을 수 있도록 대화 주제를 전환할 것이다.

자극 배열을 조절하는 또 다른 방식은 사물의 유형에 의한 것이다. 사물은 실제 사물(실제 복숭아)이거나 삼차원적 모형(플라스틱 복숭아)이거나, 그림(복숭아 사진 또는 복숭아 그림) 또는 표상적(구어로 복숭아 또는 문자로 복숭아)일 수 있다. 아동이 듣기 경험이 적거나 매우 어릴 때, 아동에게 시각적 또는 표상적인 것보다는 실제 사물이 더 도움이 된다.

교사는 또한 여러 가지 방식으로 적용함으로써 사용하는 자료를 수정할 수 있다. 색깔 부호화, 재료의 촉각, 범주, 분류, 재인, 도표, 차트, 쓰기는 교사가 어린 아동의 이해를 돕고자 하는 개념을 향상시키기 위한 재료를 조절하는 몇 가지 방식일 뿐이다.

세트 활동의 크기의 예: Cara는 자극 배열(외적 요인)에서 두 개의 항목이 제시되는 폐쇄형 세트를 제시하였을 때 두 개 또는 세 개의 블록을 지적함으로써(아동 행동) 2음절과 3음절 구 패턴(듣기 및 말하기 기술)을 구별하는 과제(듣기처리 과제)를 하고 있다.

이 수업에서 교사는 Cara가 경험해 본 2음절과 3음절 단어 또는 구를 선택한다. 여기에는 Target, Wal-Mart, Dairy Queen, 또는 Pizza Hut처럼 친숙한 가게 이름을 포함한다. 교사는 Cara의 왼편에 두 개의 블록을 준비하고 Cara의 오른편에 세 개의 블록을 준비한다. Cara가 가게 그림을 보고 블록을 사용하여 가게 이름의 음절 수를 세도록 도와준다. 모든 가게 이름을 한 이후에, 교사는 2음절 가게 그림과 3음절 가게 그림 가운데 하나를 준비한다. 교사는 Cara에게 가게 이름이 2음절이면 교사에게 두 개의 블록을 밀도록 하였고, 가게 이름이 3음절이면 세 개의 블록을 밀도록 하였다. 그다음에 교사가 두 개의 그림을 꺼내고 입을 가린 다음 가게 이름 중 하나를 말해 준다. Cara가 그림을 지적하고 교사에게 정확한 블록 더미를 주면 교사는 그 블록을 대치한다. 교사는 동일한 음절을 가진 그림으로 교체한다. 이 세트는 두 종류씩 이루어진다. 수업이 끝난 후에 Cara는 블록을 가지고 논다.

언어적 복잡성

핵심 질문 #9
아동의 언어 수준은 어떠한가? 이 언어 수준에서 중요한 특성은 무엇인가? 어느 수준의 복잡성에서 자극을 제시해야 하는가? 단단어 또는 구? 아동이 운반구에서 반응할 수 있는가? 또한 구에서 어느 부분에 자극을 두었는가? 아동이 얼마나 많은 요소를 기억하고 있는가?

교사가 설명해야 하는 또 다른 외적 요인은 언어의 복잡성(Linguistic Complexity)이다. 가장 쉬운 수준은 단단어 수준이다. 약간 더 어려운 과제를 만들기 위해서 교사는 '운반구'를 사용하고, 아동에게 구 또는 문장의 끝을 확인하도록 요청한다. 하나의 예로, 'Find the car, find the shoe or give me the car, give me the shoe'가 있다. 더 어려운 수준은 'Put the cow in the barn. Put the horse in the barn.'과 같이 문장의 중간에 단어를 두는 것이다. 이 수준에서 아동은 단지 하나의 중요한 요소만 들어야 한다. 즉, 운반구는 구조는 동일하고 자극 단어만 바꾸는 것이다.

더 높은 다음 수준은 아동이 들어야 하는 중요한 요소의 수를 늘리는 것이다. 예를 들어, 'Put the cow/horse/sheep(1) in the wagon/field/barn(2).'처럼 두 개의 요소를 변화시키고, 아동이 이것을 숙달한 후에 교사는 세 가지를 변화시킴으로써 난이도를 높인다. 예로, 'Put the brown/black/white(1) cow/horse/sheep(2) in the wagon/field/barn(3).'을 들 수 있다. 네 개의 경우 'Put the big/little(1) brown/black/white(2) cow/horse/sheep(3) in the wagon/field/barn(4).'처럼 하고, 그다음 요소를 더 늘려 간다. 구성 요소의 수가 증가하면, 문법 난이도도 증가한다. 교사는 단어형 변화 전 구(예: Daddy go bye-bye?), 단문, 중문, 복문, 중복문 등 문법의 주요 단계와 관련된 문법적인 면에 익숙해지는 것이 중요하다. 만약 아동이 단문을 이해할 수 없다면, 중문 안에 자극 단어를 두지 말아야 한다.

> **언어적 복잡성 활동(두 가지 중요한 요소)의 예:** 교사가 'the cat in/on the box'(외적 요인)라는 구로 위치를 말하였을 때 Destiny는 사물을 그 위치에 놓음으로써(아동 행동) 'in'과 'on' 그리고 명사의 의미(듣기 및 말하기 기술)에 관한 이해 과제(듣기처리 과제)를 수행한다.

이 수업에서 Destiny와 교사가 함께 Press-and-Peel 농장 세트를 가지고 놀고 있다. 교사는 닭과 같은 가축 모형을 건네고 Destiny가 장소를 아는지 확인한다(헛간, 집, 닭장 'show me the barn; the house; the coop'). 교사가 가리개로 입을 가리고 Destiny에게 닭을 헛간에 놓으라고 말한다. Destiny는 헛간에 닭을 놓아 적절하게 반응한다. 교사는 보상으로 Destiny에게 다음 가축을 선택하게 하고 게임을 계속한다.

맥락 단서

> **핵심 질문 #10**
> 아동은 구어, 시각, 그림, 상황 단서를 많이 필요로 하는가? 또는 최소한의 맥락 안에서 청각적 과제를 이해하는가?

과제의 난이도를 조절할 수 있는 또 다른 영역은 맥락 단서(Contextual Cues)의 양이다. 예를 들어, 교사가 교실의 한 여자 아동에 대해 말할 것이라고 알려 주면서 시작할 수 있다. 이 말 다음에 "Selly는 머리에 빨간색 예쁜 머리띠를 했구나."라고 하면서 교사의 말을 따라 하도록 한다. 이보다 덜 맥락적인 예를 들면, 교사는 "지금부터 학교에 있는 사람들에 대해서 말할 거야."라고 들려준다. 교사는 여전히 Sally와 그녀의 머리띠에 대해서 이야기하지만 다른 아동에게 맥락적 단서를 줄여서 준다. 또한 교사는 상황적 단서를 이용할 수 있다. 예를 들어, 만약 휴식시간에 모두가 나갈 준비를 하고 있다면 교사가 아동들에게 "외투를 입자."를 들려주고 이 말을 따라 하도록 한다. '가서 이 닦자.'라는 말을 하지 않아도 상황을 보고 알게 될 것이다. 마지막으로, 듣기 자극으로 이야기책 또는 그림을 사용할 수 있다. 이러한 자극은 아동에게 맥락을 줄 수 있다. 만약 교사가 운동장에 있는 아이들의 그림을 보여 준다

면, 아동은 교사가 '우리 이모가 빨간 새 차를 샀다.'는 것과 같은 말을 하지 않을 것
이라는 것을 예측할 수 있다.

> **맥락 단서 활동의 예:** Armel은 교사가 과일 또는 장난감과 같은 범주(개방형 외적 요인)를 들려
> 주었을 때 한 범주에 속하는 사물의 이름(듣기 및 말하기 기술)을 말할 것이다(듣기처리 과제 중
> 이해와 아동 행동).

한정적인 세트로 범주가 제시되지만(예: 범주 이름-과일, 동물, 장난감 등), Armel은
범주 내 사물을 말해야 한다. Armel과 학급 친구는 집 주변의 사물 범주를 공부하고
있다. 이 활동에서 사과, 생선, 공, 셔츠와 같은 단어가 적힌 카드 한 묶음을 각각의
아동에게 주었다. 교사가 입을 가리고 "누가 과일을 가졌니?"라고 말하면, 과일 카
드를 가진 아동은 카드를 보여 주며 그것을 명명한다(예: 사과).

배경소음

> **핵심 질문 #11**
> 아동은 조용한 수준에서 시끄러운 수준까지 모든 소음 수준에서 들을 수 있는가?

우리는 소음이 있는 세상에 살고 있기에 아동들은 소음 환경에서 듣기를 배울 필
요가 있다. 그러나 아동이 처음 듣기를 할 때에는 외부적인 방해 요소가 없는 것을
확인해야 한다. 만약 아동이 환경음을 무시할 수 없다면 조용한 방에서 초기의 듣기
활동을 하고 싶어 할 것이다. 일단 아동이 조용한 곳에서 듣기 목적을 성취하였다면
그다음으로 소음을 조금 키워 조금 더 어려운 과제로 만들 수 있다. 소음 수준은 조
용함(다른 외부 소리 없음), 주변 소음이 약함(흡음시설이 된 방), 정상 수준의 주변 소
음(다른 학생들과 함께 있는 일반 교실), 주변 소음이 큼(에어컨과 같이 시끄러운 장비가
있는 교실 또는 체육관 근처), 아주 시끄러운 소음(예: 카페테리아)으로 기술될 수 있다.
아동은 치료 공간 또는 교실 밖의 큰 세상에서 생활하며 논다. 과제를 더 어렵게 하
기 위해서는 주변 소음의 양과 유형을 높인다. 배경소음으로 라디오의 소리를 작게

키거나, 다른 장소에서 활동을 함으로써 더 어렵게 만들 수 있다.

관련 변인 4: 아동 행동

핵심 질문 #12
아동의 연령에 적절하고 아동에게 흥미 있는 활동을 제시하고 있는가?

제시된 모형에서 기술하지 않은 하나의 관련 변인이 있는데 바로 듣기를 배우는 실제의 아동이다. 난이도가 다양한 맥락에서 말·언어 과제 활동에 참여할 때마다 아동은 소극적으로 그냥 거기에 앉아 있지 않고 무언가라도 하려 할 것이다. 아동을 비롯한 모든 인간은 어떠한 행동을 하려 한다. 그러므로 반드시 연령에 적절한 행동을 수행하도록 한다.

각 수업과 관련된 아동의 행동 과제는 연령, 기술 수준, 인지 수준, 아동이 가진 신체적인 문제 등에 의해 결정된다. 예를 들어, 6개월 유아에게는 플라스틱 모형들을 범주별로 적절하게 분류하는 것을 기대하지 않을 것이다. 시각장애 아동에게는 두 그림을 보고 올바른 것을 선택하도록 요구하지도 않을 것이다. 이는 교사가 활동을 설계할 때 반드시 고려해야 할 사항이다. 가리키기, 보여 주기, 바꾸기, 그리기, 만들기, 움직이기, 쓰기, 말하기, 자리 바꾸기, 떨어뜨리기, 던지기, 밀기, 건너뛰기, 기어 들어가기, 옆에 서기, 말기, 잡기, 분류하기 등 기타 수백 가지의 실제 행동이 활동에 포함되지만 이것으로만 제한하지는 않는다. 활동을 하도록 유인하면 할수록 아동의 흥미를 유지할 수 있을 것이다. 듣기는 인간 경험의 모든 요소에서 사용될 수 있는 기술이지 단지 교사와 책상 앞에서 마주 앉아 있을 때만 사용되는 기술이 아니다. 이러한 이유로 가능한 한 활동과 아동 행동이 재미있고 의미 있도록 만들자.

마지막으로, 아동의 전체적인 부분을 다시 살펴본다. 구어 발달의 모든 요소 그리고 좋은 수업과 관련된 요소들과 더불어 기억할 것은 우리는 실제 사람을 상대한다는 점이다. 어린 아동(예: 우리가 만나는)은 가정에서 영어를 구어로 사용하지 않을 수 있고, 인지, 감각, 운동 기술을 사용하는 데 있어 제약을 주는 부가적인 장애를 가질 수도 있다. 다른 아동에 비해 듣기와 언어 학습 과제를 늦게 시작할 수 있다. 산만하거나, 피곤하거나, 지치거나, 슬프거나, 지루해하거나, 변덕스럽거나, 불안해할 수도 있다. 이 아동의 부모는 (중재) 과정 동안 부모가 참여할 수 있는 능력이 다를 수 있다. 아동의 의사소통 발달에 매진하기에는 이보다 더 큰 도움을 필요로 하는 형제가 있을 수 있다. 우리가 특별하고 독특한 개별 대상자와 함께한다는 것을 반드시 기억하자.

요약

이 장에는 구어 중재의 관련 변인을 구성하는 데 도움이 되는 핵심 질문 열두 가지가 제시되었다. 이 관련 변인에는 듣기처리 과제, 말·언어 기술, 외적 요인, 아동 행동 등이 포함된다. 이와 관련된 질문은 다음과 같다.

① 아동은 소리를 듣는가? 아동은 소리 존재의 유무를 탐지하는가? 아동은 소리 자극에 대해 반응하는가? 아동은 소리 범위를 탐지하는가? 교사는 조건화된 놀이 반응을 확립했는가? 자발적 놀람 반응의 증거가 있는가?

② 변별은 주로 말 지각 활동의 중재 도구로 사용된다. 그러나 변별 활동을 하기 전에 다음 몇 가지 질문에 대한 답을 생각해 보자. 아동이 두 개의 소리가 같거나 다르다는 것을 어떠한 방식으로든 표현하는가? 소리들 간의 차이를 듣고 있음을 표현하는가? 여러 다른 소리에 각각 다르게 반응할 수 있는가?

③ 아동은 구어와 관련된 명칭을 이해하여 사물 또는 단어를 가리키거나 들은 것을 따라서 말할 수 있는가?

④ 아동은 어떤 사건이나 사물과 소리를 고차원적으로 연합할 수 있는가? 아동은 교사가 들려준 말의 의미를 이해하는가? 아동은 질문에 적절하게 대답하는가? 아동은 지시를 따를 수 있는가?

⑤ 아동은 지속시간, 강세, 억양 또는 구 등으로 구성된 소리 패턴들 간의 차이를 들을 수 있는가?

⑥ 아동이 모음과 자음의 차이를 들도록 도움을 줄 때, 교사는 모음 내 소리들 또는 자음 내 소리들의 차이를 들도록 하기 이전에 모음과 자음 범주 간 소리의 차이를 들도록 하였는가?

⑦ 아동은 연결된 발화에서 중요한 요소를 확인할 수 있는가? 아동은 연습된 문장, 대화, 연결된 담화 추적에서 요소들을 확인할 수 있는가?

⑧ 아동은 개방형 자극 배열에 반응할 수 있는가? 또는 아동은 폐쇄형 또는 한정된 자극이 필요한가? 아동은 수정된 자료가 필요한가?

⑨ 아동의 언어 수준은 어떠한가? 이 언어 수준에서 중요한 특성은 무엇인가? 어느 수준의 복잡성에서 자극을 제시해야 하는가? 단단어 또는 구? 아동이 운반구에서 반응할 수 있는가? 또한 구에서 어느 부분에 자극을 두었는가? 아동이 얼마나 많은 요소를 기억하고 있는가?

⑩ 아동은 구어, 시각, 그림, 상황 단서를 많이 필요로 하는가? 또는 최소한의 맥락 안에서 청각적 과제를 이해하는가?

⑪ 아동은 조용한 수준에서 시끄러운 수준까지 모든 소음 수준에서 들을 수 있는가?

⑫ 아동의 연령에 적절하고 아동에게 흥미 있는 활동을 제시하고 있는가?

이러한 질문들은 중재(특히 아동이 구어를 듣고 사용하도록 도움을 주기 위해 적절한 활동을 계획하고 시행하는 데 초점을 둔 중재)와 관련된 장을 읽을 때 항상 기억하자.

02

영·유아 조기 선별 및 조기 중재

제2장부터 제5장까지는 영·유아기를 시작으로 시기별 중재와 관련된 내용을 다룬다. 이 장에서는 아주 어린 아기가 의사소통하는 방법을 배우는 데 도움이 되는 것은 무엇이며, 왜 이러한 도움을 제공해야 하는지에 대해 설명하고 있다. 이 장의 목적은 네 가지이다. 첫째, 신생아 선별검사와 조기 중재에 대해 살펴보고, 둘째, 청각장애 영·유아와 이들의 가족에게 지원되어야 하는 서비스를 알아본다. 셋째, 영·유아기에서의 발달적 이슈에 관해 논의하고, 넷째, 발달적으로 적합한 중재방법을 제시한다.

아기들은 보고 들으며 자란다. 아기들은 매우 작고 할 수 있는 일들이 거의 없다. 그러나 이들이 단순히 앉고, 보고, 듣고, 팔과 다리를 흔들고, 발길질을 하고, 소리를 내는 것처럼 보이지만 실제로는 오감을 통해 들어오는 모든 감각 자극들을 흡수하는 작은 '감각 스펀지'와 같다. 생후 1년 동안은 영·유아의 감각 스펀지 과정이 작동하도록 일상에서의 다양한 자극을 제공하는 것이 중요한 전략이다.

조기 선별과 조기 중재

역사적으로 청력손실을 발견하지 못한 것은 심각한 결과를 초래하였다. 많은 청각장애 아동은 학교에서 반복적으로 유급되거나 의사소통과 학업 수행 능력이 또래에 비해 뒤처졌다. 그러나 최신 과학 기술의 발전과 법 제도 그리고 조기 중재의 결과로 큰 성과를 얻게 되었다. 기술적인 진보로 인해 병원에서 시행하는 신생아의 청력 선별검사가 용이해졌으며 검사 결과를 토대로 청력손실을 선별할 수 있게 되었다. 미국장애인교육법(Individuals with Disabilities Education Act: IDEA, 2004)에서는 모든 신생아가 청력검사를 받도록 규정하고 있다[최근에는 「미국장애인교육법」과 「아동낙오방지법(No Child Left Behind)」에 근거하고 있다. 또한 큐드 스피치(cued speech)와 미국 수어(American Sign Language: ASL)의 조기 도입도 허용하고 있다]. 조기 청각 선별의 성과를 입증하는 증거(Mehl & Thomson, 2002)와 유아 초기에 시작된 조기 중재의 효과성을 입증하는 연구 결과(Calderon, 2000; Sass-Lehrer & Bodner-Johnson, 2003; Yoshinaga-Itano, Sedey, Coulter, & Mehl, 1998)는 이미 많이 보고되어 있다.

오늘날에는 대부분 신생아가 청력손실을 가질 수 있다는 가능성을 두고 신생아 선별검사가 시행된다. 대략 신생아 1,000명당 3명은 청력손실이 있다. 청력손실의 정도는 경도에서부터 심도까지 다양하다. 미국 말·언어 및 청각 협회(American Speech-Language-Hearing Association: ASHA)는 모든 아기에게 6개월 단위로 조기 중재의 목표를 제공한다. 이는 조기 중재를 통해 입학 전 필요한 의사소통 기술을 충분히 가질 수 있는 기회를 제공하기 위함이다. 진행성 청력손실의 징후를 보이거나 청력손실의 발생 시기가 늦은 위험군 유아는 청각사나 중재 팀의 지원이 필요한지를 결정하기 위해 3세까지 6개월마다 청각 모니터링을 받아야 한다.

청각 선별(hearing screen)은 매우 간편하고 통증도 없다. 자동청성뇌간반응(Automated Auditory Brainstem Response: AABR; [그림 2-1] 참조) 검사와 자동이음향방사(Automated Otoacoustic Emissions: AOAE; [그림 2-2] 참조) 검사가 가장 보편적으로 사용된다. 자동청성뇌간반응(AABR; Erenberg, 1999)은 사용하기 편리하며 검사에 소요되는 시간이 짧고, 비용 대비 효과적이며 검사 결과가 정확하다는 장점이 있

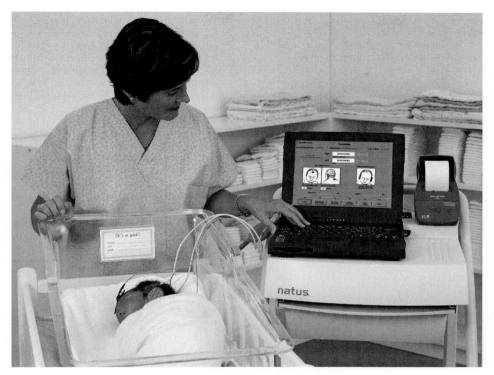

[그림 2-1] 자동청성뇌간반응 검사(AABR)
출처: Image courtesy of Natus® Medical Incorporated.

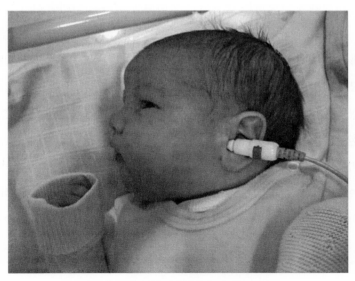

[그림 2-2] 자동이음향방사 검사(AOAE)
출처: Image courtesy of Natus® Medical Incorporated.

다. 아기의 이마에 몇 개의 전극을 부착시키고 귀에는 전극 핀셋(soft tips)을 끼운 다음 기계에서 만들어 낸 클릭음을 들려준다. 전극은 소리에 대한 뇌의 반응을 측정한 것이다. 자동이음향방사(AOAE)는 내이, 특히 와우를 검사한다. 이 검사에서는 전극 핀셋을 아동의 귀에 끼우고 기계음을 들려준 후, 내이의 유모세포의 활동성을 측정한다. 미국 대다수의 주에서는 병원에서 청력손상이 의심되는 아동을 재검사하여 이들에게 적절한 도움을 줄 수 있는 서비스 제공자에게 아동을 보내도록 권고하고 있다.

국가적 차원의 지원으로 인해 병원에서 바로 아동의 청각장애 유무를 조기에 확인하는 것이 용이해졌지만, 아직도 많은 아동은 2세가 되어서야 비로소 청각장애가 확인되고 있다(Harrison, Rroush, & Wallace, 2003). 일반적으로 청각장애 유무를 확인하는 연령은 2세이다. 이러한 상황을 여러 가지 이유로 설명할 수 있다. 첫째, 신생아 청각 선별검사의 결과가 허위음성(fals negative)인 경우이다. 즉, 검사 결과 청각장애 아동을 건청 아동으로 잘못 선별할 수 있다. 둘째, 진행성 난청이 나타나거나 연령이 높아질 때까지 나타나지 않는 경우이다. 셋째, 청력손실의 정도가 미비하여 그것을 탐지하기 어려운 경우이다.

안타깝게도 초기 선별검사 후 관리가 되지 않는 경우가 있는데, 그 이유는 다음과 같다. 첫째, 신생아를 담당하는 간호사가 선별검사 결과의 의미를 대수롭지 않게 여긴다. 둘째, 아동의 가족이 다른 지역(주)으로 이사를 해 해당 지역의 공공기관의 관리감독하에서 벗어난다. 셋째, 아동의 부모가 사후검사(follow-up test) 결과를 두려워하거나 또는 아동의 연령이 높아지거나 청력손실의 증거가 좀 더 분명해질 때까지 청각손상이 아니라고 믿고 싶어 한다. 또한 몇몇 지역에서는 신생아 청각 선별검사와 관련한 서비스를 지원하지 않는다. 또는 부모가 신생아 청각 선별검사를 실시하지 않는 병원에서 태어난 아동을 데리고 미국으로 이민을 온다. 어떤 아동은 병원이 아닌 집에서 태어나기도 한다. 청력손실로 인해 언어 학습 과정을 시작하는 시기가 될 때는 이미 의사소통 습득의 발달적 지표가 되는 여러 가지 것을 놓쳐 버릴 수 있다.

영·유아 및 가족에게 필요한 서비스

아기를 대상으로 할 경우에는 여러 영역의 전문가가 한 팀을 이루어 지원을 제공해야 한다(Gallagher, Easterbrooks, & Malone, 2006). 여러 기관과 단체에서 다양한 서비스를 지원(〈부록 A〉참조)할 수 있기 때문에 중재자는 이들과 함께 하는 공동 작업에 필요한 협력 기술을 연마해야 한다. 가능한 한 모든 자원을 활용하고, 모든 조언과 도움을 구하자. 만약 다른 이들과의 협력을 배제하고 일해야 한다면 과연 그것이 현명한지 생각해 봐야 한다. 아동에 대해 알아야 할 모든 것을 아는 사람은 없다. 따라서 가능한 한 여러 자원에서 조언을 구해야 한다. 중재자가 사용할 수 있는 것보다 훨씬 더 많은 정보가 인터넷에 존재한다. 또한 또래 건청 아동이 가진 기술을 청각장애 아동이 따라잡는 데 도움이 될 수 있는 방법을 배우기 위해 인터넷 정보를 도구로 사용해 보자.

소아 전문 청각사는 아동의 잔존청력을 최대한 활용할 수 있는 방법에 대해 조언해 주기 때문에 팀원으로 소아 전문 청각사를 찾아야 한다. 선천성 심도 청각장애 아동은 매우 드물다. 청각장애 아동은 대부분 이용 가능한 청력을 가지고 있다. 청각사는 아동의 잔존청력 수준을 파악하고 아동의 듣기 능력을 향상시키기 위한 가장 적합한 보조장치(보청기 및 인공와우)를 사용할 줄 아는 가장 적절한 사람이다. 또한 아동의 듣기 능력을 향상시키는 데 도움을 준다. ASHA에서 출간한 소아 평가에 관한 지침서를 참고하자.

청각장애 아동을 대상으로 좋은 성과를 갖는 프로그램을 찾을 수 있도록 아동의 부모에게 도움을 주어야 한다. 미국의 경우, 대부분의 주에서 부모-유아 프로그램을 실시하고 있다(Arehart, Yoshinaga-Itano, Thomson, Gabbard, & Brown, 1998). 또한 큰 도시의 사립학교와 사설 치료실에서도 좋은 프로그램을 찾는 데 도움이 되는 필요한 정보를 제공해 준다. 이러한 프로그램을 통해 아동은 적합한 평가와 중재를 제공받고, 부모는 부모교육을 통해 부모가 아동의 언어를 발달시키는 데 도움이 되는 의사소통을 자연스럽게 하게 된다.

적절한 학습 목적과 목표를 결정하는 데 도움이 되는 종합적인 평가를 해야 한다.

아동의 청력 수준과 아동의 청각 보조장치(제6장 참조), 아동의 듣기 및 말·언어 기술, 그리고 다른 발달적 기술에 대한 정보를 수집해야 한다. 다른 발달적 기술에는 아동의 신체적 성장뿐만 아니라 건강, 인지, 놀이 기술 등이 포함된다. 〈부록 B〉에는 연령에 적절한 평가도구들의 목록이 제시되어 있다.

미국 연방법에 따라 주정부는 장애 영·유아에게 장애 지원 서비스를 제공해야 한다. 이를 위해 여러 영역의 전문가로 구성된 팀은 개별화된 가족 지원 서비스 계획(Individualized Family Service Plan: IFSP)을 세워야 한다. 이 계획에는 아동 평가 결과를 토대로 한 정보들이 들어 있어야 한다. IFSP 미팅에서 전문가 팀은 평가 결과와 목표를 확인하고 진전을 평가하기 위한 규준과 과정 및 시간 등에 대해 상의한다. 서비스 제공자가 사용할 수 있는 방법이나 전략에는 무엇이 있는지 논의하고, 서비스 코디네이터를 확인한다. 또한 지역사회 단체가 아동과 그의 가족에게 도움을 줄 수 있는 방법(예: 건강, 이동, 아이 돌보기)에 대해 고려해 본다. 마지막으로, 아동이 3세가 될 때까지 해당 지역의 학교 시스템 안에서 조기 중재 지원과 유치원 교육 지원까지의 계획부터 이행까지를 살펴본다. IFSP 팀의 구성은 다음과 같다.

- 보청기나 인공와우와 같은 청각 보조장치의 취득 및 사용에 대해 자문해 주는 청각사
- 자질을 갖춘 교사, 말·언어 전문가를 연결시켜 주는 부모-영아 지원 단체
- 물리치료사, 작업치료사, 이 외 다른 측면에 도움을 줄 수 있는 조력자
- 사회·경제적 측면에서 필요한 도움을 줄 수 있는 사회복지사

전문가 팀이 아동과 가족이 필요로 하는 서비스와 이를 지원해 줄 수 있는 지원 시스템을 확인하면 곧바로 아동과 가족을 위한 중재가 시작되는 것이 중요하다. 선별검사의 목적은 3개월까지 모든 유아의 청각장애 유무를 확인하는 것에 있으며 또한 6개월까지 모든 유아와 가족에게 서비스를 지원해 주는 것에 있다(Joint Committee on Infant Hearing, 2000). 어떤 아기들은 태어나서 병원을 떠나는 그 즉시부터 서비스를 지원받는다. 전문가 팀이 필요한 서비스를 빨리 구축하면 할수록 더 좋은 서비스를 제공할 수 있다(Yoshinaga-Itano, Sedey, Coulter, & Mehl, 1998). 〈표 2-1〉에는

IFSP 팀이 고려해야 하는 지원 서비스 목록이 제시되어 있다.

〈표 2-1〉 IFSP 팀이 고려해야 하는 지원 서비스

청각 지원 서비스
이과학(耳科學, otology) 및 유전학(geneticist) 지원 서비스
의사소통 모드
청각-언어(auditory-verbal), 청각-구어(auditory-oral), 문법식 수어, 자연수어
의사소통 중재
전문 치료
물리치료, 작업치료, 청각-구어 치료, 조음치료
가족 상담, 가족 지원 서비스, 정신건강 지원 서비스
듣기 및 다른 보조공학 지원

출처: Callagher, Easterbrooks, & Malone (2006); Proctor, Niemeyer, & Compton (2005).

영·유아 듣기 발달

신생아는 소리에 대한 반응 체계가 아직 발달하지 않았기 때문에 약 40~50dB 역치의 소리에 반응한다(Eliot, 1999). 그런데 놀랍게도 부모가 이러한 사실을 알지 못함에도 대부분의 부모는 신생아에게 말할 때 좀 더 큰 강도로 가까이에서 이야기하는 경향이 있다. 신생아들은 부모 또는 양육자의 목소리에서 운율(말하는 것이 노래에 가까운 어투)적 측면에 민감하다. 사실 아기들이 좀 더 자라면 다른 언어의 억양보다 모국어의 억양을 더 선호한다(Jusczyk, Friederici, Wessels, Svenkerud, & Jusczyk, 1993). 이는 청각장애 아동과 함께할 때 아동과 가까운 거리에서 아기식 말투(motherese; 엄마가 아기에게 말을 건넬 때 사용하는 상호작용 스타일)를 사용해야 한다는 것을 의미한다. 아기식 말투로 말할 때 말의 음도는 높고, 운율은 과장되며, 말은 반복되고, 발화의 길이는 짧고, 말의 속도는 느리다(〈표 2-2〉 참조).

6개월 무렵 아기의 청력역치는 20~25dB로 높아진다. 청력역치가 20~25dB이라는 것은 아기가 청각장애라는 의미가 아니다. 그보다는 아기의 뇌가 미세한 차이를 듣는 것을 학습한다는 것을 의미한다. 예를 들면, 아기는 저주파수 소리보다 고주파

〈표 2-2〉 아기식 말투의 특징

노래하듯 말하기(singsongy sounding)

　엄마가 아기에게 말할 때 엄마는 구어의 초분절적 자질 요소(지속시간, 강도, 높낮이)를 첨가해서 말을 한다. 감정적인 부분은 이러한 요소(운율)로 표현된다.

판단 시간(temporal resolution) 및 소리 연장(lengthening sound)

　엄마가 천천히 늘여서 말하기 때문에 아기는 엄마가 무슨 말을 하는지 파악할 수 있다. 발달 중인 아기의 뇌는 소리 간의 차이를 변별하는 데 약간의 시간을 필요로 한다.

기억 제약성(memory constrains)

　아기의 기억력이 발달 중이기 때문에 엄마는 구와 문장의 길이를 줄여서 말한다.

　아기식 말투와 더불어 초기 의사소통 상호작용에서 고려해야 할 것은 소음이다. 아기에게 세상의 소리는 거칠고 혼란스러울 수 있다. 이는 아기의 뇌가 소리를 조직화하여 듣는 기술을 미세하게 조율하는 것을 아직 발달시키지 못했기 때문이다. 따라서 말소리를 방해하는 세상의 소음과 떨어져 말소리에 가장 잘 접근할 수 있는 조용한 환경에서 매일매일 언어적 접근이 이루어져야 한다.

수 소리(예: 차 주전자 소리)에 더 민감하다. 이것은 대부분 엄마가 아기에게 말할 때 엄마말의 특징인 목소리 음도를 높여서 말하는 경향과 관련된다. 태어난 지 얼마 안 된 아기의 듣기는 세분화되어 있지 않다. 아기의 뇌는 청각적 자극인 소리에 민감하게 반응하지는 않는다. 그러나 점점 자라면서 뇌는 청각적 자극에 반응하는 능력을 가지게 되고, 결국에는 일상의 모든 소리를 들을 수 있는 '청자'가 된다. 때문에 생후 6개월 이내에 조기 중재를 받게 하는 것이 '듣기'를 가장 자연스럽게 진전시키는 방법이다. 아동은 학령전기까지 청력역치가 약 10dB에 도달하고 청소년기까지 역치의 잠재적 수준까지 도달했다가 성인기에 들어 감쇄하기 시작한다(Eliot, 1999).

　판단 시간(temporal resolution) 또는 시간의 길이는 귀를 통해 들어온 소리가 서로 다름을 지각하는 데까지 걸리는 시간을 의미하며, 아동이 자랄수록 이 시간의 길이는 단축된다(Trainor, Samuel, Desjardins, & Sonnadara, 2001). 예를 들면, 두 소리가 다르다는 것을 구분하는 데 성인은 1/100초가 걸린다. 그러나 6개월된 아기는 이것을 지각하는 데까지 성인의 2배의 시간이 걸리며, 6세 아이는 성인과 6개월 아기의 중간 정도의 시간이 걸린다. 이러한 생물학적 특성이 엄마로 하여금 아기에게 천천히 말하게 하는 것(아기식 말투가 가지는 특성 중 하나인 말 속도 조절)일 수도 있다.

신생아가 자신의 세상을 탐험해 감에 따라 신경의 미엘린수초화(myelination)가 일어나고 뇌 시냅스가 발달한다. 미엘린수초는 시간이 지남에 따라 발달하며, 전선을 감싸는 플라스틱 피복과 같은 역할을 한다. 아기가 껑충 뛰기를 배우기 전에 기어다니기를 배우는 것처럼, 신경 경로는 연령과 연습량에 따라 좀 더 빨라지고 좀 더 효과적으로 이루어진다. 즉, 뇌의 청각피질이 청각 자극을 수용할 수 있을 정도로 점점 성장해 가는 것이다. 청각 자극은 청각 체계가 발달할 수 있도록 해 주는 양분의 음식인 것이다. 만약 아기가 청각 자극을 받지 못한다면 아기의 청각 체계는 성장하고 성숙해 나갈 수 없을 것이다.

또한 아기의 뇌는 말소리를 차단하는 세상의 모든 소음을 분류하는 것을 배워 나간다. 2세까지 소리들을 조율(tuning)하는 기술이 늘어 가고 10세까지는 이를 지속적으로 발달시켜 나간다. 그러므로 우리는 아이들에게 현재 듣고 있는 소리를 조직화하는 방법을 알려 주어야 하고, 이에 방해되는 주변의 산만한 것들을 제거해야 할 것이다. 이것은 아기의 언어 발달을 위한 언어 교육 시, 아이와 거리를 좁혀야 하는 또 다른 이유가 된다.

영아의 구어 발달

생후 1년 이내의 조기 선별과 조기 중재의 중요성은 아무리 강조해도 지나치지 않다. 조기 선별과 조기 중재는 청각장애 아동의 의사소통 발달의 성패를 좌우하는 중요한 열쇠이다(Calderon, 2000; Yoshinaga-Itano, Sedey, Coulter, & Mehl, 1998). 영아의 청각 시스템은 마치 자극을 기다리는 마른 스펀지와 같다. 만약 아동의 청각 시스템이 활성화되기 시작할 때까지 기다리기만 한다면, 아동이 눈에 보일 만큼의 이득을 얻기 위해서는 성인의 더욱 집중적인 지원이 필요할 것이다. 왜냐하면 청각 시스템은 듣기를 학습하는 것이 아니기 때문이다. 그뿐 아니라 실제로 아동이 듣기를 학습하지 않게 될 것이다. 그리고 청각 시스템이 활성화된 후 청각 자극을 준다면 임상가, 교사, 부모들은 들으려 하지 않는 아동의 성향을 극복해야 할 것이고, 이후에 그들의 진전을 더욱 어렵게 만드는 일이 될 것이다.

인공와우 수술을 받은 아동을 포함하여 모든 청각장애 아동에게 직접적이고 치료적인 교수와 우연적 교수를 결합한 교수방법을 제공해야 한다. 우발 학습 능력과 일반화에 대한 아동의 잠재적 능력은 아주 어린 시기에 최고점에 이르며 점차 나이가 들수록 천천히 감소한다. 아주 어린 아동은 성인에 의해 촉진되는 우연적 언어 학습을 통해 가장 큰 이득을 얻는다(Desjardin, Eisenberg, & Hodapp, 2006). 또한 적절한 보조장치를 사용할 때 이득을 얻는다. 그러나 아동에게 단순히 보조장치를 착용시키는 것은 언어발달을 촉진시키는 과정의 일부일 뿐이다. 듣고 말하기를 배우기 위해서는 광범위하고도 집중적인 지원이 필요하다. 이러한 지원이 늦게 제공되면 될수록 이러한 과정은 더욱 직접적이고 치료적으로 제공되어야 하고, 시간이 많이 소비되며, 더 많은 노동력이 요구된다.

"언어에서 차이를 강조하는 지각 체계를 만들어 내기 위해 언어 입력 자극이 뇌에 새겨진다. 이것은 단어 학습 이전에 일어난다. 음소 지각의 변화는 단어 학습에 도움이 되지 그 반대는 아니다."(Kuhl, 2000, p. 103) 즉, 청각 자극은 어휘 발달 이전에 언어 학습을 뒷받침하는 지각 체계를 만들어 낸다. 영아기에는 다양한 말소리를 듣기 위해 신경세포들이 서로 연결된다. 사람들이 영아에게 이야기를 들려주는 동안 영아의 청각 시스템은 변화하고 발달한다. 영아의 모국어와 관련된 신경세포들 간의 연결은 더욱 강력해진다. 모국어 이외의 언어를 학습하는 것과 관련된 나머지 신경세포의 연결은 자동적으로 떨어져 나간다. 지각적 범주로 예를 들면, 일본인 아기가 신생아 때에는 /r/과 /l/ 소리를 구별할 수 있으나 12개월에는 /r/과 /l/ 소리를 구별하여 들을 수 없다. 만약 훗날 이 아이가 영어를 배우려 한다면 이 두 소리의 차이를 들으려 애써야 할 것이다(Best, 1994; Flege, 1995). 이와 같이 생후 1년까지 건청 아동은 모국어 발달에 도움이 되도록 뚜렷하게 맞춰진 여과장치를 발달시켜 나간다. 만약 청각장애 아기가 적합한 청각 보조장치를 착용하여 소리를 듣고 또한 자연스러운 환경에서 양육자가 제시하는 소리 자극을 들을 기회를 갖는다면, 이 아기는 언어를 흡수하게 하는 여과 체계를 발달시킬 잠재적 능력을 갖게 된다. '의사소통'이란 것은 누군가 아동의 머릿속에 심어 줄 수 있는 것이 아니기 때문에 '입력'이라는 용어 대신 '흡수'라는 용어를 사용하였다.

아기는 언어를 끌어당기는 천연 자석과도 같다. 따라서 생후 1년 동안 청각장애

[그림 2-3] 아기와 아빠가 신발에 대해 이야기하기

출처: Photographed by John Zimmermann.

아동에게 잘 듣지 못하는 단점을 넘어서 의사소통할 수 있는 의미 있는 방법으로 소리를 들려주어야 한다. 이를 통해 아기는 언어 학습의 단계에 들어서게 되며 능숙한 언어 학습자가 될 것이다.

유아의 구어 발달

18개월경에 건청 아동은 50~100낱말 정도 범위의 어휘 수준이 발달한다(www. fwspeech.com/milestones.php). 아동이 낱말이 대상을 설명한다는 것을 매우 명확하게 이해하고 만약 아동이 그 단어를 사용한다면, 실제 생활 속에서 대상을 조절하고 보다 나은 결과를 가져올 수 있다는 것을 선천적으로 이해하는 것이다. 또한 아동은 새로운 의미 연결(novel mapping) 기술을 발달시킨다(Lederberg, Prezbindowsi, & Spencer, 2000). 예를 들어, 아동 앞에 세 가지 대상물이 있고 아동은 그 대상물 중 두 가지를 알고 있다고 하자. 아동에게 아동이 모르는 대상물을 달라고 할 때, 아동은 그 대상물을 찾을 수 있을 것이다. 왜냐하면 그 새로운 어휘가 자신이 이름을 붙이지 않은 대상물에 속해야 한다고 이해하기 때문이다. 따라서 아동은 새로운 단어를 자신이 이름 붙이지 않는 무언가에 연결시킨다. 세상에나! 단어가 한두 번만 노출되어도 아동은 놀랍게도 자신의 단어로 만든다.

아동이 새로운 의미 연결을 시작하게 되면 그 속도가 매우 빨라지고(빠른 의미 연결, fast mapping), 그 결과로 어휘 폭발이 나타난다. 그러나 어떤 아동은 새로운 의미 연결을 빠르게 할 수 없고(느린 의미 연결, slow mapping) 그 결과 어휘 발달의 속도가 제한된다. 인지 발달이 지연된 아동과 18~24개월에 청각장애로 진단받은 아동은 의미 연결이 느리고 언어 습득의 과정이 지연될 것이다.

대화는 언어 학습이 필요한 아동에게 제공해야 할 가장 중요한 도구이다. 아동에게 노출된 단어의 수는 아동이 얼마나 의사소통을 잘 습득할 것인가에 영향을 준다(Hart & Risely, 1995). 마치 의사소통이 결핍된 환경에서 자라는 아동처럼 청각장애 아동은 청각장애로 인해 대화를 듣는 시간이 부족할 것이다.

> 하루 평균 14시간 깨어 있는 시간 동안, 어떤 한 아동은 시간당 50번 말하고 700발화를 들을 것이다. 반면 또 다른 한 아동은 시간당 800번 말하고 1만 1,000발화 이상을 들을 것이다. 가정 유형의 안정성에 따라 1년 365일 동일한 시간 동안 누적된 언어 경험과 노출은 25만 발화 대 400만 발화로 차이가 나타났다(Hart & Risely, 1995, pp. 70-71).

만약 아동이 들은 총 발화의 수에 따라 언어 사용자 혹은 비사용자가 결정된다면, 아동은 반드시 언어 환경에 충분히 노출되어야 한다.

이 시기에 나타나는 가리키기(pointing)는 언어 학습에 필요한 또 다른 도구이다. 가리키기는 아동이 자신의 단어를 명료화시키는 데 도움이 된다. 예를 들면, 아동이 자신의 맨발을 가리키며 "신발"이라고 말한다면 이는 자신이 신발을 신지 않았다는 것을 의미한다. 이때 아동의 부모나 보호자는 "신발 신을래? 신발 신고 싶구나."라고 말할 것이다. 또는 아동이 신발이 벗겨진 인형을 가리키며 "신발"이라고 말한다면 어른들은 "신발 벗어, 머핀 신발이 벗겨져 있네."라고 반응할 것이다. 아동이 가리키기를 사용하는 즉시 가리키기는 신발 신어, 신발 벗어처럼 초기 단어 조합과 연결된다.

모든 아동이 사용하는 가리키기 행동은 어형 변화 전 단계(preinflected stage)의 전형적인 특징이다. 어형 변화 전 단계에서 아동은 시제나 수 일치와 같은 변화를 단어에 적용시키지 않은 2~3단어 조합(예: my shoe on) 수준으로 표현한다. 이 시기에 부모나 보호자는 아동에게 억양 변화가 많은 표현을 사용한다. 이들은 "신발 신어?"라고 말할 때 의문형 어조로 말끝의 억양을 올리지만 "신발 신어."라고 말할 때는 평서형 어조로 말끝을 내린다. 건청 아동은 단어에 붙은 억양을 보고 평서형인지(신발), 의문형인지(신발?), 감탄형(신발!)인지를 알아차리며 이러한 표현을 했을 때 서로 의미가 다르다는 것을 안다.

모든 아기들은 더 나은 의사소통을 위한 수단으로 가리키기 행동을 한다(Dobrich & Scarborough, 1984). 그러나 어떤 치료에서는 의사소통의 형식으로 손을 사용하는 것을 금지한다. 이는 건청 아동의 언어 습득과 모순된 것이다. 모든 아기는 단어를 사용하기 전에 가리키기를 사용하고, 단어와 단어를 연결 짓는 가교로써 가리키기를 한다. 가리키기는 또한 부모, 보호자, 교사, 임상가로부터 끌어내는 반응과 아동의 생각과 의도를 연결시키는 역할을 한다. 따라서 가리키기를 못하게 하는 것은 아동의 흥미를 따라 이야기해 주는 조기 중재의 기본 원칙에 위배된다.

이전에도 언급하였지만, 건청 아동이 마치 언어를 끌어당기는 자석과도 같기 때문에 언어 학습이 일어날 수 있다. 청각장애 아동의 경우, 아동의 청력손실이 18개월에서 2세 6개월 사이에 확인되었을 때, 이 아동의 뇌는 아직 언어 학습을 위한 중요한 기본 토대가 발달되지 않았다. 이 경우, 부모와 양육자는 '정상(normal) 언어'에서 한 걸음 물러나 아동이 이러한 기본 토대를 갖추도록 도움을 주어야 한다.

[그림 2-4] 의사소통을 위한 가리키기

출처: Photographed by John Zimmermann.

또한 아동의 언어 발달은 다른 신체 발달과 함께 진행되기 때문에 아동이 의자에 앉아서 움직이지 않고 세상에 대해 듣고, 듣고, 또 듣기만 하는 것을 원치 않는다. 대신에 활발하게 기어다니고, 돌아다니고, 걸어다니고, 움직이고, 껑충껑충 뛰고, 던지고, 땅을 파고, 냄새를 맡고, 깨물고, 손에 물건을 부여잡게 해야 한다. 그러고 난 후 누군가가 아동과 마주 앉아 아동에게 노랫조(singsongy voice)로 말을 건네야 한다. 아동의 주의를 끌기 위해서는 아동이 세상에서 할 수 있는 것들을 해 보도록 좀 더 노력해야 한다. 아동의 물그릇에 애완동물 Sparky의 음식이 둥둥 떠다니도록 하는 것이 아동에게 "신발, 신발이야. 여기 네 신발이 있네."라고 말하는 것보다 훨씬 더 흥미로운 것이다. 소리들이 아동의 지각 체계에 새겨지는 것과 마찬가지로 어른들(부모, 보호자, 교사, 임상가 등)은 유아의 주의를 끌고 유지하는 기발한 방법들을 배워야 한다. 이 시기 유아는 목적을 가지고 움직이기 때문에, 유아의 의도를 쉽게 이해할 수 있다. 아동의 움직임을 살피면 논의가 가능한 주제에 대한 단서를 얻을 수 있다. 유아는 자신이 세상을 통제할 수 있다고 인식한다. 만약 유아의 세상을

통제하는 데 있어 유아에게 언어가 도움이 된다는 것을 가르칠 수만 있다면, 이는
우리의 노력으로 아동이 언어를 학습하도록 동기부여를 시켜 주는 것이 된다. 〈표
2-3〉에는 아주 어린 나이에 발달하는 주요한 언어와 사고 기술이 제시되어 있다.

〈표 2-3〉 초기 의사소통 기술 발달

영역	연령
말소리 또는 음운적 기술	
반사적 또는 옹알이 이전의 발성	~6주
쿠잉(cooing)과 웃음소리	6~16주
확장시기	4~7개월
으르렁거리는 소리(growls), 콧소리	
모음을 연장시킨 단음절	7~10개월
중복옹알이 또는 표준적 옹알이	
소리내기 놀이	
변형 또는 비중복 옹알이	11~18개월
옹알이와 자곤(jargon)	18~24개월
단어(true word)	12개월
언어 또는 문법 기술	
비문법적 한두 단어 발화:	~18개월
명사, 동작어, 수식어, 사회어, 기능어	
명사 위주	
~ 50-100단어	
어형 변화 전 3~4 발화 수준:	24~36개월
단순 나열, 소유, 실체, 속성, 행위, 존재, 재연	
~200단어 이상	
사고 기술	
변별, 매칭, 모방, 단순 선택	~18개월
2~3개의 사물 순서대로 놓기, 공간 조직	24~36개월

출처: Oller (1987); Owens (1996); Schumaker & Sheldon (1999).

아기 중재

이 장의 후반부에는 아기에게 사용하기 적합한 중재방법들이 기술되어 있다. 〈표 2-4〉에는 중재 시 고려해야 할 일반적인 사항들이 제시되어 있다. 또한 제1장에서 제시된 청각 및 말·언어 발달 모형과 관련된 사항이 추가적으로 기술되어 있다.

〈표 2-4〉 영·유아 중재 시 고려해야 하는 일반적인 사항

가능하면 빨리 아동에게 청각 보조장치를 착용시키자. 아동이 인공와우 이식 수술의 대상자 조건이 되어 인공와우 이식 수술을 고려할 때에도 마찬가지이다.

생후 1년 동안 일어나는 대부분의 일은 감각 자극에 의존한다. 발화 이전에 아이들은 가리키기, 보여 주기, 반응하기, 재잘거리기, 손 뻗기, 소리 지르기, 중얼거리기, 팔 움직이기 등을 통해 의사소통한다. 이러한 발화 이전 의사소통(preverbal communication)의 양과 의사소통의 빈도수는 후기 의사소통의 성공을 예측해 주는 요인이다. 의사소통 수단이 제스처인지 또는 음성 옹알이(vocal babble)인지는 중요하지 않다. 영·유아는 양육자의 반응을 원한다. 양육자의 반응과 자신이 낸 발성(vocalization)은 신경 경로에 저장되는 데 도움이 된다. 이 과정을 뛰어넘는다면 나중에 더 큰 노력이 필요할 수 있다.

청각 자극뿐만 아니라 시각, 촉각 자극을 포함한 자극적인 환경을 만들어 주자.

아동은 듣기뿐만 아니라 보고, 맛보고, 냄새 맡고, 던지고, 여러 가지 방식을 통해 외부세계를 받아들인다. 그러나 가끔씩은 이를 잊어버린 채 듣기 기능을 발달시키는 것에만 초점을 두기도 한다.

의사소통과 관련된 자연스러운 시각적 제스처를 사용하자.

모든 나라의 모든 영·유아는 가리키기와 같은 자연스러운 제스처를 사용하여 부모와 양육자에게 자신이 알고 싶은 것에 대한 단서를 준다. 아동의 흥미를 파악하는 데 도움이 되기 때문에 이러한 자연스러운 제스처를 활용하자.

독화 단서를 주어야 하는 상황을 바로 알자.

건청 아동이 듣는 것을 배울 때, 소리들을 서로 구분하기 위해 독화 단서의 도움을 받는다. 때문에 청각장애 아동에게 새로운 듣기 기술을 가르칠 때는 입을 가리자. 하지만 정상적인 대화 상황에서는 독화 단서가 유용할 수도 있다.

아동과의 근접성을 높이자.

모든 것을 아동에게 가져가자. 아동 얼굴 높이와 시야의 범위에 맞춰 서자. 아동의 손에 장난감을 놓아주자. 함께 손뼉을 치자. 아동에게 직접 말하고 노래해 주자. 아동을 무릎에 앉히고 이야기해 주자. 감각의 세계를 아동에게 가져다주자.

아기식 말투를 사용하자. 아빠도 또한 사용해도 된다.

아기식 말투는 건청 엄마가 건청 아동에게, 청각장애 엄마가 청각장애 아동에게 사용하는 의사소통 스타일이다(〈표 2-2〉 참조).

부모에게 특별한 요구가 있음을 인식하자.

아동이 반응을 보이지 않을 때, 부모는 아동과 거리감을 느낄 수 있다. 또한 아동과의 결속력에 대한 확신이 들지 않을 수 있다. 부모가 좌절을 겪기 전까지 오래도록 '믿음'으로만 지낼 수 있다. 아동의 무반응 기간에 부모에게는 도움과 안심시켜 줄 말이 필요하다. 또한 정보도 필요하다. 적극적으로 정보를 찾아나서는 부모의 아동은 말수가 적은 부모의 아동보다 의사소통을 빨리 배우는 경향이 있다. 부모와 아동의 기질이 서로 맞지 않는 것을 인식하고 부모가 아동의 기질에 대해 이해하도록 도움을 주자.

청각 및 말·언어 발달 모형 적용: 아기

관련 변인 1: 듣기처리 과제

어린 아기들에게 가장 중요한 듣기처리 과제는 탐지이다. 조직적이고 의미 있는 방식으로 아기에게 소리를 들려주어 뇌가 소리들을 탐지하는 것을 배우게 해야 한다.

관련 변인 2: 듣기, 말하기 및 언어 기술

〈표 2-3〉에는 영·유아기에 발달하는 의사소통 기술과 사고 기술이 요약되어 있다. 이 시기에 중재자는 아기가 중재자의 말소리에 귀 기울여 구어의 초분절적 자질과 모음, 자음을 알아차리도록 격려해야 한다. 다음에서 듣기를 고무시킬 방법들을 제시하고 있다. 그러나 이에 국한되는 것은 아니다.

- Ellen Rhoades의 소리-대상 연합 목록(〈부록 C〉 참조) 사용

  소리-대상 연합(Sound-Object Associations) 목록에 있는 소리들은 다양한 초분절적 자질, 모음, 자음을 아기에게 노출시키기에 가장 유용하기 때문에 선택

되었다. 예를 들면, 장난감 소 또는 소 인형을 활용하여 아기에게 저주파수대의 비성 자음인 'mooo' 소리를 노출시킬 수 있다. 장난감 고양이 또는 고양이 인형을 활용하여 자음과 모음으로 결합되고 모음이 이중모음으로 들리기 쉬운 'meow' 소리를 아기에게 노출시킬 수 있다.

- **아기가 소리에 항상 집중하도록 시키기**

귀에 손을 가져다 대는 단서를 사용하는 것을 배운다. 소리를 들었을 때나 아기의 주의를 끌고자 할 때 이 단서를 사용한다. 손가락으로 귀를 가리키고는 숨을 헐떡거리며 흥미진진한 듯이 아기를 본다. 그런 다음 "비행기야, 들어 봐. 비행기 소리가 들려. 너도 들었니? 엥~~~~~~. 비행기야."라고 말한다. 환경 안에서 새로운 소리를 들려주고자 할 때 언제든지 이 단서를 사용한다. 중재자는 자신이 들을 수 있는 모든 소리에 대해 아기의 주의를 끌도록 한다.

- **매일매일 일상적인 것에 대해 말하기**

매일 일상의 기본이 되는 하루 일과 중 반복적으로 하는 일은 무수히 많다. 대화를 일과(routine)로 설정하고 매 순간 적극적으로 참여한다. 예를 들어, 아기의 기저귀가 젖었을 때는 "이런, 젖어서 축축하구나. 기저귀 갈 시간이네."라고 말한다. 그런 다음 아기를 탁자 위에 눕히고 "기저귀야, 기저귀 갈자."라고 말한다. 기저귀의 찍찍이 테이프를 뗄 때 "당겨 봐. 이런, 떨어졌네. 다시 당겨. 이런, 떨어졌다."라고 말한다. 기저귀를 버릴 때에는 "기저귀 벗었네. 이제 이 기저귀를 버리자."라고 말한다. 기저귀를 갈 때마다 이런 독백을 계속한다.

- **예측 가능한 세트 만들기**

이 방법은 곧 소리가 날 것이라는 것을 아기가 배우는 데 도움이 된다. 예를 들면, 할아버지가 일을 마친 후 문으로 걸어 들어오는 소리(환경에서 친숙한 소리)를 들었을 때에는 흥미진진한 얼굴 표정을 지으며 격앙된 목소리로 "들어 봐. 할아버지가 집에 왔네. 할아버지는 어디 있을까? 문 소리가 났나? 할아버지일까? 맞다. 할아버지다."라고 말한다. 이러한 상황이 있을 때 매일 또는 매주 여러 번 이 전략을 사용할 수 있다. 또 다른 예로는 누군가가 올 것이라는 것을 짐작하게 하는 개 짖는 소리, 배달하는 사람의 초인종 누르는 소리, 식기세척기의 버튼 소리, 차에 시동을 거는 소리 등이 있다.

[그림 2-5] 문으로 할아버지가 걸어 들어와서 아기에게 반갑게 인사한다
출처: Photographed by John Zimmermann.

• 연령에 적절한 어휘에 초점 두기

맥아더–베이츠 의사소통 발달 목록: 단어 및 제스처(MacArthur-Bates Communicative Development Inventory: Words and Gestures: CDI; www.sci.sdsu.edu/cdi)에는 8~16개월 아기가 사용하는 단어 목록이 들어 있으며, 부모, 임상가, 선생님, 중재자가 유아의 목표 어휘를 선정하는 데 필요한 어휘가 들어 있다. 어휘 범주로는 실제 소리(sound effects)와 동물 소리, 동물(실제 또는 장난감), 장난감, 음식과 음료수, 옷, 신체 부분, 가정용 소형 물건, 가구와 방, 외부 사물과 놀러갈 장소, 사람, 게임과 일상, 행동 단어, 서술 단어, 시간 표현 단어, 대명사, 질문단어, 수량 등이 있다. CDI 웹 사이트에는 대부분의 영·유아기 초기 단어 목록 규준표가 제시되어 있다. 아기에게 단어 목록에 있는 소리와 단어를 체계적으로 노출시키는 것이 가장 바람직하다.

• 자음–모음이 결합된 짧은 노래 사용

〈상자 2-1〉에는 짧은 노래(mini-song)의 예들이 기술되어 있다. 짧은 노래는 높은 억양의 노랫조로 반복하는 단순한 구로 되어 있다. 아기를 소리에 노출시키기 위해 소리−대상 연합 목록을 활용하는 한편, 조직적인 순서로 모음을 결합한 소리를 들려주기 위해 짧은 노래를 사용할 수 있다. 낮은 대비(대조)에서부터 높은 대비로 모음을 구성한다. 청각적·시각적·촉각적 피드백이 큰 대비의 모음에서부터 시작해서 점차 낮은 대비의 모음으로 진행한다.

[그림 2-6] 엄마가 아기에게 높은 억양의 노랫조를 반복해서 들려준다

출처: Photographed by John Zimmermann.

상자 2-1 아기를 위한 짧은 노래

모음 대조가 높은 예

Go to bed

- 이 짧은 노래는 잠자리에 들어갈 때 또는 낮잠 자러 갈 때 사용한다.
- 인형을 재우는 척하면서 노랫조로 "Go to bed. Go to bed."라 한다.
- 아기를 침대에 눕히고 『곰 세 마리(The Three Bears)』『일곱 난쟁이(The Seven Dwarfs)』 또는 다른 이야기 그림책을 본다. 그림을 가리키며 구를 노래한다.

Take it

- 아기가 무언가를 잡으려 손을 뻗을 때 그것을 건네주며 'take it'이라 노랫조로 말한다.
- 가지고 놀던 장난감을 아기에게 건네주며 'take it'이라 노랫조로 말한다.

My cup

- 항상 구로 표현하는 특별한 잔이나 컵을 선택한다. 커피나 차를 마실 때 "My cup, my cup. This is my cup."이라 노랫조로 말하며 가리킨다.
- 아기에게 우유병을 줄 때 노랫조로 "Here's your bottle. Here's my cup. My cup. Here's my cup."이라 말한다.
- 그릇을 씻을 때 "My cup. See. I'm washing my cup."이라 노랫조로 말한다.

- 유아가 단단어를 숙달하고 짧은 노래에 귀를 기울여 듣는다면 다음은 촉진 기술을 사용하여 의미적-구문적 두 단어 조합을 만들기 위한 듣기 기술로 전환한다. 〈표 2-5〉에서 초기 의미적-구문적 단어 조합의 예가 기술되어 있다. 〈표 2-6〉에는 일반적으로 사용되는 촉진 기술이 기술되어 있다.

〈표 2-5〉 초기 의미적-구문적 단어 조합

관계	예
행위자+행위	daddy bye-bye (daddy is leaving.)
부정+실체	No bye-bye (I don't want Daddy to leave.)
행위+장소	Drive car (He is driving in the car.)
실체+장소	Daddy office (Daddy is at the office.)
소유+실체	Daddy car (Daddy's car)
행위+수여자	Open me (Open the door for me.)
유도+실체	That daddy (There he is!)
속성+실체	Happy daddy! (He's so glad to see me.)
행위+대상	Kiss daddy (Come here so I can give you a smooch!)

〈표 2-6〉 언어 촉진 기술

기술	설명
확장(Expansion)	발화 반복, 아기 발화에서 사용된 문법이나 어휘는 유지하지만 정확성은 강화하여 발화를 반복하기
부연설명(Expatiation)	발화를 반복하고 새로운 정보를 첨가하기
개방형 질문 (Open-Ended Question)	활동이나 책을 보는 시간에 간단한 의문사나 '예/아니요'로 답하는 질문 사용하기
평행말하기(Parallel Talk)	유아가 행동을 하는 동안 그 행동에 대해 이야기하기
구문적 재조직 (Syntactic Recasting)	유아의 진술을 질문으로 바꾸어 말하기
의미적 재조직 (Semantic Recasting)	이전 지식을 끌어내고 새로운 연결을 하기 위하여 유아의 진술을 확장하기

출처: Desjardin, Eisenberg, & Hodapp (2006); Easterbrooks & Baker (2002).

관련 변인 3: 외적 요인

아기를 중재할 때 아기의 주의를 끌 수 있는 모든 대상물과 소리는 중재자가 준비하기 때문에 외적 요인을 쉽게 통제할 수 있다. 자극은 아기가 집중해야 하는 하나의 항목이나 구 또는 하나의 활동으로 배열해야 한다. 언어적 복잡성은 계속해서 반복할 수 있는 짧고 간단한 단어나 구로 유지되어야 한다. 환경 맥락은 매우 명확해야 한다. 아기에게 말을 하는 동안 아기는 말한 모든 것에 대해 듣고, 보고, 만지고, 느끼고, 맛볼 필요가 있다.

관련 변인: 아동 행동

아기에게 소리를 들려주었을 때 소리에 대한 반응으로 아기의 어떤 행동을 기대할 수 있을까? 실제로 아기들이 소리에 주목하고 있음을 알 수 있게 해 주는 아기의 행동에는 몇 가지가 있다. 아기들은 보고, 미소 짓고, 손과 팔을 흔들고, 조용히 하고, 목구멍을 울리는 소리를 내고, 우유병을 빨고, 작은 얼굴을 찡그리고, 눈썹 사이를 주름지게 하고, 꼼지락꼼지락거린다. 아기에게 소리를 들려주었을 때 이러한 표시를 주의 깊게 살펴야 한다.

유아 중재

〈표 2-7〉에는 10개월~3세 이하의 유아(toddler)를 중재할 때 고려해야 할 일반적인 사항들이 기술되어 있다. 또한 제1장에 제시된 청각 및 말·언어 발달 모형과 관련된 사항이 추가되어 있다. 만약 유아의 청력손실이 이제 막 확인되었다면 앞서 제시한 아기 중재와 관련된 일반적 사항과, 아기 중재 과정과 활동들을 참고해야 한다.

〈표 2-7〉 유아 중재 시 고려해야 하는 일반적 사항

유아 중재 시 이 장의 전반부에서 제시한 모든 것을 고려한다.

양 귀의 증폭장치 착용을 고려한다.

    영·유아는 소리의 근원에 대한 중요한 기술을 학습해야 하기 때문에 양 귀에 보청기 혹은 CI를 사용한다. 이러한 기술은 양쪽 귀 모두에 필요하다.

어려운 수준의 문법을 익히기 위한 가교로서 시각적 가리키기를 지속적으로 사용한다.

    명명하는 것과 그것의 개념을 연관 짓는 것을 돕기 위해 유아에게 단어 'look'과 'see'를 자주 사용한다.

적절한 상황에 독화 단서를 제공한다.

    유아의 시야 선상에 장난감을 놓는다. 그런 다음 독화 단서를 사용하기 위해 유아의 시선을 중재자의 얼굴로 유도한다.

유아의 귀 가까이에서 모니터한다.

    보청기나 CI를 착용한 유아와 눈높이를 맞춰 웅크리고 앉은 후 사물에 대해 말한다. 유아의 주의를 끌 수 있는 흥미로운 사물이나 재료를 사용한다. 이것을 유아의 시야 선상에서부터 중재자의 얼굴로 이동시킨다. 그런 다음 유아의 양 귀를 가리키고 유아가 중재자의 말을 듣도록 격려한다. 유아에게 말을 건네고 노래를 불러 준다. 유아를 무릎에 앉히고 "이랴, 이랴~ 말 타자. 말 타고 가자(Ride the horsey, Ride to town)."라고 들려준다. 그런 다음 무릎 위에서 말을 타는 것처럼 놀이한다. 유아의 주변을 따라다니며 흥미 있어 하는 모든 것에 대해 이야기한다.

아기식 말투를 계속 사용한다.

발달상의 정점을 예측한다.

발달상의 정점(plateaus)이 있는 것은 지극히 정상적이고 자연스러운 것이다. 유아의 발달 속도가 항상 일정한 것은 아니다. 유아는 한 주 동안 의사소통의 급성장을 보일 수 있으며, 그 다음 주에 걷기나 껑충껑충 뛰기를 학습할 수 있다. 인내심을 가지고 대화를 계속한다.

부모가 시간적 압박감을 관리할 수 있도록 도움을 준다.

부모의 시간적 문제에 대해 즉각적 해결책을 찾도록 도움을 준다. 만약 문제가 되는 것이 시간이 아니면, 초기 중재의 어떤 과정이 부모를 불편하게 만드는지에 대해 논의한다. 이에 대해 솔직하고 정직하게 부모를 대해야 하고, 부모에게 도움이 될 수 있는 것이 무엇인지 문의해 본다.

각운 맞추기, 손가락 놀이, 구어 게임을 사용한다.

이러한 게임은 유아가 채워야 하는 정보에 대한 예측 가능한 세트를 확립하는 데 도움이 된다. 예를 들어, 'Mary Had a Little Lamb'의 첫 줄의 끝에 'snow'를 강조한다. 그런 다음 두 번째 줄의 끝에서, 'the lamb was su-u-re to_____'를 작성하고 유아에게 그 문장의 빈칸을 채우도록 한다.

언어적 상호작용 모형

두 명의 성인이 새로운 기술을 모델링한다. 예를 들어, 유아가 'thank you'라는 말을 기억하는 데 어려움을 보이면 한 명의 성인에게 사물을 주면 다른 한 명의 성인이 흥미진진한 얼굴 표정을 지으며 노랫조로 'thank you'라고 활기차게 말한다.

멜로디조의 억양을 사용한다.

멜로디조의 억양은 일반 구나 새로운 언어 목표를 위한 특정 노래 패턴에서 볼 수 있는 아기식 말투의 과장된 형식이다. 예를 들어, 아침에 유아를 처음으로 만났을 때 몇 번 노랫조로 "Good MOR-ning."이라고 말하거나 장난감을 줍는 시간에 노랫조로 "Cleeeean up! Cleeeean up."이라고 말한다.

'기다리기 시간'을 모니터한다.

유아는 자신이 들은 것에 대해 반드시 생각을 해야 하기 때문에 이들에게는 생각할 시간이 필요하다. 따라서 중재를 하는 동안 유아에게 대답을 재촉하거나 촉구할 경우에는 10까지 수를 센 후 진행할 수 있다. 어떤 유아는 생각하는 데 시간을 더 많이 필요로 하기 때문에 중재 활동을 연장해야 한다.

청각 및 말·언어 발달 모형 적용: 유아

관련 변인 1: 듣기처리 과제

최근에 청각장애로 진단받은 유아의 1차 듣기처리 과제는 탐지이다. 듣기 학습의 경험이 있는 유아의 경우에 듣기처리 과제는 소리의 탐지와 선별 그리고 확인이 된다. 조직적이고 의미 있는 방식으로 유아에게 소리를 들려주어 유아의 뇌가 소리들을 탐지하고 변별하고 확인하는 것을 배우게 해야 한다.

관련 변인 2: 듣기, 말하기 및 언어 기술

듣기, 말하기 및 언어처리 과정이 익숙하지 않아 새로운 유아의 경우에 이와 관련된 기술은 영아 단계에서의 기술과 전략 그리고 일반적인 고려사항을 적용한다. 또한 말의 초분절적 특성과 관련된 지각 패턴에도 초점을 둔다. 한편, 듣기 학습의 경험이 얼마간 있는 유아의 경우에는 구나 단순한 수준의 연결 담화에서부터 시작한다. 유아를 대상으로 할 때 영아 부분에서 기술한 전략들에 덧붙여 사용할 수 있는 전략은 다음과 같다.

- **패턴 연습:** 아동은 여러 말소리의 초분절적 특성에 기초한 소리 패턴을 듣고 소리 패턴들 간의 차이를 구별해야 한다. 지속시간 패턴은 소리의 장/단(hop/mooo), 강/약(STOP!/shhhhhh) 그리고 고/저(mooo/peep-peep) 특성이 포함되며, 단음절, 1음절 이상의 단어 또는 여러 음절의 구와 같이 다양하다(Don't cry/Hug the puppy). 유아의 경우 처음에는 패턴이 전혀 다른 것부터 들려주어 듣기를 연습하도록 한다('No' vs. 'Pour the milk'). 유아의 듣기 능력이 향상될수록 패턴은 좀 더 유사한 것들로 대비를 이루도록 구성한다. 다양한 교육과정 지침서와 교재를 사용하여 패턴 연습을 시킬 수 있다. 〈부록 D〉에는 활용할 수 있는 구매 가능한 교재 목록이 제시되어 있다.

• **영아용 M-B-CDI 및 유아용 M-B-CDI 활용**

영아용 M-B-CDI에 나온 단어를 지속적으로 사용하고, 16개월에서 30개월 유아에게 사용되는 유아 진단용 검사도구인 유아용 M-B-CDI에 나온 단어와 문장을 참고한다. 유아용 M-B-CDI는 영아용 M-B-CDI에 수록된 어휘 범주에 관사, 조동사, 단어 연결이 추가되었다. 문법적 측면을 구축하기 위해 유아의 어휘는 명사, 동사, 형용사, 부사, 전치사 등 다양해야 한다. 유아의 어휘집이 클 때 문법 발달은 좀 더 자연스럽게 일어난다.

• **자음과 모음이 결합된 짧은 노래**

유아가 3세가 되기 전까지는 대비가 낮은 예를 사용해야 한다. 〈상자 2-2〉에는 대비의 고저에 따른 짧은 노래의 예들이 제시되어 있다.

• 유아의 문법 능력을 발달시키기 위해 2단어 조합 형태를 구로 확장시킨다(〈표 2-5〉 참조). 또한 부정문, 축약문, 의문문 양식 그리고 대명사로도 확장시킨다.

• 연령에 적절하게 단어가 가지는 여러 가지 의미를 알게 한다. 예를 들면, 유아는 'run'이 동사('달리다'의 의미)와 형용사(runny rose: '흐르는'의 의미)로 쓰임에 따라 의미가 달라지는 것을 알아야 한다.

상자 2-2 유아를 위한 짧은 노래

자-모음 결합 대조가 높은 예

Go to bed
• 인형을 재우러 가는 놀이를 할 때 사용한다.
• 색깔 맞추기 놀이를 한다. 이불을 덮은 10명의 아기와 10개의 침대를 만들고 색을 칠한다. 이불 색깔과 동일한 침대를 매칭시킨다. 유아가 동일한 색으로 맞출 경우 "Go to bed little baby. Go to bed."라고 말해 준다.

Open the Letter
• 유아에게 매일 편지를 뜯어 보게 한다. 'Open the letter'를 반복적으로 사용한다.
• 신발장 옆에 편지함을 놓는다. 신발장과 편지함을 색칠한다. 편지함에 '엄마에게'라고 적는다. 유아와 엄마가 편지를 주고받는다.

자-모음 결합 대조가 보통인 예

Thank You

- 유아가 무언가를 건넬 때마다 "Thank you."라고 말한다. 가족이 필요로 하는 목록을 만든다. 가족 중 한 사람이 접시를 유아에게 건네줄 때, 유아에게 "Thank you."라고 말하도록 한다.
- 유아에게서 장난감을 받는다. 유아가 장난감을 주면 무릎 위에 놓으며 "Thank you."라고 말한다. 역할을 바꾸어 유아가 장난감을 받으면 "Thank you."라고 말하게 한다.

Cat Food

- 식료품 가게에 가서 캔에 든 고양이 사료를 산다.
- 장난감 고양이를 가져온다. 장난감 고양이가 사료를 먹는 시늉을 하며 "Cat food. Eat the cat food."라고 말한다.

자-모음 결합 대조가 낮은 예

Pat, Pat

- 낮잠 자는 시간에 아기의 등을 토닥거리며 노랫조로 "Pat, pat, pat."이라 말한다.
- 목욕을 한 후, 파우더 통에 든 파우더를 퍼프에 톡톡 묻히고 파우더가 묻은 퍼프를 팔, 다리, 배 등에 두드린다. 두드리며 "Pat, pat, pat."이라 말한다.

Dance, Dance

- 방에서 이리저리 춤을 추면서 "Dance, dance, dance."라고 말한다.
- 마치 인형이 춤을 추는 것처럼 인형을 움직인다. 인형의 다리를 움직이며 "Dance, dance, dance."라고 말한다.
- 손가락으로 'V'자를 만들어 다리인 것처럼 움직인다. 손등에 얼굴을 그리고 손가락 다리로 춤을 추며 "Dance, dance, dance."라고 노래한다.

관련 변인 3: 외적 요인

　유아는 자신의 환경 안에서 흥미롭고 새로운 것들로부터 쉽게 자극을 받기 때문에 이들을 중재할 때에는 외적 요인이 매우 중요하다. 따라서 유아가 주의집중을 할 수 있도록 환경을 구성하는 일은 중요하다. 자극은 유아가 집중할 수 있는 하나의 항목이나 구 또는 하나의 활동으로 시작하도록 배열해야 한다. 연령에 따라 자극 배열의 수를 증가시킨다. 듣기 경험이 있는 유아의 경우, 2세에는 두 자극을 서로 가려낼 수 있고, 3세 즈음이 되면 세 가지 소리를 듣고 그것을 각각 변별할 수 있다. 유아의 듣기 능력이 어느 정도 기본이 다져질 때까지는 조용한 곳에서 진행되어야 한다. 유아는 소리를 듣고 지각적으로 구분하기는 하지만 또한 맥락적 단서의 도움을 받는다. 따라서 맥락 내 너무나도 많은 방해(경쟁) 자극을 주지 않도록 주의해야 한다. 그렇지 않으면 본능적으로 왕성한 호기심을 가진 작은 생물체인 유아의 관심이 다른 곳으로 향해 결국에는 목표했던 것을 수정해야 할 것이다.

관련 변인 4: 아동 행동

유아가 소리를 듣고 변별하고 있다는 것은 유아의 대근육과 소근육의 움직임을 통해 알 수 있다. 유아는 동작 멈추기, 걷기, 밀기, 당기기, 잡기, 만들기, 던지기, 붙잡기, 물건 두기, 따라 하기, 활동에 참여하기 등을 할 수 있다. 유아의 신체 움직임을 유도하는 활동을 할수록 유아의 주의를 끌고 이를 유지할 수 있으며, 유아의 신체 활동 관찰을 통해 진전 상황을 살펴볼 수 있다.

유아가 진전을 보이지 않는 경우에 대한 지침

• 보청기를 재점검한다. 새로운 보청기가 필요하거나 보청기를 다시 매핑(mapping)하거나 프로그래밍할 수 있다. 보청기 배터리나 이어몰드 또는 다른 부분도 모두 점검한다.

• 실제로 유아와 언어적 상호작용을 한 시간을 점검하고 난 다음 유아와 많은 시간 동안 언어적 상호작용을 할 수 있는 다른 사람에게 도움을 구한다.

• 중재가 너무 빨리 진행되었는지 또는 한 번에 너무 많은 것을 목표로 삼아 목표를 달성하려 한 것은 아닌지 살펴본다. 중재 시 제공되는 소리, 단어 그리고 언어적 자극은 세밀히 구조화되어야 한다.

• 유아의 청력도를 해석하여 유아의 발달 수준에 적합한 음소와 단어 및 문법을 목표로 선택하는 데 도움이 될 만한 청각장애 교사나 언어 전문가와 협력한다.

• 유아에게 적합한 목표라고 선정한 것들을 문서화한다(문서를 보고 듣기가 가능한 목표인지 또는 한번에 너무 많은 듣기 과제를 제시하지는 않았는지를 확인하는 데

도움이 된다).

유아가 다른 사람과 상호작용할 때 시각적 의존도가 점차 높아지는가를 살펴봐야 한다. 시각적 상호작용 의존도가 높아진다는 것은 청각적 자극의 선택이 적절하지 못했다는 것을 보여 주는 것이며, 독화와 몸짓과 같은 시각적 단서를 좀 더 통합시켜야 한다는 것을 의미한다. 어떤 유아는 의사소통 장면에서 수어 사용을 통해 더 많은 이득을 갖는다. 만약 이런 경우라면 조기 중재 시 미국 수어(ASL) 사용을 지지하는 중재자와 함께 협력해야 한다.

3개월의 중재 기간 내에 유아가 어떠한 진전이라도 보이지 않는다면 유아의 건강 또는 증폭장치, 또는 중재의 일관성에 관한 모든 것들을 점검해야 한다. 또한 독화, 단서, 수어 등과 같은 시각적 언어도 함께 지원해야 한다. 때때로 유아는 시각적 체계를 통해 기술을 학습할 필요가 있고, 그런 다음 이러한 기술을 청각적으로 숙달하기도 한다. 모든 유아가 구어를 사용하여 의사소통할 수 있게 되는 것은 아니다. 이는 구어로 의사소통할 기회가 끝났다거나 '기다려 보는' 입장을 취하는 것이 아니다. 교사나 치료사 그리고 부모는 유아의 청각적 진전의 속도를 기록하고 수어 전환을 결정하기 위해 활용될 지표에 관해 합의해야 할 책임이 있다.

청각 및 말·언어 발달 모형 적용의 유연성

오늘날의 중재는 자연스러운 환경에서의 접근이 많이 강조되고 있다(Dunst & Bruder, 2002). 자연스러운 환경이란 영·유아가 하루 중 상당한 시간을 보내는 환경을 말한다. 부모나 집에 상주하는 보모와 함께 생활하는 집, 보모의 집, 주간 보호시설 등이 자연스러운 환경에 속한다. 부모가 중재자가 되도록 부모를 교육시키는 것이 가장 이상적이다. 그러나 유아가 대부분의 시간을 주간 보호 시설에서 보낸다면 어떨까? 이러한 경우, 유아를 담당하는 담당자가 부모를 대신해 훈련을 받아야 한다.

중재의 환경을 가정(집)에 국한하는 것은 적절하지 않다. 중재자가 제안한 사항들을 때때로 부모나 보모가 완벽하게 수행할 수 없을 수도 있다. 어떤 부모는 자녀의 교사가 될 마음의 준비가 되어 있지 않거나 자신의 역할이 중재자보다는 양육자라고 생각할 수 있다. 이들에게는 중재에 대한 제언 이외의 추가적인 지원이 필요하다. 어떤 엄마는 자녀가 여럿이어서 중재에 필요한 시간을 따로 낼 수 없다. 또 다른 엄마는 자신의 자녀와 함께하는 것을 불편해하는 기질을 가지기도 한다. 또한 가정의 언어와 문화가 학교나 치료실의 것과 달라 사회−문화적 차이가 생긴다.

중재자는 문화에 따라 해석하는 의미에 차이가 있다는 것을 이해해야 한다. 또한 다른 문화권에서 온 부모가 이들의 자녀에게 거는 기대(목표)를 간과할 수는 없다. 만약 중재를 통해 유아가 영어를 배우는 것을 목표로 한다면, 영어가 사용되지 않는 자연스러운 환경, 즉 가정환경에서는 이 목표를 촉진할 수 없을 것이다. 여러 주정부에서 실시하는 초기 중재 프로그램은 공중 위생과의 관리감독하에 있기 때문에 청각장애 교육 전문가는 이 경우에 해당되지 않을 수 있다. 만약 자연스러운 환경에 대한 대안이 없다면 이러한 유아는 어떻게 될까? 이러한 경우, 청각장애 교사는 적당한 교육자가 있는 센터나 학교에서 자문을 받아야 한다(Arehart & Yoshinaga-Itano, 1999).

요약

이 장에는 보편적으로 실시되는 신생아 청력 선별검사, 청각장애 영유아 및 가족에게 필요한 서비스, 이 시기의 발달사항, 발달적으로 적절한 중재 등에 대한 정보가 제시되었다. 이를 요약하여 다음의 사항을 제안한다.

- 정중하게 부탁한다! 찾을 수 있는 한 모든 도움의 손길을 구한다.
- 자격을 갖춘 소아 청력사를 찾는다.
- 조기 중재를 지원하는 좋은 프로그램을 찾는다.
- 듣기, 말·언어 그리고 다른 발달상 평가를 종합적으로 실시한다. 유아가 할 수 있는 것과 학습하는 데 필요한 것들에 대한 정보를 얻을 수 있을 것이다.

- 전이 단계까지 포함된 개별화된 가족 지원 서비스 계획(Individualized Family Service Plan: IFSP)을 개발한다.
- 유아 중재를 즉시 시작한다.
- 가족 중재를 즉시 시작한다.

03

학령전기 아동 중재

 이 장은 3세부터 유치원에 들어가는 시기의 학령전기 아동을 위한 중재에 대해 다루고 있다. 유치원 환경에서 청각적 경험을 통해 아동의 구어 발달이 지속적으로 이루어지도록 청각적 학습 환경을 구성하고 듣기 경험 활동을 계획하여 실시하는 내용을 주로 다룬다.

 유치원에 들어갈 무렵 건청 아동은 사회화할 준비가 되고 언어를 통해 환경을 통제할 준비가 된다. 올바른 조기 중재 프로그램을 받은 청각장애 아동은 이러한 기술을 가질 수 있다. 유치원 교사는 아동이 유치원에 다니는 동안 아동의 의사소통 능력이 발달되도록 기틀을 마련하고 도움을 주려 할 것이다. 구어 기술을 갖지 못한 채 유치원에 입학한 아동에게는 언어 기술(제2장에서 논의되었던)과 능력을 갖추기 위해 지원적인 환경이 필요하다.

서비스 제공자와 협력하기

 청각장애 아동과 함께할 때 첫 번째 임무는 전문가를 불러 모으는 것이다. 농아

와 난청 아동은 동일하지 않다. 일반 유치원 예비반부터 청각장애 아동을 위한 특수
반까지 교육적 배치가 다양하며 한 가지 또는 여러 관련된 서비스가 함께 필요할 수
있다. 3세 이전 아동과 그 부모를 교육하는 조기 중재자에게 상당한 도움이 될 수
있다. 이들은 공립기관이나 사립학교 또는 사설 치료실 등에서 근무한다. 이들의
지혜를 빌리기 위해 즉시 미팅 약속을 잡자. 협력하여 일할 경우 〈표 3-1〉에 제시
된 모든 질문에 답을 얻을 수 있다. 다음 부분에서 적절한 서비스를 제공할 때 정보
의 유형이 왜 중요한지를 설명할 것이다.

〈표 3-1〉 청각장애 아동에 관한 교사의 질문

청력손실에 대한 질문
1. 아동의 청력손실 유형은 무엇이고, 말 지각에 미치는 영향은 어떠한가?
2. 아동의 청력손실은 편측성인가, 양측성인가?
3. 아동의 청력손실은 변동성인가, 진행성인가?
4. 아동의 청력손실 원인은 무엇인가?
5. 아동의 청력손실 연령은 언제인가?

이전 중재에 대한 질문
1. 보청기 착용 시작 시기와 중재 시작 나이는 몇 살인가?
2. 학령기 이전 동안 청각, 말·언어 발달 모델에 근거하여 어떤 목표를 성취하였는가?
3. 아동과 가족은 어떠한 조기 중재를 얼마 동안 받았는가?

듣기 보조장치에 관한 질문
1. 아동이 사용하는 듣기 보조장치의 유형은 무엇인가?

서비스를 받은 경험이 없는 아동에 관한 질문
1. 아동의 인지 수준이 고려된 조기 중재 목표를 어떻게 적절히 세울 것인가?
2. 아동 능력의 향상에 도움이 되는 능력을 갖추고자 하는 부모의 요구를 어떻게 충족시킬 것인가?

학습 시 어려움에 대한 질문
1. 부가적인 학습의 어려움(예: 시각)이 아동의 지각에 어떠한 영향을 주고 어떻게 자극(강화)
   의 계획에 영향을 미치는가?

아동의 청력손실에 대해 알아야 할 내용

청각장애 유형

아동에게 청각학적 또는 의학적 조치를 취해야 할지 말지에 대해 부모가 이해하기 위해서는 먼저 아동의 청각장애 유형(Type of Hearing Loss)이 전도성인지, 감각신경성인지, 또는 혼합성인지를 알아야 한다. 귀 기형은 수술로 치료될 수 있지만 일부는 그렇지 않을 수 있다. 사람들은 때론 수술이 완전히 끝나고 난 후 보청기 착용에 대한 생각을 하려 한다. 하지만 이는 잘못된 것이다. 아동은 수술을 받기 전까지 적절한 보청기를 착용할 필요가 있다. 그렇지 않으면 아동이 구어 발달을 촉진하기 위해 청력을 사용할 수 있는 가치 있는 시간을 놓칠 것이다.

만약 중이염이 청력손실의 원인이라면 아동에게 적절한 의학적 조치를 취해야 한다. 중이염을 가진 아동은 대체로 감기나 알레르기, 귀의 고통 때문에 몸 상태가 좋지 않다. 게다가 잘 들을 수 있었던 청력 또한 방해를 받을 수 있다. 아동이 귀를 잡아당긴다거나, 콧물이 나거나, 다소 신경질적이 되고, '네?'라고 자주 되묻는 말을 하는 것은 중이염의 신호일 수 있다. 아동이 하는 말을 주의 깊게 들어본다면 아동이 듣지 못하는 음소(sound)의 발음을 생략하거나 왜곡하는 등 말의 패턴이 변화된 것을 알아차릴 수 있을 것이다. 중이염은 즉시 치료되어야 한다. 귀 기형과 중이 질환은 전도성 청력손실을 야기할 수 있다. 이런 경우 아동이 소리를 증폭시키는 보청기를 착용하였을 때 대체로 개선된다.

감각신경성 청력손실을 가진 아동은 소리의 크기에 상관없이 소리를 명확하게 듣지 못할 것이다. 청력손실 정도에 따라 보청기만으로 꽤 잘 들을 수 있거나 아니면 말소리 이해를 위해 인공와우가 필요할 수도 있다. 일부 아동은 청신경병증(dys-synchrony)을 가질 수 있고, 이런 경우에 메시지가 청신경까지 전달되지 않는 것처럼 보인다. 이러한 경우 다양하게 영향을 미친다. 청신경병증을 가진 아동에게 적합한 중재를 하기 위해서는 소리 자극 선정, 관찰, 중재 계획 수립, 후속 조치 등이 신중히 이루어져야 한다.

마지막 유형은 혼합형 청력손실을 가진 아동이다. 혼합형 청력손실은 전도성 청력손실과 감각신경성 청력손실 둘 모두의 원인으로 야기된다. 만약 아동이 중이염 때문에 소리를 제대로 전달받지 못한다면, 교사는 아동의 특성(소리 지각의 감소)에 적합하도록 교수 전략을 수정할 필요가 있다.

청력손실 정도

당신은 아동의 청력손실 정도(Degree of Hearing Loss)가 경도인지, 고도 난청인지 또는 그 사이 어디에 해당되는지 알고 싶어 할 것이다. 그 이유는 청력손실의 정도에 따라 아동이 각 소리에 다르게 반응하기 때문이다. 대부분의 전문가는 청력손실의 정도나 범위에 따라 경도(26~40dB), 중등도(41~55dB), 중등고도(56~70dB), 고도(71~90dB) 그리고 최고도/농(91+dB)으로 구분한다. 청력손실이 크면 클수록 아동의 기술과 능력 발달에 점점 더 큰 영향을 미친다. 예를 들어, 경도 청각장애 아동은 조용한 환경에서는 문장 내 대부분의 단어를 이해할 수 있고, 상대방이 알아듣기 쉽고 정확하게 말할 것이다. 이 아동은 /s/와 /t/와 같은 일부 조용한 소리(소리 강도가 낮고 고주파수의 소리)를 듣는 것이 어려울 수 있고, 복수 형태의 −s와 또는 과거 시제 −ed와 같은 형태론적 구성을 사용하지 않을 수 있다. 반면, 배경소음이 있는 환경에서는 듣는 데 어려움이 있을 수 있고, 몇몇 단어를 잘못 발음할 수 있고, 교사의 말을 잘못 이해할 수 있다.

한편, 최고도 청각장애 아동의 경우, 모음 F1과 일부 유성 자음만을 들을 수 있다. 청각적으로 대비가 큰 자극을 구조화되고 조용한 상황에서 제시하지 않는다면 듣기만을 통해 말을 이해하기가 어렵다. 또한 음성의 질과 산출된 소리는 또래 건청 아동과 다르다. 음도가 높거나 낮은 음성적 특성을 보이며, 모음을 포함한 대부분의 말소리 산출 시 오조음을 낸다. 건청 아동이 모음을 오조음하는 경우가 극히 드문 반면, 고도 및 최고도 청각장애 아동에게는 그것이 매우 흔한 일이다.

Amy

3세 Amy는 최고도 청각장애 아동으로 최근에 인공와우 수술을 받았으며 다른 장애는 없다. Amy는 조기 중재를 받았고 청각적 자극의 강화로 점차 소거되고 있지만 약간의 수어를 사용하고 있다. Amy는 즉흥적으로 대답하고 교사의 말을 주의 깊게 듣지 않고 따라 하는 경향이 있다. 교사는 맥락 단서가 많은 상황에서는 Amy가 한 말을 이해할 수는 있지만 맥락 단서가 적은 경우에는 잘 이해하지 못한다. Amy는 일주일에 3번, 1회기에 45분 동안 언어재활사에게 개별 수업을 받는다. 그러나 Amy가 구어 수업에 기초가 되는 어휘들을 모르기 때문에 치료가 잘 되지 않고 있다. Amy와 같은 아동의 경우 핵심 어휘를 신속히 발달시켜 줄 필요가 있다. 생활연령을 고려해 교수 시 자극물은 그림보다는 실제 구체물을 사용해야 한다. 또한 Amy에게 즉흥적으로 대답하는 것보다 답을 선택해서 대답하는 방법을 가르쳐야 한다. 듣기 쉬운 과제부터 시작하고, 현재의 수업에 대처하는 능력을 길러 줘야 한다. Amy의 특성과 비슷한 아동에게는 말 산출보다는 소리 패턴 차이를 지각하는 것을 먼저 가르쳐야 한다(예: 비행기의 'ahhhhhhh', 강아지의 'ruff'와 같이 소리 패턴의 차이를 지각). 소리 패턴의 차이는 주파수 단서가 아닌 지속성(duration) 단서에 의해 구분된다. 만약 Amy가 훈련받은 지 일주일 후에도 구별할 수 없다면, Amy의 담당 청각사에게 연락해 매핑을 수정하도록 요청해야 한다. 교사는 아동에게 제공되는 많은 맥락적 단서가 교사와 아동이 서로 간의 이해를 위한 것임을 확신해야 한다.

편측성 청력손실

교사가 아동 주변의 어디에 서거나 앉아야 하는지 또는 아동이 보청기를 한쪽 귀에만 착용해야 하는지 또는 양쪽 귀 모두에 착용해야 하는지를 결정하기 위해서는 아동의 청력손실이 편측성인지 양측성인지 살펴보아야 한다. 편측성 청력손실(Laterality of the Loss)은 한쪽 귀의 청력은 정상인 반면 다른 한쪽 귀의 청력이 손실된 경우를 말한다. 이 경우 보청기나 듣기 보조장치를 귀에 착용하는 것이 도움이 된다. 편측성 청각장애 아동은 소리가 어디서 나는지 그 근원을 알아차리기 어렵고, 소음 환경에서 말소리를 이해하기 어려워한다. 결과적으로 청력손실의 영향으로 생기는 행동 문제를 가진 것으로 부정적으로 보일 수 있다. 청각사는 편측성 청각장애 아동을 면밀히 살펴봐야 한다. 왜냐하면 한쪽 귀의 청력손실이 양쪽 귀의 청력손실의 원인이 될 수 있기 때문이다.

양측성 청각장애 아동의 경우 종종 양쪽 귀의 청력 수준이 각기 다른 경우가 있다.

청각사는 각 귀의 청력손실 정도와 형태에 적합한 보청기나 인공와우를 프로그래밍할 것이다. 각 귀에 사용된 청력 보장구에 대해 정확히 알아야 한다. 청각사로부터 최근의 청력 수준에 대한 정보를 전달 받자. 각각의 귀에 맞는 장치를 빨리 알기 위해 스티커나 지워지지 않는 잉크로 장치나 기구에 표시하는 것은 좋은 방법이다.

청력손실의 변동 여부

아동의 청력손실이 진행성인지 또는 변동성인지 알아야 한다. 진행성 청력손실은 시간이 지나면서 아동의 청력이 악화되는 것을 말한다. 변동성 청력손실은 청력 수준이 불규칙적인 방법으로 올라갔다 내려가는 등 변화하는 것을 말한다. 예를 들면, 어느 날은 청력손실의 정도가 중등고도 범위에 있다가 이후에는 고도 범위로 이동될 수 있다. 만약 아동의 청력손실이 변동성이라면, 아동의 듣기 수행력이 어느 날은 다른 날보다 더 좋을 수 있다. 또한 아동의 청력 수준에 따라 교수적 수정(예: 시각적 단서의 제공, 외적 요인의 난이도 낮추기)이 이루어져야 한다. 아동이 듣기 어려운 날 놓쳤던 정보를 다시 가르칠 수 있다. 만약 아동의 청력손실이 진행성이라면 악화되는 청력 신호를 주시해야 하고 부모에게 의사나 청각사를 만날 것을 권유해야 한다.

청각사는 진행성 또는 변동성 청력손실에 대해 세심히 모니터링하고 팀 구성원들과 상세히 의사소통해야 한다. 진행성 또는 변동성 청각장애 아동을 주기적으로 재검사하여 예민하게 변화의 패턴이나 과정을 면밀히 주시해야 한다. 팀 구성원들은 아동 행동의 변화(자주 "어?"라고 말하는지)와 신체적 변화(균형의 깨짐이나 현기증 같은)가 있는지 주시해야 한다. 이런 변화들은 아동의 청력 수준이 변화한다는 것을 나타내는 것이기 때문에 청각사나 의사에게 의뢰해야 한다.

청력손실의 원인

원인이 다르면 중재도 달라지기 때문에 아동 청력손실의 원인을 알아야 한다. 만약 아동이 뇌 감염으로 인한 청력손실을 가졌다면 아동은 또한 반드시 다루어야 할 부수적인 학습 과제가 필요할 것이다. 만약 아동의 청력손실이 유전적이라면 수반되는 장애가 있을 가능성이 적다. 청력손실의 병인은 아동이 얼마나 잘 들을 수 있고 어떤 처치가 적절한지에 대한 정보를 제공한다.

청력손실 연령

청력손실을 가진 나이가 언제인지 알아야 한다. 왜냐하면 청력손실을 갖게 된 나이가 늦을수록 더 높은 수준의 언어를 갖고 있을 수 있기 때문이다. 선천적으로 청력손실을 갖고 태어난 아동은 소리의 경험을 전혀 갖지 못한다. 이러한 아동의 뇌는 소리와 말 지각 발달을 위한 여과작용을 시작할 기회를 가져 본 적이 없다. 만약 아동이 고도의 청력손실이거나 또는 일부 언어 기술을 발달시킨 후에도 심도까지 되지 않는 진행성이라면, 아동은 치료사에 의해 강화될 수 있는 언어에 대한 기억을 가질 가능성이 있다.

이전의 중재에 대해 알아야 할 것

중재받은 연령 및 청각 보조장치 착용 연령

듣기 연령이란 보청기를 착용하거나 인공와우를 한 연령과 현재 아동의 연령 간의 격차이다. 예를 들어, 18개월 때 보청기를 착용하고 현재 4세 6개월이라면 듣기 연령은 3세가 된다. 듣기 연령을 알면 생활연령에 적절한 인지 수준을 촉진하는 동시에 듣기 연령에 적절한 청각과 언어 수준의 교수방법을 계획할 수 있다.

또한 듣기가 가능하지 않았던 기간의 정도를 아는 것도 도움이 된다. 이 정보는 아동의 예후 및 적절한 가능성에 대한 치료사의 결정에 영향을 줄 수 있다. 5세 또는 6세까지 적절한 듣기 기술을 배우지 못하고 소리에 대한 기억이 없는 아동에게는 교실과 같은 자연스러운 환경에서의 강화보다는 더 많은 치료적 유형의 중재가 필요하다. 이런 아동은 제1장에서 나온 청각 및 말·언어 발달 모형과 같은 촉진이 필요하다.

중재 초기 2~3년 동안은 아동의 듣기 연령에 관련된 정보가 유용하다. 아동을 평가할 때 생활 연령 규준 이외에도 듣기 연령을 규준으로 아동의 점수를 비교해 보자. 듣기 연령을 규준으로 하였을 때 아동의 점수는 평균 범위에 들어가야 한다. 중재 과정 동안 아동은 최소한 정상 청력을 가진 아동이 만들 수 있는 향상 정도와 비슷해야 한다. 아동은 듣기 연령에 기초한 아동의 점수와 생활 연령에 기초한 점수들 간의 차이를 좁히기 위해 아동의 언어 기술에서 더 많은 진보를 보이는 것이 필요하다. 그러나 아동이 3년 이상의 중재를 받은 후에 듣기 연령의 수치는 더 이상 의미가 없다. 오히려 그 이후에는 아동의 생활 연령 또래들과 아동을 비교하는 것이 필요하다.

학령전기 동안의 청각, 말·언어 목표

아동의 현재 듣기와 말하기 그리고 언어 수행 수준을 알아야 한다. 현재의 듣기, 말·언어 수준이 적절한 교수적 수준이 되며, 즉각적으로 치료를 시작하는 데 도움이 될 것이다. 학령전기 아동을 위한 조기 중재는 가르치고자 하는 어휘와 개념을 놀이 동안 자연스럽게 경험하도록 진행한다. 그러나 아동에게 청력손실이 있는 경우 어떤 기술들을 제공할지에 대한 의미 있고 세부적인 결정이 필요하다. 교실에서의 자연스러운 경험에 포함된 기술과 직접교수의 목표에 포함된 기술 간에는 차이가 있다. 건청 아동에게 새로운 말과 언어 기술을 습득시키기 위해 언어적 환경을 구조화시키고 충분히 노출시키는 것은 간단하다. 그러나 청각장애 아동의 경우 비구조적인 상황에 놓일 수밖에 없다. 교사가 시행할 단계를 계획하는 데 있어 아동의 현재 수행 수준, 강점과 약점에 대한 충분한 정보가 반드시 필요하다. 또한 아동이 받았던 이전 중재가 효과적이었다면 그 구조가 어떤 수준이었는지 알아야 한다.

중재 프로그램은 항상 개별화된 가족 지원 서비스 안에서 이루어져야 한다. 어떤 가족은 아동이 학령기로 들어설 때 아동의 발달에 지속적으로 도움이 될 만한 많은 정보를 갖고 함께 참여할 것이다. 반면, 다른 어떤 가족은 전력을 다해 프로그램이 지속되어야 할 때에 아동의 언어 발달을 위한 자신들의 역할이 끝났다고 여긴다. 가족 지원을 많이 하는 것이 미래에 가족의 참여를 유도할 수 있다. 조기 중재의 이득을 받아 보지 못한 부모들은 청각장애 아동 때문에 야기되는 좌절감이나 혼란스러움으로 여전히 어려움을 겪고 있을 것이다. 언어재활사는 아동뿐 아니라 부모까지 도와야 한다. 이전에 받았던 서비스에 대해 아는 것은 언어재활사가 치료를 어디에서부터 시작할지를 결정하는 데 도움이 될 것이다.

Bryan

Bryan은 약 4세 반이다. 고도의 청력손실을 가졌고 2년 동안 보청기를 착용해 왔다. 아동은 2세 반부터 중재 서비스를 받기 시작했고, 청각장애 아동을 위한 특수학급의 청각−구화 교실에서 수업을 받고 있다. 교실에서는 수어를 사용하지 않는다. Bryan이 속한 학급의 교사는 청각장애 아동 전문 특수교사이다. 교사는 초성 자음들의 차이 지각을 가르치고 있다(예: mat, cat, rat, hat, bat). 청각 및 말·언어 발달 모형을 적용한 목표는 다음과 같다. Bryan이 5개의 사물 그림에서 단어들의 첫 번째 자음의 차이를 인지할 수 있게 하는 것이 목표이다. Bryan은 5개의 사물 가운데(외적 요인−자극 배열) 1음절 단어(듣기 및 말하기 기술−자음)의 초성(외적 요인−언어 복잡성)의 차이를 확인하는(듣기처리 과제) 것이다. 4세 반은 실제 사물을 상징하는 그림을 사용하는 데 어려움이 없는 나이이지만 그림은 거의 실사에 가까워야 한다. 이 과제를 시작하기 전에 Bryan이 이 단어들을 알고 있다는 것을 확인해야 한다. 만약 Bryan이 이 단어들을 모른다면 언어재활사는 회기 중에 어휘 수업도 진행해야 한다. 또는 다른 상황에서 이 단어들을 가르치고 난 후 이 수업에서 그 단어들을 제시해야 한다. 단어 hat에 대해 교사는 야구모자의 cap이 아닌 hat의 그림을 사용하도록 신중해야 한다. 야구모자(cap)를 'hat'으로 부르는 것은 어휘의 성장을 제한한다. Bryan의 어휘 수준을 아는 것은 언어재활사가 활동을 선택하는 데 도움이 된다.

듣기공학에 대해 알아야 할 것

사용된 공학 기술 유형

청각장애 아동이 사용하는 청각 보조장치의 유형이 무엇인지 알아내어 이를 적절히 사용하고 유지하는 데 필요한 가장 좋은 자원을 찾을 수 있다. 사용 가능한 청각 보조장치로 보청기, 인공와우, 개별 듣기 보조장치 그리고 음장체계를 임의의 시간에 사용할 수도 있다. 언어재활사는 반드시 이런 장치들의 적절한 세팅과 프로그램에 대해 알아야 한다. 청각사는 각각 다른 방식으로 소리 시그널을 조절하는 각각의 프로그램을 세팅한다. 예를 들어, 시끄러운 상황과 조용한 상황에서 적절히 듣기 위해 특별한 프로그램을 세팅할 것이다. 청각사는 종종 인공와우에 다양한 프로그램을 설정하고는 언어재활사에게 일정 기간 각각의 프로그램을 시도해 보게 하고 소리에 대한 아동의 반응을 모니터하도록 할 수 있다. 이 방법은 최근 인공와우 이식수술을 받은 아동에게 적용할 수 있는 방법이다. 청각사는 소리 신호가 점점 강해지도록 하거나 소리의 특정 요소를 강조하도록 프로그래밍할 수 있다. 청각사는 각각의 프로그램을 언제 사용할지 계획을 세울 것이다. 청각사는 어떻게 아동이 소리에 반응하는지에 대해 언어재활사가 주는 피드백에서 많은 도움을 얻을 수 있다.

　보청기, 인공와우, 듣기 보조장치 등의 기기들은 조절 가능한 볼륨 조절기와 다른 구성품이 있다. 만약 언어재활사가 청각사로부터 아동이 사용하는 모든 장치의 적절한 세팅에 대한 정보를 받지 못했다면 부모의 동의를 구한 후 청각사와 연락하여 이러한 정보를 알아내야 한다. 청각사와의 긴밀한 의사소통은 매우 중요한 부분이다.

Carmen

4세 Carmen은 저주파수에서는 중등도 청력손실을, 고주파수에서는 고도 청력손실을 지녔다. Carmen은 다양한 유형의 장애아동이 함께하는 특수학급에 속해 있다. 교사는 아동이 보청기를 빼는 것과 FM 시스템 보청기를 맞게 착용하는 것을 도와준다. 어느 날 아침, 교사는 4명의 다른 아동도 함께 돌봐야 해서 Carmen에게 교실 뒤에서 다른 아동들과 함께 색칠을 하거나 책을 읽도록 지시한다. Carmen은 책상에서 나와 교사의 뒤에 있는 선반에서 블록들을 떨어뜨린다. 교사는 아동의 이름을 부르지만 아동은 교사를 보지 않는다. 보조교사가 아동에게 가서 교사의 말을 듣지 않는 것을 꾸짖는다. Carmen은 짜증을 내고 타임아웃을 받게 된다. 타임아웃 후에 교사는 아동과 얘기를 시도하고 아동의 FM 시스템이 꺼져 있는 것을 확인한다. 아동은 2시간 전, FM 시스템을 착용한 후로 아무것도 들을 수 없었다.

다행스럽게도, 교사는 아동의 듣기 보조장치의 문제를 인지했다. 만약 교사가 알지 못했다면, 아동은 꺼진 FM 시스템을 착용하고 온종일을 보냈을 것이다. 교사는 장치의 모니터링에 더 신경을 쓰고, 만약 아동이 반응하지 않을 때에는 듣기 전략을 사용하도록 보조교사에게 요청했다. Carmen은 기계적 문제를 가졌을 때마다 문제 행동으로 비춰졌을 수 있다. 적절하게도 이 교사는 여러 전문 분야에 걸친 지원 팀의 구성원들에게 도움을 청했다.

중재 경험이 없는 아동에 대해 알아야 할 것

아동이 어떠한 중재도 받지 않고 유치원에 들어왔다면 아동은 상당한 단점을 가지고 들어오게 된 것이다. 영·유아 수준에서 전략에 관한 모든 정보를 다시 읽는 것부터 시작하자. 지금 막 아동을 위한 중재가 시작되는 것이다. 생후 6개월 아동에게 기대할 수 있는 듣기와 언어 기술은 무엇일까? 이는 청각장애 아동에게 처음 중재를 시작한 날부터 6개월 후에 기대되는 것과 일치한다. 듣기는 아동이 보청기를 착용한 날 그리고 주변의 성인이 말, 듣기, 언어 발달을 지원하는 방식으로 상호작용을 시작한 날로부터 시작된다. 도움을 줄 수 있는 다학문적 영역의 다른 팀원과도 함께하라. 팀원 모두에게 어려운 일이 다가왔다!

또한 청각장애 아동에게 부수적인 학습 문제가 있는지에 대해 아는 것이 중요하다. 시각적·신체적·인지적·정서적 또는 의학적 컨디션은 이미 어려움을 가진 아에게 필요한 조치를 증가시키는 것이며, 어떠한 전략을 선택할 것인지에도 영향을 줄 수 있다.

교수와 중재를 계획하고 수행하기

어린 청각장애 아동에게 청각 자극을 주는 목적은 듣기가 아동의 성격과 통합되고, 시각과 다른 모든 감각을 통해 들어온 정보들처럼 청각을 통해 들어오는 정보가 의미 있는 정보가 되는 것이다.

청각 학습은 청각 수업과 청각 경험의 두 가지 유형으로 설명된다. 이 두 가지 방법의 중재는 특성과 목적이 뚜렷이 구분된다. 청각 수업은 매우 구조화되어 진행되는 반면 청각 경험은 자연스러운 환경에서 진행된다.

청각언어 수업

청각 수업은 구조화된 상황에서 특정 목표에 초점을 둔다. 청각 수업은 새로운 기술을 발전시키고, 기존의 것을 확장시킨다. 과제는 매우 높은 수준의 아동의 집중과 노력을 필요로 한다. 청각 및 말·언어 발달 모형에 따라 구성한 청각 수업의 예를 살펴보자([그림 1-1] 참조). Isaac은 네 가지 중요한 상황(자극의 외적 요인)에 있을 때 불린 동물을 정확하게 선택함으로써(아동 행동) 다양한 모음과 자음으로 된 단음어 단어(듣기 및 말하기 기술)의 확인 과제를 실시할 것이다. 교사는 'cow' 또는 'horse' 와 같은 동물 중의 하나를 명명할 것이다. Isaac은 단어를 따라 말하고, 동물을 고르고, 여러 가지 방법으로 상호작용할 것이다. 기존의 듣기와 말하기 기술을 확장하기

[그림 3-1] 구조화된 청각언어 수업

출처: Photographed by John Zimmermann.

위해 더 복잡환 환경에서 단어를 제시할 수 있다(horse라고만 말하는 대신에 "나에게 horse를 주렴, 바닥에 horse를 놓아라."라고 말함으로써 구 안에 확인 기술을 끼워 넣는다). 수업은 방해를 받지 않는 조용한 교실에서 몇 명의 아동과 진행한다. 구조화된 청각 수업은 의미 있어야 한다. 그래서 듣기는 목적이 있다는 것을 아동이 학습해야 한다.

청각언어 경험

청각 경험은 교사가 선정한 의도적인 노력이 필요할 수도 있겠지만 매일의 생활 속에서 자연스럽게 일어난다. 이러한 상황은 아동의 집중적인 노력을 덜 필요로 하고 청력에 의존하는 것을 기르게 한다. 제2장에 기술한 바와 같이 듣기를 통해 의사소통이 일어나는 기회를 제공하는 장점이 있다(즉, 문에 노크하기, 앉아서 책 보기). 예를 들면, Ansley는 이제 막 소리에 반응을 보이기 시작하고 있다. 누군가가 반대편

[그림 3-2] Isaac은 자연스럽게 청각언어를 경험한다

출처: Photographed by John Zimmermann.

벽에서 망치를 두드릴 때, 언어재활사는 놀란 표정을 지으며 활동을 멈추고는 "들어 봐! 나 무슨 소리를 들었는데! 무슨 소리인지 알아보러 가자!"라고 말한다. Ansley와 치료사는 소리가 나는 곳으로 가서 망치질하는 사람을 보고, 그 사람과 왜 망치질을 하는지에 대한 대화를 한 다음에 교실로 돌아온다. 그 교실에 돌아와 그 소리를 다시 들었을 때, 언어재활사는 그 소리를 인식하고, Ansley가 다른 편 벽에서 일어나고 있는 활동과 연결 짓도록 한다. 이러한 자연스러운 청각 경험의 목적은 소리에 대해 자발적으로 반응하도록 하는 것이다.

표현 양식

구어 자극은 두 가지 방법, 즉 ① 청각만을 통해 정보를 제시하기 또는 ② 독화를 통해 시각적 지원과 함께 목표 소리를 제시하기 중 선택해서 제시할 수 있다. 어느 것을 선택하는가는 목표에 따라 달라진다. 어떤 아동에게는 새로운 목표가 청각으로만 제시되는 것이 더 나을 수 있다. 다른 아동의 경우 청각적 자극과 함께 부가적으로 독화 단서도 함께 제시할 수 있다. 어떤 경우에는 한 수업 시간에 두 가지 방식을 모두 사용할 수 있다. 예를 들면, Molly는 고주파수 소리를 듣는 데 제약이 있다. 따라서 모음은 청각적으로 제시하지만 고주파수 자음은 독화 단서도 함께 제공할 수 있다. 각각의 아동을 위해 어떠한 방법을 선택하는 것이 최선의 방법인지 알아야 한다.

비청각적 단서

아동은 잔꾀를 부릴 수 있다. 아동은 시각적인 것에 의존하며, 실제로 듣는 것이 아니라 매처럼 날카로운 눈으로 보는 것일 수 있다. Brandon은 "공을 던져."라는 말을 듣기도 전에 교사가 공을 쳐다보는 것을 본다. 만약 교사가 말한 것이 확실하지 않다면, 아동은 교사의 눈을 따라갈 것이다. 교사가 말한 것을 잘 이해하지 못했다면 교사가 응시하는 것을 따라 응시할 수도 있다. 실제로는 아동이 몸짓언어를 읽은 것이지만 교사는 아동이 그 단어를 알고 있다고 생각할 수도 있다.

턱의 움직임 또한 아동에게 섬세한 단서가 될 수 있다. 예를 들면, /-o-/(hot)를 발음할 때는 턱을 약간 아래로 움직이지만, meet에서처럼 /ee/를 말할 때에는 그렇게 턱을 움직이지 않는다. 또한 소리를 낼 때마다 눈썹을 올리거나, 책상의 오른편에 놓인 물건 쪽으로 몸이 기울일 수 있다. 제3의 눈을 발달시켜 스스로의 행동을 주시하라. 만약 의심스러운 점이 있다면 녹화를 하고 실제 어떠한 것이라도 단서를 주는지 잘 살펴보자. 청각 기술만 발달시켜야 하는 아동은 청각에만 의존해야 하고 혹시라도 제시되는 다른 단서들은 무시해야 한다. 어떤 아동은 부가적인 시각 단서가 필요할 수 있다. 이런 경우, 아동에게 시각적 단서를 제공한 이후 청각적으로만 자극을 제시하는 또 다른 기회를 제공해야 한다.

입술 가리기

입술을 가리고 소리 자극을 들려주는 방법으로는 확실하게 가리는 것과 교묘하게 가리는 것 두 가지가 있다. 먼저 확실하게 입술을 가리는 방법은 천, 손, 종이 등으로 가리는 것을 들 수 있다. 두 번째로 교묘하게 가리는 방법은 좀 더 입술을 자연스럽게 가리는 방법으로서, 아동의 옆에 서서 말하거나 고개를 돌려서 아동이 입술을 보지 못하도록 하는 것이다. 아동에 대한 지식과 중재 목표를 기초로 두 방법 중 한 가지를 선택할 수 있다.

청각 학습을 이끄는 전제

Nevins와 Chute(1996)는 청각 학습 활동에 참여할 때 교사가 이해하고 있어야 하는 여덟 가지 전제를 제시하였다. 이는 인공와우 수술을 받은 아동에 관련한 문헌에서 소개된 것이지만, 그 전제는 구어를 발달시키는 아동에게도 유용하다. 여덟 가지 전제와 그 의미에 대해 알아보자.

① "말 지각과 말 산출 능력의 발달은 인공와우 이식의 중요한 목표이다. 그러므로 의미 있는 말이 듣기 과제에서 입력 자극으로 사용될 수 있다"(p. 107).

청각 교수의 목적은 말 지각과 말 산출을 발달시키는 것이기 때문에 입력 자극으로 의미 있는 구어 활동을 선택해야 한다. 궁극적인 목적은 말 지각과 이해를 위한 기반으로 듣기를 사용하는 데 있다. 다른 교실에서 나오는 웃음과 같은 의미 있는 환경음을 무시하지 말되, 가능한 한 많이 구어 자극을 들려주자.

② "듣기 활동의 목표는 말/청각 피드백 회로를 활성화하는 데 있다. 그러므로 듣기 연습 활동 시 산출 반응에 대한 기회도 주어야 한다"(p. 108).

학령기 이전의 아동을 대상으로 청각 수업을 할 때 아동에게 교사가 말한 것을 따라 말하도록 해 보자. 이는 제6장에서 설명하는 피드백 회로를 활성화하는 데 도움이 된다. 우선 교사가 말한다. 그런 다음 아동에게 들은 것을 모방하도록 한다. 이러한 방식을 통해 아동은 교사가 산출한 것과 동일하게 산출해 보는 기회를 갖는다. 이러한 방식은 아동이 청각 시연 전략을 발달시키는 긍정적인 결과를 가져다준다. 이 방법은 전화번호와 같이 무엇인가를 기억할 때 사용되는 전략이다. 따라 말하도록 한 자극의 길이가 증가할수록 청각적 기억이 발달하고 확장된다.

③ "성공적인 청각 작업에 필요한 몇 가지 인지적 · 언어적 선행 조건이 있다"(p. 109).

구조화된 듣기 과제를 시행할 때, 아동의 부가적인 능력도 발달시켜야 한다. 〈표 3-2〉에 일련의 인지적 · 언어적 선행 조건 목록이 제시되어 있다.

④ "인공와우 이식을 통해 아동은 초분절적 단서를 얻을 수 있다. 다른 청각 보조기구들을 통해서는 구어의 분절적 정보에만 접근이 가능하다. 하지만 인공와우 이식 수술로부터 얻을 수 있는 이득은 구체적인 듣기 연습을 통해 이루어지는 것이다" (p. 111).

〈표 3-2〉 언어 교수 시 필요한 인지적 · 언어적 선행 조건

선택하기

아동은 듣기 및 언어 활동을 하는 동안 사물에 적절하게 반응하기 위해 선택하기 기술을 배워야 한다.

말에는 의미가 있음을 이해하기

교사가 말을 할 때, 아동이 뭔가를 해야 함을 아동에게 가르치라. 예를 들면, 공과 같은 사물을 주고, 교사가 "공" 또는 "던져라."라고 말한 후에만 바구니에 공을 던지게 한다. 여기에서의 목적은 단어 인식이 아니라 말에 의미가 있다는 것을 알고 아동을 기다리게 하는 것이다.

눈맞춤

눈맞춤은 아동이 주의를 집중하고 있음을 보여 주는 것이다.

차례 주고받기

아동은 의사소통에서 주고받음이 있음을 알아야 한다. 아동이 활동에 반응하기 전에 교사의 말을 기다리는 것을 배워야 한다.

어휘와 언어

사용되는 어휘와 언어는 반드시 아동에게 적절해야 하고 너무 복잡하지 않도록 한다.

적절히 피팅된 보청기와 인공와우를 착용한 아동은 초분절적 요소의 소리 패턴을 이해하는 것을 배울 수 있다. 그러나 단지 보청기나 인공와우만으로는 아동에게 충분하지 않다. 청각 보조장치를 최대한 활용하기 위해서는 구체적인 듣기 연습이 필요하다. Miguel의 경우를 살펴보자. Miguel은 5세에 인공와우 이식 수술을 받았다. 하지만 Miguel이 등록한 프로그램은 청각적 자극에 초점을 둔 프로그램이 아니었다. 이 프로그램을 2년 동안 받은 후에 Miguel은 소리를 탐지할 수는 있었지만, 길고 짧은 소리(패턴 지각) 간의 차이를 변별할 수 없었다. 후에 특정 듣기 연습 수업을 받은 후에야 말 지각 기술이 발달되었다. 그러나 구조화된 입력을 제공하는 것이 늦게 이루어졌기 때문에 Miguel은 완전한 구어 능력을 갖지는 못할 것이다.

⑤ "만약 교실에서의 듣기가 청각 연습의 목표 중 하나라면, 아동의 교육과정에 맞는 청각 수업 내용이어야 한다"(p. 113).

청각 이해 내용은 아동의 의사소통 요구에 의해 이끌어진다. 수업 계획 내용에 포

함된 어휘, 언어 구조, 개념들은 듣기 수업 이외의 다른 수업 시간에서도 노출되어야 한다.

⑥ "듣기 연습 시, 입력 단위는 다양한 언어학적 단위(음소, 단어, 구, 문장, 연결 담화 등)가 사용되어야 한다"(p. 113).

청각 및 말 · 언어 발달 모형([그림 1-1])에서 제시한 다양한 수준을 동시에 진행해야 한다. 듣기와 말하기 기술의 난이도에 따라서 어떤 것은 변별 수준에서 다루고, 다른 것은 확인 수준에서 진행할 수 있다. 예를 들면, Rebekah는 그룹 3에 속한 모음과 이중모음의 차이점(제1장에서 기술한 바와 같이)을 구별하는 것을 배울 수 있지만, 'Come here.'와 'Jump, Jump, Jump.'와 같은 구 수준의 확인 과제도 함께 진행할 수 있다.

⑦ "언어 기술과 듣기 기술 간에는 복잡한 관계가 있다"(p. 115).

듣기 학습은 언어 학습에 도움이 된다. 반대로 언어 기술을 익히는 것 또한 듣기를 배우는 것에 도움이 된다. 이러한 상호관계를 길러 줄 필요가 있다. Bruce와 담당교사가 수족관 체험 학습에 대해 상의할 때, Bruce는 교사가 말한 모든 말을 이해하지 못할 가능성이 있다. 그러나 Bruce의 언어 능력이 잘 알아듣지 못해 놓친 부분을 채우는 데 도움이 될 것이다. 예를 들면, Bruce가 단어 many를 정확하게 듣지 못하였을지라도, 아동의 언어 이해 능력이 질문에 대답할 수 있도록 도와줄 것이다.

⑧ "음소 수준의 과제(즉, 말 그자체)는 아동이 보인 말 산출 오류 분석을 기반으로 선택해야 한다"(p. 116).

변별 기술과 확인 기술을 가르칠 때, 아동이 말한 것을 통해 아동이 무엇을 들었는지에 대한 통찰력을 갖게 된다. 만약 'fish' 대신 'pish'라고 말한다면, 목표는 /p/와 /f/ 간의 변별에 두어야 한다. 아동의 발화 오류를 분석하라. 아동이 청각적으로 지각할 수 있는 소리가 무엇인지 결정하고, 정확한 산출을 촉진하기 위해 청각적 채널을 사용하라. 아동에게 교사의 입을 보고 소리가 입술의 어느 위치에서 나는지 보도록 할 수도 있다(예: 'pish'와 'fish') 그러나 청각적 자극을 받은 이후에도 오류가 지속된다면 그때 입술을 보도록 허락한다. 입술 정보를 보인 이후에 다시 입술을 가리고 청각적으로만 소리를 전달하자.

수업 계획 시 고려해야 할 사항

수업을 계획할 때 체계적인 방식으로 구어 발달을 촉진하고 있는 것을 기억하자. 먼저 목표를 정한 다음 활동을 결정하자. 아이스크림 만들기처럼 재미있는 활동을 먼저 선택한 다음 그 활동을 지원할 어휘와 언어를 선택하자. 이것은 교사가 해야 할 일과 완전히 반대로 하는 것이다. 먼저 어휘, 문법, 듣기, 말하기 목표를 결정하자. 그런 다음 이것을 가장 잘 지원할 활동을 고안하자. 일단 교수 기반을 세우고, 해야 할 것을 계획하자. 고려할 몇 가지 요인에는 아동의 연령, 다양성, 성공적인 성취 등이 있다.

생활 연령-발달 연령

활동은 적절하고 흥미 있어야 한다. 너무 쉽지도 너무 어렵지도 않게 아동의 인지 능력에 맞추어야 한다. 3~5세 아동은 많은 자극을 필요로 한다. 이 시기 아동들은 오랜 시간 동안 어떠한 활동도 요구받지 못했을 것이다. 전이되기 위해 의미 있는 방식으로 기술을 연습시키자. 오랜 시간 동안 활동을 반복하자. 그것은 상호작용적이고 재미있어야 한다.

흥미

일반적으로, 3세와 4세 아동은 자신이 관심 있는 것에만 흥미를 보인다. 즉, 만약 아동의 관심을 유지하고 싶다면 흥미 수준을 맞출 필요가 있다. 이 연령의 아동은 만지고, 움직이고, 만들고, 부수는 것 등을 좋아한다. 아동이 집에서 좋아하는 활동과 좋아하는 음식에 대해 알 필요가 있다. Sam은 인형 옷 입히기에는 관심이 없으며 오히려 옷을 둥글게 뭉쳐서 바구니에 던지는 것을 좋아한다. 도중에 Sam을 만나서 아동이 바구니에 옷을 넣기 위한 활동을 계획하라. 이 활동의 목표는 Sam이 "빨간 셔츠" "녹색 양말"이라고 말하는 것이다. 이와 같은 활동은 Sam에게 의미 있고 흥미로운 방식이다.

맥락과 활동의 다양성

다양한 맥락에서 목표를 연습시키자. 아동을 의자에서 안아 올리거나 앉힘으로써, 물건을 선반 위에 올리거나, 바닥에 내려놓거나, 미끄럼틀을 오르내림으로써 또는 차를 타거나 내리기 위해 차에 올라가거나 내려오면서 up과 down이라는 단어를 연습시킬 수 있다. 교사의 마음 중심에 이러한 목표를 두고 하루 내내 그것을 연습하라. 그날의 다른 시간에는 더 자연스러운 청각적 언어 경험을 목표로 진행할 것이다. 반드시 하루 종일 구조화된 환경과 자연스러운 환경에서 목표를 반복하라. 만약 목표가 정확하게 세워져 있다면, 어떤 일이 일어나든지 목표를 유지할 수 있을 것이다. 비록 활동이 실패할지라도(예: 아이스크림이 먹기 전에 녹는다), 여전히 적절한 언어 자극을 주게 될 것이다.

성공할 수 있도록 도전하기

성공이 성공을 부른다. 아동이 성공할 것이라고 확신하면서 도전적이며 촉진적인 환경을 구성하였을 때 아동은 성공한다. 아동이 수행을 달성하기 위해 과제를 세분화시켜 줘야 할 경우를 대비해서 아동에게 활동을 제시할 때 반드시 다음의 단계를 생각하고, 아동이 수행해야 하는 목표를 염두에 두자. 하루 종일 아동보다 한 단계 앞서서 생각할 필요가 있다. 만약 Jesse가 잘한다면 무엇을 할 계획인가? 아동이 실수를 한다면 무엇을 할 계획인가? 활동을 시작하기 전에 이에 대해 생각할 필요가 있다.

이해 가능한 입력 자극

언어 환경이 도전적일 필요가 있지만, 동시에 아동은 교사가 들려주는 말을 이해해야 한다. 대부분의 일반 유치원 교실에서는 청각장애 아동의 수준보다 높은 언어 환경이 주어진다. 청각장애 아동은 교사가 말하는 많은 부분을 이해하지 못할 수 있고, 대부분의 대화에 참여하는 것이 어려울 수 있으며, 의사소통할 수 없다고 느낄 수 있다. 교실에서의 교사의 일은 아동을 그들의 수준에 맞게 참여시키는 것이고 아동이 완전하고 성공적으로 참여할 수 있도록 정보와 활동을 제공하는 것이다.

의사소통 의도

아동이 의사소통하려는 욕구를 가지도록 상황을 설정할 필요가 있다. 환경이 아동을 동기화할 필요가 있다. 청각장애 아동들은 참여하기 불편한 경우를 여러 번 경험할 것이다. 교사는 아동이 말하고 싶은 상황을 계획할 수 있어야 한다. 청각장애 아동들은 의사소통하려 하지만, 반응을 명확하게 하기 위해서는 더 많은 시간이 필요할 수 있다. 아동이 반응하도록 기다려 충분한 처리 시간을 제공해야 한다. 교실의 다른 아동들에게 "모든 친구가 생각하고 말할 수 있도록 기다리자."라고 설명해주자.

수업할 때 사용하는 기법

수업을 계획하고 어떻게 모든 부분을 통합할 것인지 생각해 보았다. 이제 가르칠 준비가 되었다. 그러나 우선 온갖 수단을 동원하기 위한 중요한 묘책과 전략들을 살펴보자.

반응 기다리기

앞 절과 제2장에서 기술한 대로 아동에게 반응할 기회를 제공하라. 많은 사람은 침묵을 말로 채우려는 경향이 있다. 너무 많이 말하려고 하지 말라. 교사가 말하는 모든 것은 반응을 이끌어 내기 위함이다. 아동의 반응을 보고 싶다면 일반적으로 기다리는 것보다 좀 더 오래 기다려 준다. 말의 차례 주고받기를 이해하는 아동의 경우 아동이 뭔가를 하리라는 것을 교사가 기대하고 있음을 알고 있다. 그래서 교사가 충분히 기다린다면, 보통은 아동들이 반응을 한다. 교사가 기다리지 않아야 할 유일한 때는 아동이 좌절하는 순간을 보일 때이다. 그러한 경우 교사는 힌트를 줄 수 있다. "몰라요." "도와줘요." "뭐라고요?"라고 말하여 아동이 자기도움 전략을 익히도록 가르쳐야 한다. 이것은 아동이 무엇을 말해야 할지 모를 경우에 아동이 할 수 있는 반응이다. 교사는 아동이 추측하거나 입을 다물도록 강요하지 말고, 아동이 도움을 요청하도록 부드럽게 유도할 수 있다.

음성 자극 강조하기

음성 자극 강조하기는 자질을 더 두드러지게 하기 위해 교사가 청각 자극 중 중요한 자질을 강조하거나, 명료하게 하기 위해 각기 다른 방식으로 기술하는 데 사용되는 용어이다. 교사의 목표는 중요한 강조점을 제공하는 환경에서부터 전혀 강조점을 제공하지 않는 환경으로 이동하는 데 있다. 교사가 새로운 기술을 소개할 때 또는 아동이 하나의 기술에 어려움을 보일 때 음성 자극에 강조점을 제공하는 것은 성공에 도움이 된다. 〈표 3-3〉에는 몇 가지 청각적 강조점이 제시되어 있다.

〈표 3-3〉 음성 자극 강조하기 형태

형태	기술
반복	자극을 여러 번 반복해서 들려준다. 점점 반복의 횟수를 줄인다. 아동이 반응할 수 있다면, 단어를 한 번만 말한 후 아동이 반응하도록 기다린다.
말 속도	단어를 하나하나 분리해서 느린 속도로 말하다가, 점점 자연스러운 속도로 말한다.
음도와 운율	초분절적 정보(엄마 말투처럼)를 추가하여 들려주다가, 점점 일반적인 운율로 들려준다.
음향적(청각적) 대조	아동이 들어야 하는 단어 또는 소리에 강세를 두어 문장에서 그 소리가 두드러지게 한다[예: "나는 **빨간색** 트럭을 갖고 싶어요(I want the RED truck)."] 그런 다음 점점 자연스럽게 말한다.
거리	아동에게 새로운 기술을 소개하거나 아동이 듣기에 어려움을 보일 때, 아동에게 좀 더 다가가서 들려준다. 아동이 기술을 획득하면 일정한 거리를 두고 그 기술을 연습한다.

출처: Erber & Greer (1973); Nevins & Chute (1996).

속삭이기

속삭일 때, 자음이 좀 더 드러난다! 모음의 유성성은 일반적으로 너무 압도적이어서 아동이 자음을 들을 수 없을지도 모른다. 만약 아동이 자음을 듣기를 원한다면, 교사는 속삭이거나 부드럽게 말하라(Ling, 연도 미상). 교사가 속삭일 때, 모음은 더 이상 자음보다 더 크지 않게 된다.

노래하기

노래할 때, 모음이 좀 더 드러난다! 노래는 모음을 연장해서 모음 단서를 알아차리는 데 유용하다. 또한 노래는 단어에 운율, 말씨 그리고 초분절적 자질을 첨가할 수 있다. 그리고 노래 활동은 즐겁다!

연결하기

청각장애 아동과 청각장애 전문교사가 있는 유치원에서의 중요한 초점은 의사소통 기술 발달이다. 통합 유치원의 아동들은 더 많은 의사소통 레퍼토리를 가질 것이라는 기대를 가지게 된다. 결과적으로, 아동의 현재 청각, 말·언어 기술 수준과 교실에서 요구되는 것들을 연결시키는 것은 매우 중요하다. 청각적으로 강조하기, 확장, 확대, 명료화에 대한 이전의 설명을 검토하라. 그림을 사용하기, 핵심 단어를 강조하기 그리고 부연하기와 같은 비계 기법에 중점을 두라. 효과적인 비계라는 것은 성인이 의사소통을 성장시키기 위한 도전 과제를 제공하기도 하면서 아동의 현재 수준에 맞게 성인의 언어를 조절하는 것을 의미한다.

자기수정 기법

이용할 수 있는 단서를 감소시키는 기법으로 아동에게 자기수정 기법을 가르치자. 〈표 3-4〉에 일반적으로 사용되는 몇 가지 자기수정 기법을 제시하였다.

〈표 3-4〉 자기수정 기법

- 명확하게 아동에게 오류를 말해 주고 그것을 수정하기 위해 아동이 말해야 하는 것을 아동에게 알려주기
- 아동에게 오류를 말해 주고 아동이 스스로 수정하도록 요청하기
- 아동에게 오류 범주(예: 말 또는 언어)를 알려 주고 아동이 스스로 수정하도록 요청하기
- 아동에게 오류 유형(예: 명사 또는 동사)을 알려 주고 아동이 스스로 수정하도록 요청하기
- 명료화 기법을 사용하기. "네?" "다시 말씀해 주시겠어요?" "죄송하지만 잘 모르겠습니다." "다시 반복해 주세요." 또는 "뭐라고 말씀하셨지요?"와 같이 자기수정을 하기 위한 단서 제공하기

샌드위치 상호작용

　　청각장애 아동을 가르치는 교사가 숙달할 특별한 상호작용 유형으로 샌드위치 상호작용이 있다. 샌드위치 상호작용이라는 것은 오래된 정보와 관련된 새로운 정보를 배우도록 돕는 일련의 기법이다. 근원적인 이론과 교사의 교육 목적을 기반으로 샌드위치 상호작용에 대한 여러 관점이 있다. 샌드위치는 듣기 샌드위치, 사고 기술 샌드위치, 개념 샌드위치의 세 종류가 있다(〈표 3-5〉 참조).

　　교사가 사용할 첫 번째 샌드위치 유형은 듣기 샌드위치 (listening sandwich)이다. 이 샌드위치는 (다음에 제시한 학생의 예에서와 같이) 입 가리기-가리지 않기-가리기(cover-uncover-cover)의 순서로 이루어져 있다. 교사는 아동이 새로운 듣기 목표를 탐지하고, 변별하고, 확인하거나 이해할 것을 기대할 때 듣기 샌드위치를 사용한다. 샌드위치의 두 번째 유형은 사고 기술 샌드위치(thinking skills sandwich)이다. (다음에 제시한 학생의 예에서와 같이) 모르는 것-아는 것-모르는 것(unknown-known-unknown)의 순서로 이루어져 있다. 아동의 현 수준보다 더 높은 수준의 인지 수준에서 사고하기를 기대할 때 사고 기술 샌드위치를 사용한다. 이러한 처음 두 개의 샌드위치 유형은 Feuerstein(1980)의 중재된 학습 경험(Mediated Learning Experiences)에 대한 개념을

〈표 3-5〉 샌드위치 기법에 대한 전략 순서

샌드위치 유형	순서
듣기	입 가리기-가리지 않기-가리기 (Cover mouth-Uncover-Cover)
사고 기술	모르는 것-아는 것-모르는 것 (Unknown-Known-Unknown)
개념	아는 것-모르는 것-아는 것 (Known-Unknown-Known)

기초로 하고 있다. 교사가 자극을 선택하고, 초점을 두고, 배열을 구성하는 인간적인 상호작용을 할 때, 아동은 의도적인 학습을 새로운 상황에 연결시키고, 자기조절 행동을 발전시킬 수 있다(Kozulin & Rand, 2002).

샌드위치의 세 번째 유형은 개념 샌드위치(concept sandwich)이다. 이것은 아는 것-모르는 것-아는 것(known-unknown-known) 순서로 이루어져 있다. 이 샌드위치 유형은 과제, 과정, 개념을 이해하기 위해 안내를 제공하는 Vygotsky(1978)의 모델을 기반으로 하고 있다. 비계설정 기법(Bruner, 1975)은 Vygotsky의 이론을 기반으로 하고 있다. 비계설정 교수는 학습을 위한 최적의 지원을 목적으로 하는 교사와 또래와의 촉구 결과를 포함한다(Dickson, Chard, & Simmons, 1993). 아동이 독립적으로 새로운 기술과 전략을 적용할 수 있을 때까지 교사는 비계를 제공한다(Rosenshine & Meister, 1992).

교사가 수족관 견학을 준비하면서 이러한 개념을 어떻게 사용할 수 있는지 살펴보자. Carmen의 학급은 수족관에 갈 준비를 하고 있다. Carmen은 많은 노력을 들이지 않고도 소리를 탐지하는 능력이 잘 발달되어 있다. 많은 소리와 단어를 인식할 수는 있지만 다른 단계에 도달하지는 못하였다. 그래서 확인 단계에서 열심히 연습하고 있다. 교사는 체험에서 본 두 물고기의 이름을 Carmen이 들었으면 했다. 첫 번째는 puffer이고, 두 번째는 angelfish이다. 교사는 적절한 자극을 선택하고 아동의 관심에 초점을 둔다. 입 가리기-가리지 않기-가리기 전략을 사용하여 이 자극의 그림을 제시한다. 즉, 입을 가리면서 "여기 봐, 여기 puffer가 있네(입 가리기). puffer(가리지 않기)를 보았니? 점이 있네. puffer(가리기)를 말할 수 있니?"라는 전략을 사용한다. 그 목표는 "Can you say _____?"라는 구를 들려주었을 때(외적 요인-언어적 복잡성) 교사의 말을 반복함으로써(아동 행동) Carmen이 새로운 물고기의 이름(듣기 및 말하기 기술)을 확인하는(듣기처리 과제) 것이다. 교사는 angelfish를 반복한 다음 Carmen에게 두 단어 angelfish와 puffer를 확인하도록 요청한다. 예를 들면, Carmen 앞에 두 개의 그림을 놓은 후에, 교사는 "(입을 가리며) puffer를 가리켜 봐."라고 말할 수 있다. 만약 Carmen이 그 물고기를 확인하지 못한다면 교사는 입을 가리지 않고 교수를 반복할 것이다.

교사는 또한 언어 목표로 형용사의 서술적 용법을 연습하고 있다. 교사는

Carmen의 목표를 'Carmen은 다양한 그림이 주어졌을 때 (외적 요인-폐쇄형 세트) 물고기의 그림을 선택하고 물고기에 대해 기술함으로써(아동 행동) 서술적 형용사(듣기 및 말하기 기술)를 확인할 수 있다.'와 같이 정할 수 있다. 모르는 것-아는 것-모르는 것 샌드위치를 이것에 통합하기 위해서 교사는 Carmen이 알고 있는 여러 개의 물고기 그림을 나열한다. 교사는 다음과 같이 말할 수 있다. "Carmen, 여기 줄무늬 있는(striped, 모르는 것) 물고기가 있구나. 물고기에 줄(line, 아는 것)이 있구나. 그것은 줄무늬가 있네(striped, 모르는 것). 여기 다른 물고기가 있구나. 이것은 줄무늬가 없네. 나에게 줄무늬 있는 물고기를 보여 줄 수 있겠니?"

다음으로 교사는 Carmen에게 몇 가지 새로운 개념을 가르치고 싶을 것이다. 교사는 친숙하지 않은 개념을 가르치기 위해 아는 것-모르는 것-아는 것 샌드위치를 사용할 것이다. 교사는 다음과 같이 말할 것이다. "물고기는 큰 수조에 살아(아는 것). 이 큰 수조의 이름은 '수족관'이라고 해(모르는 것). 이것은 구피가 사는 수조와 비슷해(아는 것). 그런데 이건 정말 정말 크다!" 교사는 '수족관'이라는 말을 할 때 입을 가리면서 듣기 샌드위치와 개념 샌드위치를 조합할 수 있다. 샌드위치 기법은 듣기, 언어, 고차원의 사고 기술을 촉진하고, 때때로 모두 동시에 촉진한다. 교사는 각각의 세 가지 활동에 대해 각각의 샌드위치 기법을 사용할 수 있다. 하지만 샌드위치 기법의 선택은 듣기, 사고 기술, 개념 발달 가운데 어디에 초점을 둘 것인지에 따라 결정된다.

진전 살피기

우리가 할 수 있는 모든 노력을 쏟아부어도 때로는 충분한 진전이 없을 때가 있다. 이런 경우 아동이 속한 교수 환경 전반을 잘 모니터링하고 확인해 보는 것이 중요하다.

- 아동의 청각 보조장치와 세팅이 가장 최상의 선택인가?
- 듣기처리 과제가 적절한 수준인가 또는 말·언어 목표의 수준이 적절한가?
- 아동이 반응해야 하는 상황 복잡성과 같은 외적 요인을 적절히 조절하였는가?
- 가족의 적극적인 참여를 유지하기 위해 모든 노력을 하고 있는가?
- 학습, 행동, 신체 또는 다른 감각 장애의 동반으로 요구되는 부가적인 사항을 설명하였는가?
- 서비스 제공자로서 만족스러운 수준인가, 만약 부족함이 발견되었다면 직무 교육 또는 전문가의 협력을 구하였는가?

만약 이러한 질문에 모두 '예'라고 대답했지만 아동이 의사소통에서 진전이 없다면 의사소통 모드 수정을 고려하고, 독화와 같은 시각적 정보를 좀 더 제공하고, 다른 유형의 학습으로 재배치하는 것을 고려하기 위해 IEP 팀을 구성할 시기라고 볼 수 있다. 구어 의사소통 학습을 위한 모든 기회가 아동에게 주어지기를 바란다. 그러나 만약 이상적인 조건 아래 광범위한 청각적 교육과 경험을 제공하거나, 독화, 그림, 인쇄물 등 시각적으로 좀 더 강화된 청각 수업을 받은 후에도 진전이 없다면 또 다른 시각적 의사소통 체계를 고려해 보아야 한다.

학령전기 중재

이 절에서는 학령전기 아동에게 적용되는 청각 및 말·언어 발달 모형에 대해 기술한다. 청각 및 말·언어 발달 모형의 단계를 가지고 진전 계획을 작성할 때, 가능한 한 잘 짜인 청각 발달 교육과정을 이용하자. 이러한 교육과정 몇 가지를 〈부록 D〉에 제시하였다. 다음은 제1장에서 기술한 관련 변인에 따른 일반적인 사항이다.

청각 및 말 · 언어 발달 모형 적용: 학령전기 아동

관련 변인 1: 듣기처리 과제

듣기처리 과제는 청각적 자극의 탐지, 변별, 확인 및 이해에 관한 것이다. 제2장에서 다루었던 이 단계의 내용은 좀 더 어린 연령의 아동을 대상으로 한 것이다.

- 만약 아동이 확인 단계를 시작할 때 변별 단계에서의 가장 높은 수준에 도달하지 못한다면, 자연스러운 중재를 통한 학습은 어려울 수 있다. 좀 더 분석적인 방법으로 언어장애 전문가와 청각장애 교사와 협력해야 한다(Ertmer, Leonard, & Pachuilo, 2002).
- 유치원에 들어가기 전까지 아동이 언어의 소리를 확인하고, 이해하는 방향으로 중재가 이루어져야 한다.
- 손 또는 입 가리개로 입을 가리는 방법을 사용하자. 듣기 활동의 핵심은 듣는 것을 학습하는 것이다. 만약 명확한 단서, 명확한 말, 그리고 확실한 과제 목표를 주어 왔지만 아동이 교사가 요구하는 듣기처리 과제를 수행할 수도 없다면 개념 샌드위치 방법을 활용하자. 만약 아동이 아직 과제를 할 수 없다면 듣기처리 과제의 더 낮은 단계에서 시도하자. 또한 만약 아동이 계속해서 과제를 수행할 수 없다면 청각 샌드위치 방법을 활용하자. 만약 여전히 기술을 숙달하지 못한다면 독화, 인쇄물 또는 다른 수단 등의 시각적 지원을 제공하자.
- 듣기처리 과제는 보통 일반적인 특수학급에서 가장 간과되어 왔던 발달 구성요소이다. 모두가 말을 연습하고, 어휘를 연습하는 것이라 생각하지만, 교사가 특별히 훈련받지 않았다면 듣기처리 과제를 생각하지 못할 수 있다. 듣기 학습 상황에서 교사가 모든 활동을 특정 방식으로 실시하지 않는다면 아동은 효율적으로 향상되지 않을 것이다.

관련 변인 2: 듣기, 말하기 및 언어 기술

- 아동에게 들려주는 말의 청각적 특성에 익숙해지자. 들을 수 있는 범위 안에서 아동이 소리를 인식하는지 지속적으로 모니터링하자. 새로운 능력을 발달시키기 위해서 탄탄한 능력을 갖추자. 예를 들면, Steven은 'Hop'과 'Turn around and around'와 같은 긴 발화와 짧은 발화 간의 차이를 말할 수 있다. 1음절과 2음절 단어(예: 'car'와 'popcorn')를 제시함으로써 기술이 더 정교해지도록 시작할 수 있다.

- 최소쌍−듣기 기술을 조절할 때 단지 한 가지 자질만 다른 두 개의 단어를 제시하고 아동에게 선택하도록 한다. 예를 들면, 초성과 종성 자음은 같지만 중성의 모음만이 다른 단어쌍(coat와 cat) 또는 모음과 종성 자음이 동일하고 초성 자음이 다른 단어쌍(pat와 hat)을 활용할 수 있다. 모음과 자음 확인하기를 연습하기 위해 최소쌍을 사용할 수 있다. 최소쌍 단어는 아동에게 의미 있고 적절한 것이어야 한다. 최소쌍 카드와 단어 목록은 이미 출판된 것을 사용할 수 있다.

- 말·언어, 청각 목표를 가지고 IEP 팀의 다른 구성원들과 협력하자. 듣기와 말하기의 목표를 조음 치료에서의 목표와 동일한 것으로 사용하면 도움이 될 수 있다. 예를 들면, Anthony가 조음 수업에서 /ee/라는 긴 모음을 연습하고 있다면, 청각 수업과 청각 경험을 하는 동안 그 소리를 듣는 연습이 이루어져야 한다.

- 계속해서 증가되는 어휘에 아동을 노출시키기 위해서는 발달 순서에 의거한 교육과정을 따라야 한다. 3~4세 아동의 경우는 다음과 같은 것을 할 수 있다.

  − 몇 개의 문장으로 된 짧은 이야기를 말한다.
  − 도움을 요청한다.
  − '무엇' '어디' '왜' 질문에 대답한다.
  − 800~1,500단어를 이해한다.
  − 복수형, 소유격, 여러 개의 동사 형태를 사용한다.
  − 세 단계 지시를 따른다.

4~5세 아동의 경우는 다음과 같은 것을 할 수 있다.

－1,000~2,000단어를 사용한다.

－다양한 사람과 쉽게 의사소통한다.

－부사절과 관계절과 같은 발전된 문법 형태를 포함하면서 8~10개의 단어로 구성된 문법적으로 정확한 문장을 말한다.

－2,800단어 이상을 이해한다.

－사물의 기능에 대한 질문에 대답한다.

－적절한 언어를 사용하여 복잡한 역할 놀이에 참여한다.

－그룹 활동에 참여한다.

• 사회적 언어에 대한 모델링을 제공하고 연습할 기회를 주자. 예를 들어, 누군가의 옆을 지나갈 때 "실례합니다."라고 말하도록 한다. 또는 재킷의 지퍼를 올릴 수 없다면 "도와주세요."라고 말하도록 모델링하고 연습시킨다. 대화할 때 자신의 차례를 기다리고 말하는 사람의 말을 방해하지 않도록 연습시킨다.
• 목표 모음이 들어간 짧은 노래를 사용하자. 제2장에 짧은 노래의 예시가 있다.
• 단어 조합을 시작으로 구, 문장 순으로 연습시키자. 〈표 3-6〉에 연령에 적합한 언어와 사고 기술을 제시하였다.

〈표 3-6〉 학령전기 아동의 언어와 사고 기술

중문 형태	• 관련된 두 개 동사 • 보조동사와 본동사 • 관련없는 두 개 동사(예: She heard the cow mooing) • 접속사 사용(예: but, yet, so, for)
복문 형태	• 보어(예: know that…, think that…) • 종속접속사(예: because, before, after, until, when)
사고 기술	• 연속적이며 위계적으로 범주화하기 • 사건 구성하기 • 사고의 연속적 배열 • 고차원의 상징적 사고

출처: Moog & Biedenstein (1999); Owens (1996); Schumaker & Sheldon (1999).

관련 변인 3: 외적 요인

아동이 듣기와 말하기 기술을 좀 더 익히고 유창해지면, 외적 요인에 복잡성을 덧붙일 필요가 있다. 예를 들어, Simon은 제시된 4개의 사물 중 사물의 명칭을 듣고 그것을 선택할 수 있다. "토끼"라고 들려주면, Simon은 장난감 토끼를 집는다. 이 과제의 난이도를 높이는 방법은 무엇일까?

- Simon이 4개 대신 6개에서 선택하도록 한다(외적 요인–자극 배열).
- 자극물을 사물에서 그림으로 변경한다(외적 요인–맥락 단서).
- 목표 단어를 구에 포함시켜 들려준다(외적 요인–언어적 복잡성). "토끼를 골라라."
- 교실의 문을 열어 복도에서 나는 배경소음을 첨가해 소음 환경을 만든다(외적 요인–배경소음).

핵심은 아이가 상대적으로 쉽게 과제를 수행할 수 있을 때마다 교사가 약간씩 더 어렵게 과제를 제시하는 것이다. 과제를 어렵게 만드는 방법은 여러 가지이다. 앞에서 제시된 것 모두 사용 가능하다. 단, 과제의 난이도를 높일 때 한 번에 하나씩만 변화시키자.

관련 변인 4: 아동 행동

학령전기 아동은 하나의 작은 인격체이다. 아동은 뛸 수 있고, 앞뒤로 걷고, 공을 던지고, 퍼즐을 맞추고, 손뼉을 치고, 그림을 그리고, 색칠하고, 풀을 붙이고, 베껴 쓰고, 자르고, 기다리는 등 아기와 유아가 할 수 없는 여러 가지 것을 할 수 있다. 아동의 듣기처리 기술을 수행하기 위해 선택한 활동은 아동에게 재미있어야 하고 연령에 적합하며 흥미로워야 한다.

> **Derrick**
>
> Derrick은 3세이다. 현재 중등도 청력손실 이외에도 중이염을 앓고 있고, 청각장애 아동을 위한 특수학급에 다니고 있다. 교실에서는 종합적 의사소통 방법을 사용하고 있다. 청각장애 전공 특수교사는 Derrick의 의사소통을 지원하기 위해 수어를 사용한다. 같은 학급의 몇몇 아동은 의사소통하는 데 완전히 수어에만 의존한다. Derrick은 말을 이해할 수 있고 명료화할 때에만 수어를 필요로 한다. 청각 및 말·언어 발달 모형을 토대로 설정한 각 아동의 목표는 다음과 같다. Derrick은 장모음과 단모음이 다르고(듣기 및 말하기 기술), 구의 끝에 붙고(외적 요인−언어적 복잡성), 두 개의 자극(외적 요인−자극 배열)에서 단어 확인하기(듣기처리 과제)를 할 수 있다. 아동과 교사는 바닥에 앉아 있다. 학급은 수족관에 갈 예정이다. 그래서 교사는 octopus, fish, seahorse, eel, crab과 같은 단어를 선택하였다. 교사는 바다동물에 관한 책의 그림과 관련지어 아동들이 가지고 있는 각각의 장난감 동물에 대해 이야기한다. 교사는 eel과 crab을 꺼내어 Derrick에게 가서는 입을 가리고 말한다. "eel(뱀장어)을 줘." Derrick은 뱀장어를 집는다. 교사가 'crab'이라고 입을 가린 채 청각적 샌드위치를 사용한다. Derrick에게는 얼굴을 보도록 허락하면서 crab이라고 반복하고, 그런 다음 입을 다시 가린 채 crab이라고 반복한다. Derrick은 crab을 집어 상자에 넣는다.
>
> 수업에는 내용, 어휘, 청각적 목적 등이 모두 통합되었다. 아동의 개별적인 요구를 충족시키기에 충분한 적절한 자료를 사용하여 활동을 계획하였다. 실제 동물의 그림을 보고, 수족관에 가 봄으로써 실제 세상과 학습 활동을 연결하였다.

요약

청각장애 아동이 활용할 수 있는 언어와 듣기 체계를 가지고 유치원에 들어갈 수 있음을 확신하기 위해 학령전 시기는 아주 중요한 시기이다. 유아기 때부터 충분한 지원을 받은 아동은 유치원에서 구어 사용을 완성시킬 수 있는 기회를 갖게 될 것이다. 형식적인 교육을 경험하는 곳이 유치원인 경우, 교사의 엄청난 노력이 요구된다. 교사는 들으려 하지 않는 아동을 들으려 하는 아동으로 바꾸어야 한다. 그리고 의사소통할 수 없는 아동은 의사소통하도록 만들어야 한다. 이 장에서는 다음과 같은 연습을 권하였다.

- 다학문적 팀과 협력하자.
- 아동의 청력손실, 이전에 받은 서비스 지원, 현 수준에 대해 자세히 알자.

- 청각 및 말·언어 발달 모형([그림 1-1])을 사용하여 적절한 목적과 목표를 결정하자.
- 청각 발달의 전제를 따르자.
- 추천된 모든 전략을 적절히 통합하자.

04
학령기 아동 중재

　이 장은 유치원 및 초등학교 저학년 아동에게 적용할 수 있는 중재에 대해 다룬다. 이 장은 총 5개의 목표로 구성되어 있고 그 구체적 내용은 다음과 같다. 우선, 청각장애가 학교생활에 미칠 수 있는 다양한 영향에 대해 살펴본다. 또한 아동의 현재 수행 수준을 결정하는 데 도움이 되는 정보를 수집하기 위한 다양한 사정 영역을 살펴본다. 청각장애 아동에게 적절한 교육 배치를 살펴보고, 어떤 전문 영역의 전문가가 교사와 청각장애 아동에게 도움이 될 수 있는가 또한 살펴볼 것이다. 학령전기까지 좋은 의사소통 기술을 발달시킨 아동 또는 의사소통 기술 발달을 위해 교사의 지원을 필요로 하는 아동처럼 중재 대상 아동의 의사소통 수준에 따라 적용할 수 있는 다양한 수준의 중재에 대해서도 살펴볼 것이다. 초등학교 저학년 학생에게 가장 필요한 것은 의사소통 능력을 발달시키고, 학급 장면에서 듣기와 언어를 연결 짓도록 수정하고, 다른 학생들과 사회적 관계를 맺을 수 있도록(사회화되도록) 지원하는 것이다.

청각장애가 일상에 미치는 영향

청력손실로 인해 환경으로부터 정보를 얻고 다른 사람들과 의사소통하는 데 영향을 받는 청각장애 아동의 일상은 어떨까? 청력손실은 정확하게 듣는 능력에 영향을 미칠 뿐만 아니라 어휘, 언어 그리고 배경지식을 습득하고 사용하는 것에도 영향을 준다.

처리속도 지연

어린 청각장애 학생은 정보를 처리하는 속도가 지연되어 있다(즉, 다양한 정보를 통합하는 데 걸리는 시간의 지연). 제한된 어휘와 배경지식으로 인해 자신이 들은 말과 의미를 이해하는 데 있어 불필요한 다른 의미 정보를 제거하며, 다른 내용을 추론하기 위해 에너지가 추가로 소비된다. 청각장애 학생이 가지고 있는 자원과 처리해야 할 수준 사이의 간격을 메워야 하기 때문에, 이들은 이러한 정보를 처리하는 데 주의를 집중해야 하고 이로 인해 대화 주제에 대한 고차원적인 논의까지 할 여력이 없을 수 있다. 청각장애 학생은 늘 따라잡으려 노력하며 이로 인해 좌절감, 혼란스러움, 피곤함을 느낄 수 있다. 〈상자 4-1〉에는 이러한 상황에 대한 시나리오가 제시되어 있다.

상자 4-1 **처리속도 시나리오**

사장과 동료들이 참석한 회의 시간에 사장은 당신에게 여러 가지 목록—토비트(tobit), 고유벡터(eigenvector), 평활기(smoother), 공적분(cointegration), 박판(strips), 헥킷 모형(Generalized Tobit, heckit), 차익거래(arbitrage), 횡단선(tranversal), 부동소수점 표시 때의 실수(mantissa), 조직체(polity), 복분위제론자(bimetallist)—이 적힌 종이를 건네고는 참석자 모두에게 이것과 '대체할 수 있는(fungible)' 것을 확인해 보라고 지시하였다. 또한 각자가 제시하는 대응책에 따라 연봉 인상률이 결정될 것이라고 말하였다. 회의에 참석한 사람들은 저마다 손을 들고 목록에 적힌 항목 중 몇 개 대체할 만한 것들을 제시하였다. 그러나 불행히도 당신은 '대체할 수 있는(fungible)'의 의미를 알지 못하였고, 목록에 적힌 단어 중 5개만이 익숙한 단어였다. 더군다나 그 단어들조차 자신이 알고 있는 뜻이 다른 사람들이 사용하는 뜻과 같다고 확신할 수 없었다. 또한 동료들이 자신들의 의견을 속삭이듯 작은 소리로 말했기 때문에 당신은 그들이 말한 것을 정확히 이해하기 위해 안간힘을 써야만 했다. 설상가상으로 누군가가 말을 하면, 당신은 말한 사람이 누구인지 정확히 알 수가 없어 그 사람을 찾기 위해 입술을 움직이는 사람들의 얼굴을 쭉 살펴보아야 했다. 말을 하고 있는 사람이 누구인지를 찾느라 애쓰는 동안에 그 사람이 한 말 중 처음 부분을 놓쳐 버렸고 모르는 단어의 의미를 찾아야 하는 걸 잊어버렸다. 회의는 중단되었고, 사장은 당신을 날카로운 눈초리로 쳐다보고는 '쯧쯧' 소리를 냈다.

읽기 및 교과 영역 지연

의사소통 능력이 지체된 아동은 읽기 능력 또한 지체된다. 아동이 시험을 볼 때, 간단한 질문처럼 보이는 것도 실은 아동의 능력 범위 밖의 것일 수 있다. 사전에서 단어의 의미를 찾는 경우, 사전적 정의를 기술하기 위해 사용된 단어들의 의미를 이해하지 못하기 때문에 도움이 되지 않을 수 있다. 무력감을 경험하는 아동은 무기력한 행동을 하거나 스스로를 즐겁게 만드는 행동에 몰두할 수 있다. 지루해하고 좌절한 모습을 보인다는 단순한 이유로 많은 수의 청각장애 아동이 행동장애로 잘못 판단되기도 한다. 이러한 아동에게는 그들이 이해하고 처리할 수 있는 단위로 과제를 세분화하여 제시하는 것이 도움이 된다. 이러한 전략을 통해 아동은 문제 해결 기술을 배우고 자신감을 가질 수 있다. 〈상자 4-2〉에는 이러한 상황에 대한 시나리오가 제시되어 있다.

상자 4-2 읽기 및 교과 영역 어려움 시나리오

청각장애인이 사무실로 돌아와 이메일을 확인한다. 한 통의 이메일이 수신되어 있었고 20분 이내에 답장을 보내야 하는 것이다. 알지 못하는 단어를 사전에서 찾아가며 이메일 내용을 다 읽는다. 이메일에는 다음과 같이 적혀 있다. "당신이 수집한 통계를 Weiner 과정으로 수행해 주세요(Please perform an generalized Weiner process calculation on the statistics you have collected)." 당신은 사전을 참고하지만 그 의미를 이해할 수는 없다. 당신은 옆 자리 동료에게 어떻게 해야 하는지 물어본다. 그는 바빴기 때문에 말을 빨리 하여 알려 주지만, 당신은 그 말을 알아들을 수 없다. 답장을 보낼 시간이 채 5분밖에 남지 않았지만 처음 내용을 읽었을 때와 별반 차이가 없다. 이런! 시간이 다 되었다. 당신은 또 하나의 업무를 처리하지 못했다.

사회적 상호작용의 어려움

장애학생을 오직 사회성(사회화) 때문에 일반학급에 배치해야 한다는 것은 사회성(사회화)에 필요한 기본 요건을 완벽하게 놓치는 것이다. 학생이 사회화되기 위해서는 그 학생이 속한 사회 구성원이 사용하는 의사소통 체계를 갖추어야 한다. 교실 안에서 뛰고, 웃고, 농담하고, 떠들 때, 의사소통 체계를 갖추지 못한 아동은 상호작용하지 못하여 사회화되지 못할 수 있으며 종종 놀림도 받는다. 언어 지체는 사회화 지체를 초래한다. 언어 체계를 갖추지 못한(languageless) 아동을 일반학급에 배치하는 것은 외국 한가운데 아동을 떨어뜨려 놓는 것과도 같다. 〈상자 4-3〉에는 사회적 고립 상황에 대한 시나리오가 제시되어 있다.

상자 4-3 사회적 고립 시나리오

청각장애인이 동료 직원 몇몇과 함께 직원 휴게실에 들어가 앉는다. 동료 직원들이 무언가에 대해 말하고 웃지만, 대부분이 속삭이듯 작은 소리로 말하기 때문에 당신은 그들이 말한 것을 정확히 이해할 수 없다. 동료들이 음식을 먹고 음료수를 마시고 있기 때문에 대부분 손으로 입을 가리고 있었고 당신은 그들의 입술을 읽을 수 없다. 동료 한 명이 당신에게 다가와 말한다. "넌 어떻게 생각해?" 당신이 말한다. "뭘?" 당신의 동료는 눈을 이리저리 굴리며 말한다. "괜찮아, 됐어. 우리가 말한 걸 절대로 못 알아들을 거야."
당신은 자신에 대해 농담조로 이야기하며 웃어넘기려고 한다. "미안, 어제 늦게 잤거든. 그래서 좀 피곤하고 부-새-시-해(단정하지 못하다는 말을 정확하게 발음하지 못함)." 그러나 동료는 낄낄대고 돌아서서 자기들끼리만 이야기한다. 아무도 당신에게 '부스스한(disheveled)'을 어떻게 발음해야 하는지 알려 주지 않는다. 지금 시각이 아침 10시 15분이니까 당신은 7시간 이상을 이곳 회사에 더 있어야 한다. 그 시간 동안 처리하지 못한 업무를 마무리해야 한다. 게다가 근무 시간 이외에도 상사가 내준 업무를 처리해야 한다.

청각장애가 학급생활에 미치는 영향

교사나 부모 그리고 서비스 지원 팀(특수학급반 교사, 언어재활사, 청각장애 특수교사, 그 외 서비스 지원과 관련된 사람)은 일반학급 환경이 청각장애 아동의 말 지각 및 산출, 구어, 어휘, 배경지식, 또래 관계, 자존감, 학업 측면 등에 미치는 영향을 살펴볼 필요가 있다. 청각장애가 이러한 것에 미치는 영향에 대해 논의해 보자.

교사의 말 이해하기

청각장애 아동은 다른 사람들이 말하는 것을 이해하고 자신의 생각을 그들에게 이해시키는 데 어려움을 가질 수 있다(Algeria & Lechat, 2005). 청각장애 아동의 요구를 충족시키기 위해 음향적 환경이 충분히 변경된 교실은 거의 없다. 청각장애 아동은 소음이 있는 상황에서 더욱더 시각적 단서에 의지하거나 메시지의 일부만 들을 수 있다. 가끔씩 청각장애 아동이 어느 경우에는 적절한 반응을 추측해 내기도 하고, 때로는 틀린 추측을 하기도 한다. 민감한 교사는 청각장애 아동의 요구나 차이에 집중하기보다 가능한 한 많은 정보를 이들에게 줄 수 있는 상황이 되도록 조정할 것이다. 교사는 학교 청각사와 협력하여 청각장애 아동에게 적절한 청각적 환경을 제공할 만한 공간을 결정할 수 있다.

말 산출

청각장애 아동은 음소의 오조음, 생략, 단어 산출 시 발음 오류 등 말 산출에서의 문제를 가질 수 있다(Peng, Spencer, & Tomblin, 2004). 또래 아동 중 청각장애 아동이 한 말을 이해하려고 노력하거나 청각장애 아동과의 대화를 유지하려는 기술을 가지고 있는 경우도 있고 성숙한 태도를 갖추지 못하는 경우도 있다. 이런 경우 교사는 특정 어려움에 대해 인식하고 의사소통 시 오해를 해결하기 위한 몇 가지 전략을 연습시킬 필요가 있다. 팀 전원(교사와 언어재활사 그리고 부모)은 의사소통의 목적과 전략에 초점을 둘 필요가 있다.

구어

청각장애 아동의 언어 발달은 지체될 수 있으며 그 수준도 경도에서 심도까지 다양하다. 또한 언어적 차이는 언어의 이해(수용언어)와 사용(표현언어)에서 나타날 수 있다. 학급 교사는 아동의 언어 목표와 필요로 하는 언어 영역을 이해하기 위해 아동의 부모 그리고 지원 팀과 긴밀히 협력해야 한다.

어휘

청각장애 아동의 대부분은 어휘적 결함을 가지고 있으며 이러한 현상은 나이가 들수록 더하다(Prezbindowski & Lederberg, 2003). 수업 준비를 할 때 교사는 개념을 전달해 주는 데 필요한 중요 어휘를 검토한다. 가끔씩 교사는 청각장애 아동이 중요한 단어를 모르거나 극히 일부만을 이해하는 것에 당황하기도 한다. 예를 들어, 지구가 어떻게 태양 주위를 공전하는지에 대한 수업 계획안을 짤 때, 교사는 '공전(revolution)'의 정의를 '지구가 회전하는 것(turn of the earth)'으로 설명하려 할 수 있

[그림 4-1] 아동이 '공전'의 개념을 경험하기 위해 의자 둘레를 걷는다

출처: Photographed by John Zimmermann.

다. 만약 청각장애 아동이 단순히 'turn'의 의미를 '내 차례'와 같이 '차례(순서)'로만 이해한다면, 그 수업은 청각장애 아동에게 매우 혼란스러울 것이다. 교사는 청각장애 아동의 어휘적 결함으로 인해 이들이 단어의 의미를 잘못 이해할 수 있는 가능성을 염두에 두고 있어야 한다. 따라서 모든 상황(치료, 수업, 가정) 내에서 청각장애 아동이 연습할 수 있는 어휘들을 제시하기 위해 교사, 언어재활사, 청각장애 특수교사, 부모 등이 협력할 수 있다.

배경지식

청각장애 아동 대부분은 건청 아동과 동일한 수준의 세상 경험을 하지 못한다 (Loeterman, Paul, & Donahue, 2002). 청각장애 아동은 우발 학습(즉, 우연히 듣는 것이나 청각적 흡수성을 통한 학습) 경험을 통해 언어를 학습하거나 정보를 습득하지 못하는 경향이 있다. 이로 인해 일반적이고 일상적인 지식을 인식하는 데 있어 어려움을 겪고 건청 아동에 비해 세상 지식이 부족해지게 된다. 청각장애 아동과 건청 아동은 사회의 수많은 문화적 요소(예: 유명 인사, 동요 각운)에 노출되는 수준이 동일하지 않을 수 있다. 기본적인 이해력 부족이 혼란을 야기할 수 있음을 항상 인식하고 있어야 한다.

처리속도

어휘력 부족, 타인의 말을 듣거나 이해하는 데 어려움, 친숙하지 않은 주제 등은 청각장애 아동이 일반학급에서 제시되는 정보를 처리하는 속도를 지연시킨다 (Clark, 1991). 이런 경우 교사가 정보를 반복해서 들려주고, 칠판에 써 주고, 청각장애 아동이 명료화 요구를 하도록 격려하고, 청각장애 아동이 대답할 때까지 좀 더 시간을 주어 기다리는 것이 도움이 될 수 있다. 수업 전 교사는 언어재활사, 청각장애 특수교사, 청각장애 아동의 부모에게 수업 시간에 다룰 주제에 대한 정보를 미리 보내어 청각장애 아동이 주제에 대해 미리 검토하여 수업 시간에 좀 더 충분히 참여할 수 있도록 해야 한다.

문어

아동은 구어 능력뿐만 아니라 문어 능력도 갖춰야 한다(Yohshinaga-Itano & Downey, 1996). 이러한 필요성은 언어재활사 및 아동의 부모와 공유되어야 하고 이들과 협력하여 지원되어야 한다. 아동은 글의 양식과 내용에서부터 문법과 사용에 이르기까지 쓰기의 모든 요소와 관련된 특정한 교수가 필요할 수 있다. 청각장애 아동의 교사와 부모는 청각장애 아동의 문어 능력에 도움이 될 수 있다. 구문 오류와 문형 오류를 교정하는 것은 일반적으로 모든 아동이 어려워하는 편집 과정의 일부이다. 팀 구성원 간에 긴밀하게 협력하여 누가 직접 교수를 제공할 것인지와 누가 치료적 지원을 제공할 것인지를 분명히 해야 한다.

읽기

읽기에는 해독(decoding)과 독해(comprehension)가 포함된다. 읽기에 관해서는 제5장에서 폭넓게 다룰 것이다. 청각장애 아동에게 단어 해독 학습에 필요한 음운인식 기술과 파닉스 기술을 가르치기 위해서는 특별한 교수가 필요할 수 있다. 언어 능력의 지체와 어휘력 부족으로 인한 이해력 부족은 아동의 읽기이해 능력에도 영향을 미친다. 글을 읽는 동안 나타나는 또 다른 약점은 배경지식의 부족이다. 따라서 청각장애 아동이 해독 기술, 어휘력, 언어 이해력, 배경지식을 갖추기 위해 학급교사, 학급도움실 교사, 청각장애 특수교사, 언어재활사, 아동의 부모 등이 긴밀히 협력해야 한다.

[그림 4-2] 청각장애 아동은 문장제 문제를 어려워한다

출처: Photographed by John Zimmermann.

수학

비록 수학(math)의 많은 측면이 구체적이고 눈으로 볼 수 있지만, 문제가 어떻게 해결되는지에 대해 말로 설명하고 수학적 원리를 일상생활에 연관시키는 능력은 눈에 보이지 않는 매우 고차원적인 언어 능력과 사고 기술을 요한다(Kelly, Lang, & Pagliaro, 2003). 교사는 청각장애 아동이 수학적 개념 중 '이유(why)와 방법(how)'을 이해하고 설명하는 데 필요한 어휘력과 언어 능력을 가지고 있는지 확인해야 한다. 또한 청각장애 아동이 일반 수업에 참여하기 전 지원 팀의 도움을 받아 수학적 용어와 개념을 사용하도록 연습시켜야 한다.

문장제 문제는 모든 아동이 어려워한다. 청각장애로 인한 어휘, 언어, 배경지식 등의 결함은 아동이 다룰 수 있는 쉬운 문제에도 영향을 미칠 수 있다. 다음의 문장제 문제를 살펴보자. '조종사는 3시간 동안 전체 2,100km를 비행했다. 이 조종사의 비행 속도는 얼마인가(A pilot took a journey of three hours. The total distance traveled was 2,100 kilometers. What was his rate of speed)?' 이 문제에서 만약 청각장애 아동이 '조종사(pilot)'의 뜻을 모르고 '비행(journey)'이라는 단어를 전혀 들은 적이 없다면, 이 아동은 문제를 푸는 데 필요한 정보와 그렇지 않은 정보를 구분하거나 또는 수학 연산에 대입하는 과정을 시작도 하기 전에 낙담해 버릴 것이다. 이에 교사는 청각장애 아동이 문제 풀이를 포기하지 않도록 해야 하고 아동에게 적절한 어휘 교육을 지원해 주어야 한다.

과학 및 사회 과목

언어, 어휘, 읽기 지체로 인해 누적되는 어려움을 고려하자. 이것에 더하여 청각장애 학생이 학급 장면에서 듣기를 위해 더 노력해야 한다는 것을 명심하자. 그리고 대부분의 사회/과학 과목 수업은 학급 그룹 토의로 진행되는 데서 오는 어려움이 있다. 또한 처리속도 지연으로 인한 영향도 받는다. 더불어 사회/과학 수업을 받는 초등학생의 상당수가 이 과목을 어려워한다는 것을 염두에 두자(Lang & Albertini, 2001). 수학뿐만 아니라 모든 학과 과목에서 청각장애 아동은 개념을 어려워한다. 따라서 어휘와 개념을 미리 가르치는 데 도움이 되고 시각적 도식자(visual organizers)를 개발하기 위해 교사는 자료 지원 팀에 도움을 요청해야 한다.

또래 관계

인간은 사회적 동물이다. 타인과 시대를 공유하며 자신과 타인, 자신과 사회를 서로 연결 지으며 자기가치(self-worth)를 느끼며 발달시킨다. 사회적 상호작용에 대한 무언의 규칙을 알아차리는 것은 어려울 수 있다(Kluwin, Stinson, & Colarossi, 2002). 청각장애 아동은 다른 사람의 목소리 톤을 지각하지 못하거나 비유적 표현을 잘못 이해하거나 건청 아동이 쉽게 알아차리는 작은 단서를 놓칠 수도 있다. 한 아동이 청각장애 아동에게 말을 건넬 때, 청각장애 아동은 친구가 하는 말을 듣지 못할 수 있다. 그래서 대화를 시작하려 시도했던 아동은 이내 무관심하게 될 것이고 청각장애 아동을 홀로 남겨 놓고 자신의 이야기를 좀 더 잘 이해하는 다른 놀이 친구를 찾을 것이다. 청각장애 특수교사에게 사회적 참여의 '규칙'에 대해 직접 교수를 하고 이에 대해 논의하는 도움을 요청할 수 있다. 이는 청각장애 아동뿐만 아니라 학급의 다른 학생들에게도 매우 유익할 것이다.

자존감

다음 내용을 상상해 보자. 교사가 한 말을 이해하려 하루 종일 애썼다. 내일 시험이 있는 것은 알지만 정확히 어떤 시험인지는 알지 못했다. 10개의 단어 중 겨우 3개의 의미만을 이해했다. 점심시간에 식당에서 반 친구들과 이야기를 하려 했지만 주변이 너무 시끄러워서 친구들이 무슨 말을 하는지 들을 수 없었다. 반 친구들이 피클에 대해 이야기한다고 생각해서 신 것을 좋아한다고 말했지만, 실제로는 그들은 푸들에 대해 이야기하고 있었다. 모두들 이상하게 쳐다보았다. 이후 휴식 시간이 끝나고 선생님이 "줄 서."라고 말했지만 듣지 못해 내일 밖에 나가는 것을 허락받지 못했다. 연필을 찾지 못하자 반 친구가 연필 하나를 빌려 주겠다고 했지만 그 말을 듣지 못했다. 나중에 선생님은 연필을 가져오지 않은 것에 대해 꾸중하셨다. 반 친구가 왜 연필을 빌려가지 않았냐고 물어보았을 때 그저 반 친구를 쳐다보기만 했다. 반 친구는 "넌 예의도 없고 바보 같구나!"라고 말했다. 그런데 불행하게도 그때에만 친구가 하는 말을 정확히 알아들었다.

청각장애 아동은 매일매일 직면하는 어려움에 대해 누군가와 솔직하게 터놓고 이야기해야 할 필요가 있다(Kluwin, Stinson, & Colarossi, 2002). 부모, 교사, 상담사, 친구는 청각장애 아동이 문제에 대해 이야기하기 위해 도움을 주는 데 매우 중요하다.

행동

듣기가 매우 어려운 혼란스럽고 부적절한 교육 환경에 배치된 청각장애 아동은 많은 어려움을 경험하며 이러한 어려움으로 인해 행동 문제를 보일 수 있다. 혼란스럽고 좌절스러운 감정 때문에 돌출 행동을 할 수 있다. 수업이나 학급 활동에 참여하지 않을 수도 있다. 또는 일상 제약에서 오는 중압감과 가만히 앉아 있어야 하기 때문에 과잉 행동을 보일 수 있다. 또는 대화를 조절하려 노력하고, 자신에게 편안한 방식으로만 대응하고, 다른 사람이 말한 것을 이해하지 못하는 상황을 회피할 수 있다. 이런 경우에는 문제 행동을 유발하는 근본적인 요인이 무엇인지 평가하고 아동의 행동을 비행이라고 판단하기 전에 문제 행동을 경감시키도록 노력할 필요가 있다.

아동의 현재 수행 수준 사정

청각장애 아동을 위한 교수는 적절한 평가를 기초로 해야 한다. 다학문적 팀이 교실의 음향학적 정보를 수정하도록 계획을 세우고, 중재자가 아동이 들을 수 있는 것과 들을 수 없는 것을 파악하는 데 도움이 되기 때문에, 청각적 정보가 필요하다. 또한 말·언어, 읽기, 교과 내용 분야의 사정이 반드시 실시되어야 한다. 〈부록 B〉에 청각장애 아동의 평가 시 사용 가능한 평가도구 목록이 제시되어 있다.

청각장애 학생을 대상으로 진단 평가를 실시하는 전문가는 평가 과정과 그 결과를 해석하는 훈련을 받아야 한다. 어떤 사정은 결과를 기술하고 이를 해석한 보고서를 제출해야 한다. 만약 이 보고서를 읽고 그 결과에 대해 의문이 생긴다면, 평가자와 접목하자. 결과에 대해 좀 더 자세한 설명이 필요하거나 추가 검사가 필요할 수 있다.

누군가는 반드시 다양한 평가를 통해 수집한 정보를 규합하는 '사례 관리자(case manager)'의 역할을 해야 한다. 한 영역에서 얻는 식견이 다른 영역에도 영향을 주기도 한다. 예를 들어, 아동이 시각 운동 통합(눈-손 협응) 검사에서 낮은 점수를 얻었다고 하자. 이는 왜 아동이 답안지에 정답을 마킹하는 방식의 성취 테스트에서 아주 낮은 점수를 받았는지에 대한 이유를 설명해 줄 수 있다. 이 경우, 다른 영역의 결함이 결과에 부정적 영향을 미쳤기 때문에 아동이 성취 테스트에서 받은 점수는 타당한 것이 아니다. 이 학생의 경우, 테스트 시간을 더 주거나 시간 제한을 두지 않을 수 있다. 또한 OMR 카드 답안지를 사용하는 대신 여백의 종이를 시험 답안지로 사용하도록 할 수 있다. 만약 사정에서 수집한 정보를 토대로 진단하는 과정을 성실히 수행했다면, 아동에게 가장 적절한 교육과 경험을 제공할 수 있는 가치 있는 정보를 얻을 것이다. 또한 사정은 단지 특정한 날 특정 순간의 아동의 수행에 대한 '스냅 사진(snapshot)'임을 기억해야 한다. 따라서 아동과 매일매일 상호작용한 것이 가장 중요한 정보가 되며 이러한 정보는 다른 이들과 공유할 필요가 있다. 청각장애 아동을 위한 프로그램을 계획하고 수업 내용을 준비할 때 이러한 정보를 현명하게 활용하자.

언어 및 어휘 평가

언어재활사 또는 청각장애 특수교사는 언어의 구문론적 · 형태론적 · 화용론적 지식의 이해와 사용에 대한 검사를 시행할 수 있다. 또한 의미 또는 어휘 능력을 살펴보기 위해 특정 검사를 실시할 수 있다. 규준참조검사를 통해 수용언어, 표현언어, 전체 언어, 수용 어휘, 표현 어휘의 규준참조 점수 정보를 얻을 수 있다. 규준참조검사는 아주 많은 수의 아동을 대상으로 표준화 작업을 거쳤으며, 규준참조검사를 통해 한 아동의 수행을 동일 연령대의 아동의 수행과 비교해 볼 수 있다. 준거참조검사를 통해서도 언어에 대한 정보를 수집할 수 있다. 준거참조 검사를 통해, 수용 가능한 수준까지 도달하기 위해 아동이 반드시 숙달해야 하는 특정 내용을 확인하고 그것을 교육과정과 대조해 볼 수 있다. 따라서 현재 아동이 갖고 있는 언어적 요소를 분석하고 이후 언어 발달을 위해 치료나 서비스 지원이 필요한지를 확인하기 위해 사정을 의뢰해야 한다.

말 평가

언어재활사는 아동의 말 산출 능력과 음운론적 요소를 평가한다. 언어재활사는 아동에게 다양한 음절 또는 단어를 말하도록 한 다음 아동 말의 '정확성'을 평가한다. 이를 위해 언어재활사는 정확한 소리를 듣는 훈련을 받으며 아동이 산출한 말의 모든 요소를 말 산출의 준거와 비교하는 훈련을 받는다. 언어재활사는 청각장애 아동이 산출한 말소리의 음질을 평가할 수 있다. 청각장애 아동의 음성이 또래 연령의 건청 아동의 것과 동일한지, 음도가 너무 높은지, 쥐어짜는 소리를 내는지, 과비성인지 등을 살펴본다. 또한 말을 더듬지 않고 유창하게 하는지 또는 편안하게 하는지에 대해 평가할 수 있다. 이 외에도 구강-운동 검사를 실시할 수 있다. 이 검사에서 언어재활사는 아동에게 혀, 입술, 이, 양 볼, 연구개, 턱을 함께 움직여 보도록 한 후 이들의 움직임을 관찰한다. 이러한 움직임을 살펴보는 것은 아동이 정확하게 말소리를 산출하는 데 영향을 줄 수 있는 근육과 입의 구조상 약화나 협응 문제가 있는지를 확인해 보기 위함이다. 언어재활사는 또한 조음검사를 실시할 수 있다. 아동에게 영어의 모든 소리가 포함된 음절 또는 단어를 산출하도록 하는 방법이 사용된다. 이때 언어재활사는 아동이 얼마나 정확하게 소리를 산출하는가를 판단한다. 경우에 따라 오류 유형(생략, 대치, 왜곡)을 체크한다. 생략은 아동이 음소 전체를 말하지 않는 것이고, 대치는 아동이 하나의 음소를 다른 것으로 바꾸어 말하는 것으로, 예를 들면 'fish' 대신에 'pish'라고 말하는 것이다. 왜곡은 아동이 소리를 정확하게 조음하지 않고 자신이 속한 언어에 포함된 소리와 다르게 발음하는 것이다. 언어재활사는 부정확하게 산출된 소리를 목록화하여 후속 치료를 제안할 수 있다.

청각 평가

제1장에서 언급하였던 청력검사 이외에 언어재활사나 심리학자가 실시하는 평가를 통해 정보를 얻을 수 있다. 이들은 검사를 통해 들려준 문장에서 핵심 단어를 이해하는 것처럼 청각적 정보를 이해하는 능력에 대한 정보를 제공한다. 검사는 녹음된 자료를 사용하여 들려주는 방식과 검사 목록을 실제 목소리로 들려주는 방식으로 진행될 수 있기에 평가자는 어떤 방식으로 검사를 사용할지 미리 선택해야 한다. 검사 결과는 평가 보고서에 기록되며, 보고서의 내용을 토대로 아동의 청각적 능력의 강점이나 약점과 관련된 영역의 윤곽을 그릴 수 있다.

읽기 및 학업성취 검사

읽기검사나 학업성취검사는 교사나 심리학자가 실시할 것이다. 검사는 검사도구에 따라 집단으로 실시되거나 개별적으로 실시된다. 읽기검사는 유창성, 음운처리, 파닉스, 독해 등 읽기와 관련된 다양한 요소들을 살펴본다. 학업성취검사는 수학, 과학, 사회 등 다양한 과목에서 아동의 지식과 기술을 평가한다. 보고서에는 이러한 여러 과목 중에서 필요한 영역에 관한 정보가 포함된다.

[그림 4-3] 평가 장면

출처: Photographed by John Zimmermann.

심리 및 발달 검사

심리 및 발달 검사는 임상심리사가 실시할 것이다. 일반적으로 발달검사는 3세 미만의 어린 아동을 대상으로 실시되며, 심리검사는 이보다는 좀 더 나이 든 아동에게 실시된다. 발달검사는 발달 이정표를 기초로 대상 아동이 도달해 있는 발달 수준을 확인하는 검사로, 주로 부모와 교사들로부터 정보를 수집한다. 심리검사는 지능, 시 · 청각적 정보처리 능력, 기억, 사회 적응력, 시각-운동 통합 능력 등을 평가한다. 심리 및 발달 검사의 결과를 토대로 아동의 강점과 약점을 파악하고 중재 전략을 제안한다.

작업 및 물리치료

경우에 따라 작업치료사나 물리치료사가 아동을 평가한다. 이들은 아동의 대 · 소근육 운동 능력, 평형 기능, 감각 통합 능력(감각을 통해 들어오는 자극에 반응하는 능력)을 살펴본다. 만약 평가자가 지원을 필요로 하는 특정 영역을 확인하면 이 부분에 대한 치료를 받도록 권유하며 교실과 집에서 할 수 있는 활동을 제안할 것이다.

교사에게 도움을 주는 전문가 팀

청각장애 아동에게 가장 효과적인 프로그램을 개발하고 제공하기 위해서 전문가 팀에 많은 사람이 필요하다. 중재자 한 명이 짧은 시간 안에 숙달해야 하는 양이 너무 많아 배울 수 없기 때문이다. 인적 자원을 충분히 활용하자. 이러한 이유로 학교는 청각장애 전담교사, 언어재활사 그리고 다른 관련인들을 고용한다. 단기간에 청각장애와 관련된 전문가가 되어 청각장애 아동에게 필요한 지원을 정확하게 제공할 수는 없다. 따라서 청각장애 아동뿐만 아니라 중재 당사자에게도 도움이 될 개별화 교육계획(Individualized Education Program: IEP)을 개발하도록 다학문적 전문가 팀을 소집해야 한다. IEP 개발 과정은 회의하고 문서화하는 실제적 과정이다. IEP 모임 동안에 교사, 부모 그리고 학교 관계자들은 아동에게 가장 효과적인 교육 프로그램을 결정하게 된다. IEP 자체가 회의에서 결정된 모든 것을 기록한 문서이다. IEP에는 다음의 내용이 포함된다.

필요성과 목적

- 일반 교육과정과 주에서 주관하는 사정에 참여하는 정도
- 목적 달성을 위해 필요한 서비스 및 서비스 제공자

만약 IEP가 아동에게 서비스를 어떻게 지원할지에 대해 이해하는 데 도움이 되지 않는다면 이 IEP는 쓸모없는 종이 조각에 불과하다. 그렇다면 새로운 팀 미팅을 소집해야 한다. 복도에서 다른 영역의 서비스 제공자를 만난다면 그 자리에서 조언을 구하자. 또는 전화를 걸자. 전문가의 자문을 얻을 수 있는 www.deafed.net과 같은 웹 사이트를 살펴보자. 이것은 혼자는 시도할 수 없다. 〈표 4-1〉은 청각장애 학생을 돕기 위해 지속적으로 만나야 하는 전문가 팀의 명단이다.

다양한 팀 구성원을 갖는 것도 중요할 뿐만 아니라 각 구성원이 구어를 학습하는 청각장애 아동의 특성과 요구에 부합되는 훈련을 받는 것 또한 중요하다. 진정한 다학문적 팀이 되기 위해서는 반드시 청각장애 관련 전문가가 팀에 한 명 이상 포함되어야 한다(Eastabrooks & Baker-Hawkins, 1995). 청각장애에 대한 특정 지식이 없는 전문가는 청각장애 아동에게 거는 기대가 제한적이거나 부적절할 수 있다. 예를 들어, 언어치료의 전통적 연습방법은 과비성을 산출하게 할 수 있다. 때문에 전통적 방식을 사용하도록 훈련을 받은 언어재활사는 청각장애 아동의 비음화를 방지하기 위한 전문적인 테크닉을 알지 못할 것이다.

〈표 4-1〉 청각장애 전담 전문가 팀 구성원

팀 구성원	구성원의 역할
부모/보호자/보모	아동에 대한 소중한 정보를 제공하며, 학급생활에서 개발된 기술에 대한 중요한 전이활동을 제공한다. 청각장애 아동 부모는 지원 팀을 책임지는 일원이며, 다른 팀원은 부모를 팀의 일원으로 예우하며 존중해야 한다.
학급 교사	청각장애 아동이 일반학급에 배치된 경우에는 일반교사가 팀의 일원이 되어야 하며, 특수학급에 배치된 경우에는 청각장애 전담 특수교사가 일원이 되어야 한다.

언어재활사	청각장애 아동을 평가하고 이들에게 필요한 말·언어치료를 하는 역할을 한다. 경우에 따라 청각장애 아동을 대상으로 청능훈련도 실시한다. 이러한 지원 서비스는 교실 안에서 이루어지거나 교실 밖에서 개별적으로 진행될 수 있다.
순회교사	일반학급에 배치된 청각장애 아동을 담당하며, 청각장애 아동에게 필요한 듣기 및 언어 영역의 지원과 학업 지원을 담당한다. 순회교사의 지원 서비스는 청각장애 아동을 대상으로 교실 안에서 이루어지거나 교실 밖에서 개별 또는 소그룹으로 진행될 수 있다. 또한 학급교사에게 자료도 제공할 수 있다. 어떤 순회교사는 청능훈련을 실시하기도 한다.
학습 또는 학급 도움반 교사	청각장애 특수교사는 아니지만, 읽기처럼 특수교육의 한 분야에 대해 훈련받은 교사이다. 청각장애 아동은 학습 도움반으로 이동하여 도움이 필요한 특정 영역에 대해 학습 도움반 교사와 공부한다.
보조교사	학급교사와 협력하여 청각장애 아동이 교실 안에서 상호작용하는 것을 도와준다.
청각사	아동의 청력 수준, 아동이 착용하고 있는 보조장치, 교실 내 음향학적 특성, 청각 보조장치 등을 평가하고 이것들이 적절하게 이루어지도록 조언을 한다. 학교에 따라 다르지만 청각사가 청능훈련을 담당하는 경우도 있다.
통역사/자막기사	통역사 또는 자막사를 통해 청각장애 아동은 교실 안의 정보에 접근할 수 있게 된다. 통역사는 음성적 정보를 수어, 구어 또는 큐드 스피치(cued speech)로 바꾸어 청각장애 아동에게 전달한다. 자막기사는 구어를 컴퓨터에 옮겨 적어 청각장애 아동이 읽을 수 있도록 해 준다.
작업치료사	청각장애 아동의 소근육 운동 협응력(손글씨 포함), 근육의 강도, 균형, 감각-운동 통합 등의 영역을 평가하고 이에 대한 치료를 담당한다.
물리치료사	청각장애 아동의 대근육 운동 협응력, 근육의 강도, 균형, 이동성 등의 영역을 평가하고 이에 대한 치료를 담당한다.
심리학자	청각장애 아동의 학습 스타일을 평가하여 아동의 학업 프로파일에 강점과 약점을 기술한다. 또한 학습 스타일에 대한 상담을 하기도 한다.
가정교사	청각장애 아동이 교과 내용을 따라가고 학습해야 하는 개념을 확실히 이해하도록 학교 수업 전 또는 후에 지도한다.
상담사	청각장애 아동과의 상담은 개별 또는 소집단의 형태로 이루어지며, 문제가 무엇이고 이를 대처할 수 있는 전략이 무엇인지를 청각장애 아동과 함께 논의한다.

학업 준비도

유치원이나 학교에 들어가는 아동은 개인마다 능력에 차이가 있기 때문에 아동마다 기대되는 수준 또한 다르다. 한 아동에게 적합하도록 수정된 것이 다른 아동에게도 도움이 되리라 보장할 수 없다.

학업 준비가 된 아동

많은 청각장애 아동은 평균 수준의 말·언어 능력과 학업 능력을 가지고 유치원이나 초등학교에 입학한다. 이러한 경우, 일반적으로 이러한 청각장애 아동이 일반교실에서 성공적으로 수행하는 데 있어 특별한 지원이 필요하다고 생각하지 않을 수 있다. 그러나 이는 잘못된 가정이 될 수 있다. 청각장애 아동의 듣기 수준에 적절하게 피팅(fitting)된 청각 보조장치를 착용하더라도 청각장애 아동의 청력은 '정상 청력'이 아니다. 교실 안의 소음이 주는 부정적 영향과 감소된 능력[청각장애 아동이 '청각적 삼투압(auditory osmosis)'을 통해 정보를 습득하는 능력]은 학습 능력의 진전에 영향을 미칠 수 있다. 아무리 우수한 조기 중재를 받았다 하더라도 청각장애 아동은 여전히 언어, 정보처리 속도, 사회적 좌절 등과 관련된 문제를 겪을 것이다. 이러한 아동은 건청 아동이 유치원 시기와 초등학교 저학년 시기에 습득하는 고차원적인 언어 구조를 발달시키기 위해 언어재활사와 청각장애 교사로부터 모니터링을 받아야 한다. 이들이 발달시켜야 하는 고차원적인 기술과 구조로는 현재 완료형과 같은 동사 시제(예: I have taken that class), 절(예: unless, since, however), 의문문(예: 부정부가의문문: You would tell me if you didn't understand, wouldn't you?), 대명사(예: 전체를 표현하기 위한 대명사: The class decided to go outside for recess. It's a great idea!) 등을 들 수 있다. 이러한 구조를 청각장애 아동의 환경에 속한 사람이 잘 계획하고 자극해 주지 않는다면 이 아동은 이러한 구조를 제대로 이해하고 사용하도록 발달시킬 수 없을 것이다. 또한 어린 아동이 이러한 수준의 기술을 갖춘다면, 아동은 비교/대조 또는 분석/종합 같은 고차원적인 사고를 요하는 과제를 해결할 준비가 된 것이다.

학업 준비가 되지 않은 아동

또래 건청 아동의 의사소통 능력과 상응하는 의사소통 능력을 갖지 못한 청각장애 아동이 있다고 하자. 이 아동에게 필요한 적절한 도움은 주지 않은 채 학업에만 초점을 둔다면, 이 아동은 이러한 환경에서 많은 고통을 받을 것이다. 언어 발달이 지연된 청각장애 아동에게는 학업적 개념을 다루는 맥락 안에서 의사소통에 대한 지원도 이어져야 한다. 청각장애 아동에게 학교생활과 학급에서 말·언어 및 듣기의 목표를 설명해 주자. 우선 청각장애 아동이 학업 내용을 익히도록 하기 위해 가능한 한 모든 방법(예: 도표 사용, 모델링 제공, 아동 가까이에서 설명해 주기 등)을 사용한다. 그런 다음 청각장애 아동이 개념을 말하고 목표로 설정된 말·언어, 듣기를 익히도록 연습의 시간을 준다.

만약 아동이 개념에 대해 말하거나, 검토하거나, 설명할 수 없고, 다양한 관점에서 사고할 수 없다면 이는 개념을 표면적으로만 이해한 것이다. 아동의 의사소통 능력이 발달하도록 지속적으로 도움을 준 경험이 있거나 이와 관련된 훈련을 받은 초등 교사는 거의 없다. 교사는 언어 과목에 대한 전문적인 지식은 가지고 있으나 언어 과목은 본질적으로 언어가 아니다. 일반학교의 교육과정은 각 주의 기준과 교수 목표에 따라 운영된다. 일반교사는 학업에 필요한 선행 기술이나 학업을 개발시키는 기술을 가르치기보다 학문적 내용을 가르친다. 또한 특수아동보다는 '평범한' 아동을 가르친다. 반면, 어린이집과 조기 중재 프로그램에서는 의사소통과 언어 발달이 최적화되는 데 초점을 두고 있었다. 청각장애 아동의 의사소통 발달과 언어 발달이 최적화되지 않을 때 전통적 교수방법은 청각장애 아동에게 도움이 되지 않을 수 있다. IEP 팀은 청각장애 아동이 학년에 적절한 내용에 노출되도록 고려해야 함과 동시에 아동이 의사소통 능력을 숙달하는 데 도움이 되는 모든 것을 고려해야 한다.

교수 시 고려사항

청각장애 아동을 위한 교수를 준비할 때, 교사는 반드시 수업 계획과 교육적 배치를 모두 고려해야 한다.

수업 계획

아동의 언어 능력과 수업에서 요구하는 언어 수준의 차이 때문에 교사와 치료사는 수업을 계획할 때 반드시 서로 협력해야 한다. 목적과 목표에 대해 논의하여 결정하고 서로 공유해야 한다. 또한 대안을 계획해 두어야 한다. 교사가 계획한 수업에는 가르칠 개념(교과 내용)과 함께 청각 및 말·언어와 관련된 부분이 포함되어야 한다. 교사는 수업 시간 전체 또는 일부 동안은 개념 발달에 초점을 두고 수업을 진행하고, 다음 수업 시간에는 언어, 말, 듣기 목표에 따라 진행하여 이를 연습시킬 수 있다. 교사, 언어재활사, 청각장애 특수교사가 협력하는 수업 계획에는 다음의 네 가지 영역이 들어갈 수 있다.

- 개념(교과 내용) 계획
- 언어 목표 계획
- 말 목표 계획
- 듣기 목표 계획

[그림 4-1]에는 앞에서 제시한 계획의 틀이 제시되어 있다. 〈상자 4-4〉에는 교사가 이러한 네 가지 계획 영역을 고려하는지에 대한 예가 기술되어 있다.

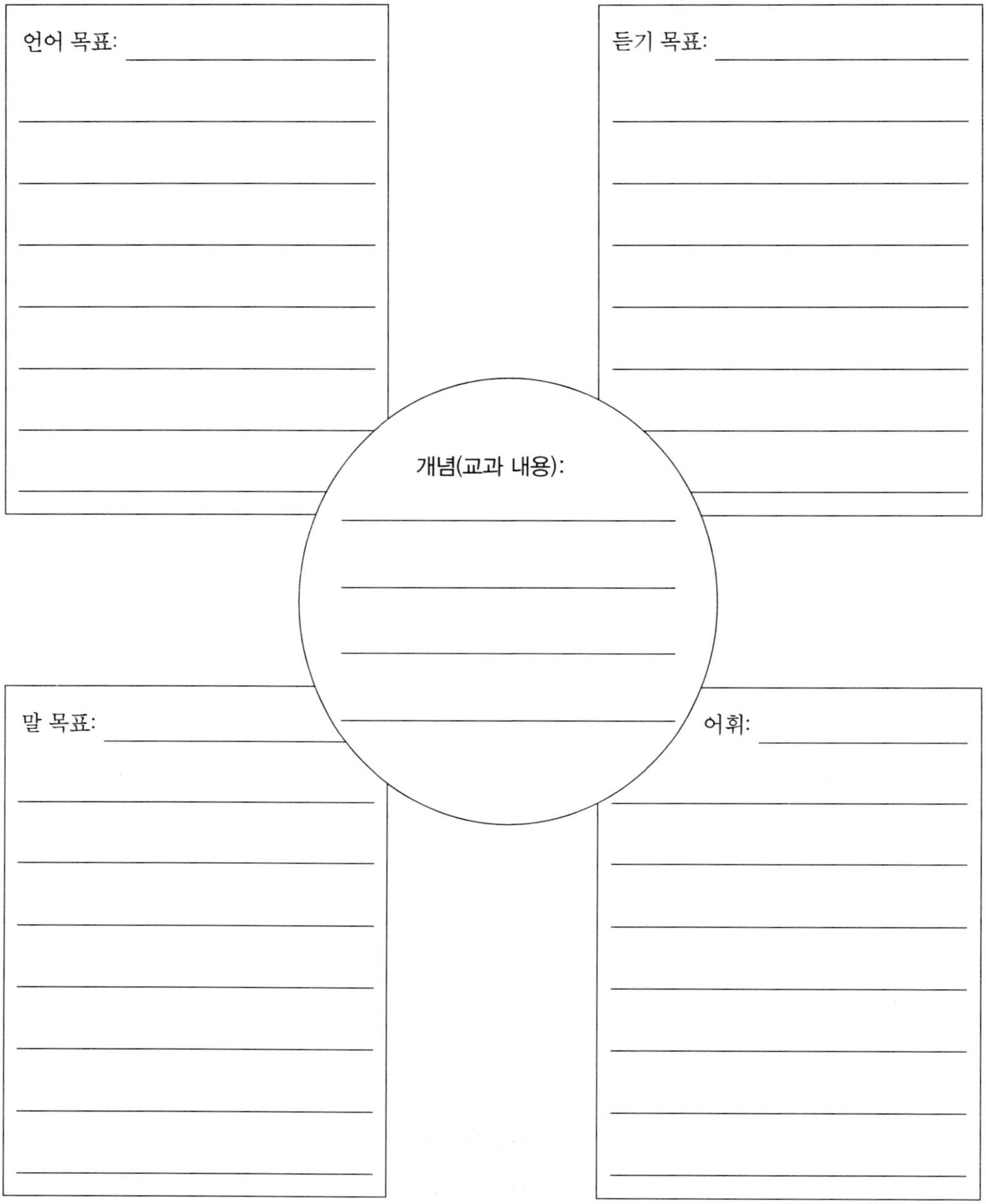

언어 목표: _____

_____

_____

_____

_____

_____

_____

듣기 목표: _____

_____

_____

_____

_____

_____

_____

개념(교과 내용): _____

_____

_____

_____

_____

말 목표: _____

_____

_____

_____

_____

_____

_____

어휘: _____

_____

_____

_____

_____

_____

_____

[그림 4-1] 협력수업 계획 양식

출처: Easterbrooks & Estes (2007).

상자 4-4 네 가지 계획의 영역을 고려하는 상황에 대한 예

교사 Jensen이 진행하는 1학년 수업의 주제는 식물이다. 특히 식물에 필요한 물, 햇빛, 온도, 토양의 개념을 다룬다. 청각장애 아동 Fredda의 IEP를 살펴보면, 언어 목표는 부정사, 대명사 그리고 접속사 발달이고, 말 목표는 단어 종성에 위치한 /s/ 소리 산출과 −ee− 산출이다. 그리고 듣기 목표는 정확히 따라 말하기(아동 행동)를 통해 4어절로 구성된 구와 제시된 단어(언어적 복잡성−외적 요인)에서 −ee−와 −o−(듣기 및 말하기 기술)를 변별하고 이해(듣기 처리 과제)하는 것이다. Jenson은 청각장애 특수교사 Troutman과 언어재활사 Gilbert와 협력한다. 다음에 제시된 내용은 팀 미팅에서 정한 것을 기록한 것이다.

개념: 식물들이 필요로 하는 물, 햇빛, 온도, 토양
언어: 부정사 : Plants need to have water. We have to put plants in the sun.
　　　　　　　Plants need warmth to grow.
　　　대명사: Plants are living things. They need water to live.
　　　접속사: You need to water your plants after you put them in the soil.
말: /s/ : plants, pots; −ee−: need, seed, we
듣기: −ee− vs. −o−: seed, need, we vs. pot, hot, lot(예: a lot of water!)

또한 이들은 각 요소를 누가 담당할지를 결정하고 과제를 어떻게 완성할 것인지도 결정해야 한다. 예를 들면, 청각장애 특수교사 Troutman은 부정사 이해와 사용 측면을 맡아 아동이 들은(확인한) 소리들을 비교하는 듣기 활동을 담당할 수 있다. 언어재활사 Gilbert는 아동이 정확한 소리를 산출하도록 가르치는 것을 담당할 수 있다. 교사 Jensen은 다른 담당자가 목표로 한 것을 강화할 수 있는 수업을 진행할 수 있다. 예를 들어, 아동이 'seed'라는 단어를 잘못 발음할 때, 'Gilbert 선생님에게 배운 방법으로' 단어를 다시 말하도록 할 수 있다. 또한 아동에게 씨앗을 심거나(plant the seed) 잡초를 뽑게(pull the weed) 해서 이와 관련된 듣기 경험을 하게 할 수 있다. 또한 청각장애 아동 Fredda가 연습한 언어 구조와 단어들을 듣고 사용하는 능력을 확장시켜 주기 위해 나중에 아동과 함께 아동이 나무를 심은 정원에 대해 대화를 나눌 수 있다.

교육적 배치

언어 발달 지체를 보이는 아동은 초등학교 시기 동안에도 의사소통 능력을 발달시킬 수 있도록 지속적인 지원을 필요로 한다. 청각장애 아동에게 적합한 교육적 배치가 반드시 이루어져야 하고, 이들을 어느 곳에 배치할 것인지 결정할 때는 아동의

의사소통 요구가 고려되어야 한다. 청각장애 아동의 학업, 의사소통, 사회적, 정서적, 신체적 수준이 모두 고려된 교육 환경으로의 배치가 가장 적절하다. 〈표 4-2〉에는 IEP에서 선택 시 고려해 보아야 할 여러 가지 교육적 배치 옵션이 간략히 설명되어 있다.

교육적 배치의 적절성은 아동의 필요성에 따라 달라진다. 아동은 학습하고 성장하면서 시간에 따라 필요한 것들이 달라진다. 따라서 지원 팀은 아동의 학업, 언어, 신체, 사회, 정서 발달을 지속적으로 평가해야 하며, 아동이 적절하게 배치되어 있는지 확인하기 위해 아동의 진전(변화)을 모니터해야 한다. 만약 배치가 적절하지 않다고 확인된다면 모든 가능한 대안을 모두 다시 검토해야 한다.

〈표 4-2〉 IEP 팀들이 고려해야 할 교육적 배치 옵션

교육적 배치	설명
완전 통합	특별한 지원 서비스가 제공되지 않는다. 아동은 학업 수행에서의 적절한 진전을 보이며, 언어 발달이 지속되며, 또래와의 우정을 쌓으며 일반학급에서 잘 지낸다. 교사는 주기적으로 전문가들에게 자문을 받는다.
완전 통합(지원 서비스 제공)	청각 보조장치나 다른 기술의 도움을 받으며 적절한 진전을 보인다.
완전 통합(교실 내 지원)	교실에서 학업, 언어, 사회성 발달을 촉진시켜 주는 통합교사 또는 동료 교사의 도움을 받으며 적절한 진전을 보인다.
교실 밖에서 지원이 이루어지는 부분 통합	교실 밖에서 개별 또는 소그룹 형태로 지원 팀원(주로 청각장애 특수교사)의 도움을 받는다.
학습 도움반 또는 청각장애 특수학급	학교 수업 중 대부분의 시간은 청각장애 특수교사나 지원 팀원이 수업을 진행하는 교실에서 공부를 하고 일부 시간만 일반교실에서 공부를 한다. 통합을 촉진하기 위해 때론 지원 팀원 중 한 사람이 아동과 함께 통합반에 들어간다.
학습 도움반 또는 청각장애 특수학급 (특별활동은 일반학급에서 진행)	청각장애 특수교사나 지원 팀원이 수업을 진행하는 교실에서 공부를 한다. 그러나 특별활동(enrichment activity)은 일반학급에서 진행된다.
학습 도움반 또는 청각장애 특수학급	청각장애 특수교사와 지원 팀원이 수업과 특별활동을 진행하는 교실에서 수업을 받는다.

청각장애 특수학교의 특수학급	청각장애 특수학교에서 모든 수업을 받는다. 이 특수학교에 다니는 또래 친구들은 모두 청각장애 학생이다.
청각장애 기숙학교	청각장애 특수학교에서 모든 수업을 받으며, 기숙사에서 생활한다.

학령기 아동의 중재

청각장애 아동이 배치된 학급을 맡고 있는 교사에게 도움이 되는 일반적인 것들에 대해 살펴보자. 청각장애 아동 William의 예를 들면, 교사는 William에게 이야기할 때에는 William이 대화를 이해했을 때와 이해하지 못하였을 때를 알아차릴 수 있도록 주의를 기울여야 한다. 때로는 단어의 소리나 입모양이 비슷하기도 하다. 예를 들어, 어떤 아이가 William에게 "*Where* are you going?"이라고 질문을 했을 때, William은 "*When* are you going?"이라고 물어보았다고 생각할 수도 있다. 만약 William이 'where'를 'when'으로 잘못 이해했다면 잘못 대답할 것이고 엉뚱한 대답을 들은 아이들은 비웃을지도 모른다. William은 자신이 실수를 했다는 걸 알게 되면 당황할지도 모른다. 이때 교사는 William이 농담했다고 하도록 하고, William이 이해하지 못했을 때 그것을 화자가 알 수 있도록 하거나, William이 화자에게 다시 한 번 말해 달라고 부탁하도록 해야 한다. 그러나 때로는 잘못 이해하는 상황이 일어나며, 화자나 William 모두 이것을 알지 못한다. 잘못 이해한 상황이라 의심될 때는, William이 이해했는지 여부를 확인하고 명료화를 위한 노력을 하도록 확인해야 한다. 〈상자 4-5〉에는 의사소통이 단절되었을 때 William이 사용할 수 있는 교수 전략이 제시되어 있다. 또한 교사는 학급에서 언어 교수를 촉진시키기 위해 몇 가지를 수정할 필요가 있다. 〈상자 4-5〉에 이와 관련된 전략들을 제시하고 있다. 〈상자 4-6〉에는 교과 교수에 도움이 되는 사항들이 제시되어 있다.

상자 4-5 의사소통 단절 시 사용할 수 있는 팁

교사에게 신호 보내기: 타인의 주의를 끌지 않고 어려움을 교사에게 알릴 수 있는 아동만의 방법을 만들어 준다.

반복하기: 아동이 이해하지 못했을 때 한 번 더 반복해서 말한다. 이때 조금 천천히, 명료하게 말하고, 핵심 단어나 구를 강조한다. 명료한 말이 무엇인지 개념에 대해 아동에게 이야기해 주어 아동이 자신의 말을 교정하기 위한 도구로 이것을 사용할 수 있게 하는 것도 좋은 방법이다. 명료한 말에 대한 책자는 www.oticonus.com에서 다운로드 받을 수 있다.

단순화하기: 말하고자 하는 의미를 반복하지만 더 짧고 간단하게 말한다.

고쳐 말하기: 말한 것을 더 짧고 더 간단한 문장으로 고쳐 말한다. 맥락에서 더 쉽게 확인할 수 있는 단어들을 사용하고, 독화하기에 더 단순하거나 쉬운 말로 고쳐 말한다.

정교화: 아동에게 더 많은 정보를 주고, 아동이 이미 알고 있는 것에다 덧붙인다.

대치: 단어가 아동의 어휘 목록에 있는 것이 아니라면 반복하는 것은 도움이 안 된다. 좀 더 쉬운 단어를 사용하거나 독화하기 쉬운 단어를 사용하라. 생각을 전달하고 난 후에는 아동의 어휘를 증대시키기 위한 방법으로 알지 못했던 단어를 반복한다.

짝 만들기: 아는 단어(같거나 반대 의미)를 이해하지 못하거나 알지 못한 단어와 비교한다.

반응 범위 제한: 아동이 선택할 수 있는 반응들을 제시한다. 이것은 말한 것을 이해하기 위한 마음의 준비를 하도록 할 것이다.

알고 있는 정보로부터 시작하기: 아동에게 주제나 중심 생각에 대한 단서가 될 만한 핵심 단어를 골라 제시하고, 아동이 이해하지 못했던 것을 다시 반복한다.

피드백 주기: 내용 중에서 이해한 부분에 대하여 피드백을 준다.

상자 4-6 교실 내 의사소통 촉진을 위한 팁

자리 배치: 벽에서 조금 떨어지고 교실 앞쪽에 자리하도록 한다. 교실 전체를 볼 수 있는 곳에 위치를 정한다. 그러나 너무 가까운 자리에 앉히면 아동이 고개를 들어 쳐다봐야 하므로 너무 가까이 앉히지는 않는다. 그리고 말하는 것을 이해하는 데 독화가 도움이 될 수 있으므로 아동의 얼굴을 보면서 말한다.

명료한 말 사용: 명료한 목소리로 자연스럽게 말한다.

문장 내 구 강조: 말을 할 때 정보가 더 쉽게 지각되도록 문장을 구 단위로 강세를 주며 말한다(예: "Line up 쉼 for the lunchroom 쉼 everybody."). 입술의 움직임을 과장하지 말고, 입을 가리거나 중얼거리지 않는다.

당황스러워할 수 있음에 민감해지기: 반복해서 말해 달라고 부탁하는 것을 당황스러워할 수 있다. 청각장애 아동에게 어려움이 생겼을 때는 다른 학생들이 없거나 다른 것들에 바쁜 틈을 타 내용을 다시 분명하게 전달한다.

또래와의 대화 관찰: 다른 학생과 함께 하는 활동과 토론에 참여하도록 격려한다. 그러나 문제가 생겼을 때를 대비해 잘 살펴본다. 토의나 특정 과제의 지시에 사용되는 언어를 이해하는 데 어려움을 가질 수도 있다. 만약 지시어나 숙제 설명 또는 다른 정보를 듣고 이해하는 것을 어려워하면, 문장을 반복하거나 단순화시켜 들려준다.

그룹 토의 관찰: 아동이 그룹 토의에 참여할 때 말하는 사람이 누구인지 알려 주고, 발표자를 쳐다볼 시간을 준다. 발표자가 명료하게 말을 하면 교실 내 모든 학생이 이해하기 더 쉽다. 청각장애 아동 한 명만이 아니라 모든 학생에게 말을 할 때 명료하게 말하도록 한다. 이것이 가능하고 익숙해지고 나면, 그 다음은 다음번 순서의 아동이 발표를 하기 전에 발표했던 아이의 말 중 중요한 내용을 다시 한 번 짚어 준다. 이는 모든 아동에게 도움이 된다.

둥글게 앉기: 아동이 모두 서로를 볼 수 있게 되기 때문에 둥글게 앉는 것은 그룹 토의를 할 때 유용하다. 청각장애 아동이 화자를 보도록 하는 것이 도움이 되듯이, 청각장애 아동이 말을 할 때 다른 아동이 청각장애 아동을 보게 하는 것이 도움이 된다.

그룹 상황에서 정서적인 부담 주지 않기: 잘못된 발음은 신중하게 교정해 준다. 교정은 하루의 끝이나 활동의 끝 무렵 짧은 미팅 형식으로 진행한다. 청각장애 아동이 어려워했던 단어의 목록을 만들고 난 후 목록을 주면서 정확한 발음을 들려준다.

교실 소음 통제: 교실이 조용할수록 청각장애 아동이 대화를 이해하기 쉽다. 인공와우나 보청기는 건강한 귀만큼 배경소음을 억제하지 못하고, 중요한 말소리만을 선별하는 데 그 역할을 충분히 하지 못한다. 인공와우와 보청기는 모든 소리를 증폭시키기 때문이다. 소음 통제에 대해서는 제6장을 참조하자.

독화가 더 쉬워지는 상황:
1. 아동이 불빛을 등지고 있게 한다. 밝은 빛을 정면에 두면 화자의 얼굴을 보기 어렵다.
2. 어두운 쪽에 서서 수업을 하지 않는다. 음영진 방에서 수업하면 얼굴이 잘 보이지 않는다.
3. 말하는 동안 돌아다니지 않는다.
4. 화자는 분명하고 명확하게 말하고, 말할 때 아동을 쳐다본다.

긍정적인 사회적 상호작용을 할 기회를 준다.

아동이 독립적으로 할 수 있음을 격려한다.

상자 4-7 아동의 학업 수행에 도움이 되는 팁

듣기 짝꿍: 청각장애 아동 옆에 듣기 짝꿍을 앉힌다. 듣기 짝꿍은 청각장애 아동이 책의 페이지를 맞게 넘기게 하거나 교사가 한 말을 명확히 이해하도록 도움을 준다. 듣기 짝꿍은 매주 또는 매월 주기적으로 바꾸어 주거나, 몇 명의 아동이 좀 더 긴 기간 자원할 수 있다. 청각장애 아동이 청할 때만 도움을 주도록 듣기 짝꿍을 연습시킨다. 청각장애 아동이 듣기 짝꿍에게 너무 의지하지 않도록 주의시킨다.

학습 지도안: 학습지도안을 미리 제시하는 것은 청각장애 아동에게 큰 도움이 된다. 아동이 학급에서 토의할 것을 미리 안다면 토의를 따라가기가 훨씬 쉬울 것이다. 또한 토론 전에 청각장애 학생에게 토론 주제에 대한 내용을 읽도록 하여 토론 참여에 도움이 되도록 한다.

어휘 목록: 토론 주제와 관련된 낱말과 정의를 정리한 어휘 목록이 도움이 된다. 사전을 사용하여 낱말의 발음이 어떻게 나는지 알아보도록 격려한다.

OHP나 LCD 프로젝터 사용: 교사와 학생은 서로 마주보기 때문에 OHP(Over Head Prejector)를 사용하는 것이 도움이 된다. 프로젝터가 교사의 얼굴을 비춰 더 쉽게, 잘 보이게 한다.

자막 영상 사용: 자막 영상은 청각장애 학생의 참여 가능성을 높여 주고 건청 학생의 읽기 능력을 향상시키는 데 유용하다. 많은 영상에는 이미 자막이 들어 있다. 학교에는 자막수신기가 설치된 텔레비전을 설치해야 한다. 자막이 없는 영상들은 The Captioned Media Program(www.cfv.org)에서 무료로 이용할 수 있다.

평가 시 지시어 모니터링: 구두 시험 시 아동에게 답을 쓰게 하는 것은 청각장애 아동에게 많은 어려움을 야기한다. 청각장애 아동이 답을 쓰는 동안 교사가 다른 항목들을 구어로 제시한다면, 청각장애 아동은 몇 가지 것을 놓칠 수도 있다. 이런 경우에는 영사 스크린이나 투명 필름을 사용하는 게 적절하다. 철자 수업에서 하는 것처럼, 독립 단어를 제시할 때에는 맥락 내에 있는 단어를 사용한다. 철자 시험을 볼 때는 시험지에 빈칸을 제시하고 문맥상 들어가야 할 단어의 철자를 쓰게 한다. 예를 들어, 'beet'와 'bead'처럼 많은 단어가 소리 날 때 입술 모양이 비슷하며 그 소리 또한 비슷하다는 것을 기억하자.

지시어를 구어로 먼저 제시한 후 시각 자료 보여 주기: 구두 설명과 그림 자료를 함께 제시할 경우, 먼저 자료에 대해 구어로 설명하고 난 다음 그림 자료를 보여 준다. 이러한 방법은 아동이 한 번에 하나의 자극에 집중하는 데 도움을 준다.

칠판에 모든 과제 써 주기: 과제, 특히 숙제를 내줄 때 구어로 알려 주면서 칠판에도 써 준다.

새로운 개념 예습시키기: 일반교사는 학급에서 다룰 주제를 계획할 때 도움반 교사, 언어재활사와 협력해야 한다. 일반교사는 도움반 교사와 언어재활사에게 가르칠 수업 내용이나 개념에 대해 알려 준다. 그리고 먼저 도움반 교사와 언어재활사가 개별 수업이나 소그룹 수업에서 아동에게 제시한다. 그런 다음 일반교사가 정규수업에서 가르친다. 수업이 끝난 후, 일반교사는 간략하게 메모하여 도움반 교사나 언어재활사에게 피드백을 준다.

피곤해 보이는지 지켜보기: 청각장애 학생은 다른 학생보다 쉽게 피곤함을 느낄 수 있다. 그러한 피곤함은 지루함, 무관심, 동기 부족과는 다른 것이다. 청각장애 아동이 느끼는 피곤함은 독화에 대한 부담감이 지속되거나, 잔존청력을 활용하거나, 학급 활동에서 여러 화자를 지속적으로 관찰하는 것 등에서 오는 것이다. 하루 일과표를 변화시켜 주어 아동이 너무 오랜 시간 동안 학과목에 주의집중을 하지 않도록 하는 것이 도움이 될 수 있다. 또는 수업 시간을 단축하거나 또는 구어 과제와 문어 과제를 교대로 제시하는 방법을 사용할 수 있다. 그러나 중요한 것은 청각장애 아동이 모든 과제를 완료해야 한다는 것이다.

교실 내 참가자들에게 말하는 데 편하게 해 주기: 학급 토론 시간에 청각장애 아동은 말을 하지 않으려 하거나 수동적으로 참여할 수도 있다. 처음에는 이를 허용해 준다. 하지만 청각장애 아동이 토론할 준비가 된 것 같으면 토의에 참여하도록 격려한다. 청각장애 아동이 발표할 때는 다른 아동에게 발표 내용을 미리 복사해 준다. 이는 다른 아동이 청각장애 아동의 말을 좀 더 쉽게 이해하는 데 도움이 된다. 또한 발표자와 청중 모두에게 성공적인 경험이 될 것이다. 프로젝트나 그룹 활동을 할 때 소그룹으로 만들어 준다. 소그룹에서 자신을 표현하기가 좀 더 편해지면 대그룹에서도 점차 편안해질 수 있다.

청각 및 말·언어 발달 모형 적용: 유치원 및 초등학교 저학년 아동

청각 및 말·언어 발달 모형을 기억해 보자. IEP 팀은 이 모형을 참고하여 청각장애 아동에게 필요한 것을 찾으려 할 것이다.

관련 변인 1: 듣기처리 과제

학급에 배정받기 전 청각장애 아동이 받았던 서비스의 정도가 각기 다르기 때문에 초등학교 저학년 아동 능력 간 편차 범위가 클 것이다. 최근에야 중재를 받기 시작한 청각장애 아동은 변별과 확인 과제에서 시작하는 것이 필요할 수도 있다. 또한 유아와 학령전기 아동 수준에 적합한 과제와 활동을 준비할 수도 있다(제3장 참조). 그러나 다른 점은 연령이 높은 아동들은 더 높은 수준의 활동 상황에서 이러한 과제를 할 수 있다는 것이다.

관련 변인 2: 듣기, 말하기 및 언어 기술

연결 발화 맥락에서 가능한 한 많이 듣기 및 말·언어 기술에 접근해야 한다. 유치원생과 저학년 청각장애 아동에게 더 어린 아동이 받는 만큼의 집중적이면서 많은 양의 듣기와 언어적 지원이 이루어 지지 않기도 한다. 이러한 이유로 아동의 말, 듣기, 문법, 어휘 목표에 대해 인식하고 모든 교수 활동에 이를 통합시켜야 한다. 청각장애 아동이 단어 내 소리 또는 문장 내 핵심 단어를 듣도록 해야 한다. 또한 파닉스 수업에서 다루고 있는 소리들도 듣도록 하고, 담화에 참여하도록 해야 한다(제1장에서 기술됨). 이 연령에서의 구문론과 형태론의 목표는 아동이 학급에서 익힌 기술에 따라 달라진다. 일반적으로 초등학교 저학년 아동은 복잡한 문법의 가장 어려운 요소들을 대체로 이해한다. 만약 초등학교 저학년 청각장애 학생이 또래와 동급 수준의 문법 기술을 갖지 못한다면, 문법 기술을 숙달하도록 추가적인 노력을 해야 한다. 다음에 학령기 아동이 매일 접하는 문법 기술의 일부를 제시하였다.

- 현재완료 진행형과 과거완료형 시제
- 수동태 문장
- 주절과 관련된 여러 개의 종속절
- 직접목적어 앞에 위치한 간접목적어
- 명사보문으로 시작하는 문장들
- 분사형

이러한 문장을 구성 성분별로 나눠 주어 구조 때문에 문장의 의미를 파악하는 데 어려움을 겪지 않도록 하자. 이 경우 사용할 수 있는 방법은 다음과 같다. 발달상 나중에 나타나는 시제로 표현된 문장은 시간의 순서대로 다시 고쳐 표현해 준다. 수동태 문장은 능동태로 대치한다. 여러 개의 절로 구성된 복잡한 문장은 여러 개의 독립된 문장 형태로 고쳐 준다. 간접 목적어가 표현되지 않은 문장은 수여자를 명확히 표현해 준다. 보어에 대한 설명을 첨가한다. 시간 순서에 따른 표현을 사용한다. 제3장에서 설명한 샌드위치 상호작용을 사용하여 문장의 내면에 깔린 의미를 파악하도록 한다.

대부분의 청각장애 아동은 어휘 능력이 현저히 지체되어 있다(Prezbindowsi & Lederberg, 2003). 이러한 경우 일반적으로 사용되는 어휘를 명확히 설명해 주어야 한다. 방법으로, 아동에게 친숙하지 않은 어휘의 그림을 보여 주기 위해 인터넷에서 검색한 이미지나 클립아트를 사용한다. 아동의 어휘 노트를 만들어 교사, 언어재활사와 가정에서 공유한다. 또한 어휘 발달에 적합한 프로그램에 아동을 참여시키고 새로운 단어, 다양한 의미, 비유적 표현에 지속적으로 노출시켜야 한다. 학년에 적합한 어휘 목록을 출력할 수 있는 웹 사이트(예: www.edhelper.com/vocabulary.htm)를 활용하자. 이러한 노력은 끊임없이 이루어져야 한다.

관련 변인 3: 외적 요인

다른 관련 변인(듣기처리 과제, 듣기 및 말 · 언어 기술)에서 상대적으로 쉬운 수준을 목표로 하고 있더라도, 외적 요인의 경우 다소 어려운 수준으로 수업을 하자. 이 경우 반드시 아동을 동기화시키고, 아동과 상호작용하며, 아동이 도전할 만한 과제들을 사용해야 한다. 길이가 좀 더 긴 문장을 듣기 목표로 설정할 수도 있다. 맥락 단서들은 더 적게 제시할 수도 있다. 이 수준에서 아동이 인지적으로 연결시키도록 해야 한다. 예를 들어, "타조가 어디 있는지 가리켜 봐."라고 말하는 대신 "조류이지만 날지 못하는 것은?"이라고 질문한다. 또는 "빵, 젤리, 칼을 보여 줘."라고 말하는 대신, "땅콩버터와 젤리 샌드위치를 만드는 데 뭐가 필요하지?"라고 물어본다. 또한 교실의 소음을 항상 신경 써야 한다.

관련 변인 4: 아동 행동

유치원생이나 초등학생이 하는 행동은 매우 다양할 것이다. 들려준 단어들을 쓸 수 있고, 교사가 문제를 큰 소리로 읽어 주면 칠판에 수학 문제를 풀 수 있다. 큰 소리로 읽는 이야기를 듣거나 연결 발화를 추적하여 교사가 읽은 뒷부분을 말할 수 있고 또는 이야기에 대한 질문에 대답할 수도 있다. 예를 들면, 지리 수업 시간에 교사가 큰 소리로 읽어 준 주(state)를 지도에서 찾도록 할 수 있다. 교사가 "노스캐롤라이나와 미시시피를 찾아보세요." "플로리다에 인접한 두 개의 주는 어디지?" 또는 "치즈 생산으로 유명한 주를 찾아보세요." "피치(Peach) 스테이트라고 불리는 주는 어디지?"라고 질문하면 학생은 대답하도록 한다. 교육과정의 목표와 듣기 및 말·언어 목표를 계속 연결시켜 주어야 한다.

요약

청각장애 아동이 일반학급에서 수업을 받을 때 필요한 기본적인 능력을 발달시켰더라도 좀 더 특별한 주의가 필요하다. 이 장에서는 청력손실이 미치는 영향에 대해 살펴보았고, 교실에서 대화에 좀 더 잘 다가갈 수 있는 방법들을 제시하였으며, 듣기와 언어에 필요한 조건들을 연결하기 위한 수정을 제안하였고, 다른 사람들과의 관계를 형성하는 데 필요한 능력을 개발하기 위한 제안점도 모색하였다. 여러 분야의 전문가로 팀을 구성하는 것은 큰 도움이 된다.

일부 청각장애 아동은 일반학급에서 요구되는 의사소통 능력을 갖지 못하기도 한다. 따라서 이러한 아동에게는 반드시 의사소통 능력 발달을 위한 적절한 지원을 제공해야 한다. 또한 교육 배치를 적절히 선택하여야 한다. 아동이 배치된 환경에서 적절한 진전을 보이지 못할 때에는 다른 대안적 환경을 탐색해야 한다.

05

청각장애 아동의 문해 기술 발달

    이 장은 읽기를 배우는 과정, 읽기를 잘하기 위해서 필요한 요소 그리고 청각장애 아동이 읽기를 배울 때 개인의 능력에 미치는 영향 등에 대한 내용을 다룬다. 이 장의 주요 목표는 청각장애 아동의 읽기 발달에서 구어와 문해의 상호보완성에 대해 기술하는 데 있다.

읽기 학습

    인쇄된 단어(printed word)는 구어 단어의 상징이다. 낱자는 말소리의 상징이다. 읽고 쓰는 것을 배우는 과정 안에는 인쇄된 부호(printed code)를 배우는 것도 포함된다. 이제 막 읽기를 배우는 초기 독자는 시각적 부호를 언어와 연결 짓는 것을 배워야 한다.

    읽기 과정에는 의미를 만들어 가는 능력 또한 포함된다. 무언가 읽을거리를 집어들 때 얻고자 하는 최종 결과는 책의 페이지에 있는 단어를 정신 세계 속 생각이나 이미지로 만들어 내는 것이다. 읽을 때에는 기호를 소리로 바꾸는 것보다 훨씬 더 복잡한 과정이 일어난다. 얻고자 하는 목표는 이해(comprehension)이다.

건청 아동은 읽기를 배우기 전에 몇 년 동안 언어를 배우고 세상 지식을 발달시킨다. 언어와 경험은 이들에게 문제가 되지 않는다. 건청 아동은 언어를 사용하며 놀이하고, 농담하고, 노래 부르고, 운율을 만드는 경험을 한다. 비유어, 추론, 다의어에 대한 이해도 갖는다. 읽기장애가 없는 건청 아동은 읽은 것을 자동적으로 이해한다. 읽기 이해는 읽고 있는 주제와 관련된 배경 경험, 언어의 모든 측면에서의 능숙함, 단어 해독 능력, 읽는 동안 단어 기억하기, 잘못된 해석(오역)을 추론하는 능력 등([그림 5-1] 참조)이 바탕이 된다.

어린 청각장애 아동의 경우를 살펴보자. 초기 청각장애 독자는 건청 아동과 다소

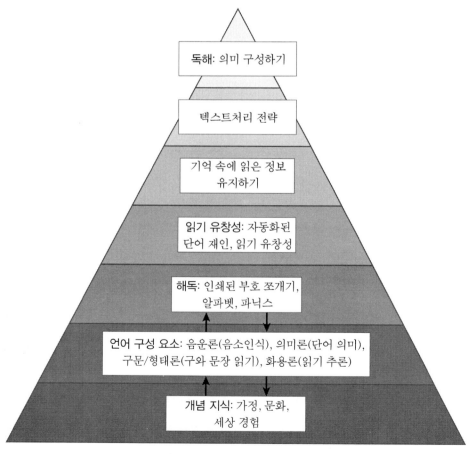

[그림 5-1] 문해과정 간 관계

다를 수 있다. 건청 아동은 성숙하고 정교한 언어 기술을 가지고 읽기 수업에 임하는 반면, 청각장애 아동은 미성숙한 언어와 어휘 능력을 가지고 읽기 과제에 임한다. 청각장애 아동이 자신의 주변 세상과 상호작용함에도 불구하고 누구 하나 그에게 말을 걸지 않거나 청각장애 아동이 들은 말을 잘못 지각한다면, 청각장애 아동은 많은 양의 정보를 놓치게 된다. 이들은 새가 날아가는 것은 이해하지만 어떤 새들은 '추기경'이라 불리고 다른 새는 '핀치새'라 불리는 것을 모를 수 있다. 또한 어떤 새들은 씨앗과 열매를 먹고 다른 어떤 새들은 철새라는 것을 모를 수 있다.

아동에게 아동의 세계에 대해 말하여 주는 것을 중재(mediation)라고 한다. 만약 아동이 아동의 세상에 대해 중재하는 것을 듣지 못한다면, 아동의 세계와 경험은 제한적일 수 있다. 언어와 사고는 친밀한 시너지 관계를 갖는다. 언어는 사고를, 사고는 언어를 발달시키는 데 공헌한다. 이러한 관계는 제6장에서 더 논의될 것이다. 언어와 경험은 읽기 기술에 도움이 되는 기본 기술을 점차적으로 발달시킨다. 언어와 사고의 기초가 없다면 읽기의 과정은 문제가 될 수 있다. 아동에게 그들이 경험한 세상에서 의미가 없을지도 모르는 소리에 기호(symbols)를 붙이도록 요구하는 모양새가 된다.

읽기의 목적이 이해라는 것을 잊지 말자. 초기 독자에게 읽은 것을 완전히 이해하도록 가르치는 것은 매우 중요하다. 초기 독자를 위한 대부분의 프로그램에서 사용되는 어휘와 문장 구조는 2~3세의 언어 수준이다. 이는 청각장애 아동이 읽어야 하는 단어와 문장이 건청 아동의 언어 수준 범위 안에 있어야 함을 의미한다. 아동의 텍스트 이해 능력에 대한 중요한 고민 없이 인쇄된 기호를 깨뜨리는 데 초점을 둔다. 3학년 즈음 해독과 유창성 기술이 확립되고 나면 정상 발달 아동은 이해 전략 교수를 받는다. 일반적인 읽기 교육 과정에서는 청각장애 아동의 능력을 넘어선 어휘, 언어 그리고 기타 용어들이 사용된다. 청각장애 아동은 고차원적인 텍스트 이해 전략을 배우기 전에 읽기 과정에 대해 반드시 배워야 한다. 이를 위해 교사는 수업 자료, 어휘, 활동의 순서를 조절하며, 각 아동의 언어 수준을 넘지 않아야 한다.

> ### Dianna
> **기초 확립하기**
>
> 읽기 목표: Dianna는 교사가 아동에게 사물의 이름을 말하여 줄 때(언어적 복잡성) /b/ 소리로 시작하는 3개의 단어를 듣고(언어 및 음운인식 과제), 장난감 더미에 있는 목표 장난감을 꺼내어(아동 행동) 3개의 단어를 확인할 수 있다(듣기처리 과제). 선생님이 선택한 장난감은 배, 썰매, 오렌지, 꿀벌, 북, 컵, 신발이다.
>
> 과제는 어휘 과제가 아닌 음운인식 과제이기 때문에, 교사는 음운인식 과제에서 이 어휘들을 제시하기 전에 Dianna가 이 어휘들을 알고 있는지 확인해 보아야 한다. 만약 Dianna가 그 장난감이 무엇인지 기억해 내지 못한다면, 아동은 음운인식 능력을 개발시키는 데 온전히 집중할 수 없게 된다. 음운인식 활동을 하기 전, 교사는 Dianna가 북, 썰매, 꿀벌을 알고 있는지 확인해야 한다. 교사는 Dianna에게 그 단어를 경험하게 하고 음운인식 과제를 하기 전 어휘와 친숙하도록 상호작용하기 위한 개념을 제공하도록 한다. 이 과제에서 교사는 [그림 5-1] 피라미드의 가장 아래 단계에서 아동에게 음운인식 단계의 기초가 되는 언어와 개념을 가르쳐야 한다. 기저의 언어를 학습함으로써, 교사는 Dianna가 첫소리 확인 과제를 수행하는 데 필요한 에너지를 집중하게 할 수 있다.

교사, 부모, 임상가들의 중요한 역할은 초보 독자가 읽기에 의미를 연결 짓게 하는 것이다. 읽기 이해는 아동의 말 지각력, 어휘 수준, 언어 발달 수준과 연관된다. 교사는 아동이 지각하고 인지할 수 있는 한도 내에 있는 수업 자료와 수업만을 제시해야 한다.

읽고 있는 것을 이해하기 위해서는 충분한 언어 기초뿐 아니라 읽기 과정에 대해 말할 수 있는 충분한 언어 기술과 상위인지 기술이 필요하다. 예를 들면, 주 교육부에서 설정한 기준에 따른 유치원생의 목표는 '그림과 제목을 보고 예상하기'이다. 교사는 수업 시간에 가르치고자 하는 것을 문서화해야 한다. 몇 단어만 알고 있는 5세 고도 난청 Stephanie를 상상해 보자. Stephanie가 언어 기반을 가질 때까지 아동은 교사가 사용하는 단어 혹은 교사가 말하고 있는 생각을 이해하지 못할 것이다. Stephanie의 수업에서 가장 적절하게 중점을 둬야 하는 것은 읽기 이해 전략의 한 부분인 예측하기(prediction)가 아니고 집중적인 언어 자극과 발달이다.

Dauntay

이해 확인하기

읽기 목표: Dauntay는 아동의 읽기 수준에 해당하는 이야기를 읽을 때(언어 복잡성의 외적 요인) 구동사(예: throw up, run on, give in; 언어 과제)가 포함된 문장(이해를 기초로 하는 두뇌 처리 과제)을 유창하게(아동 행동) 읽을 수 있다.

Dauntay에게 책을 주기 전 교사는 여러 개의 구동사를 보여 주고 개념을 가르친다. 교사는 의미망([그림 5-2] 참조)을 사용하여 어떻게 구동사가 만들어지는지 리스트를 준다. 아동은 그 개념에 익숙해진다. 교사는 구동사가 많이 포함된 책을 아동에게 건넨다. 책을 함께 읽을 때 교사는 구동사를 유창하게 읽어 준다. 그런 다음, Dauntay가 새 이야기를 읽을 때 'Daddy turned on hose, and we ran in the spray.'라는 문장에 마주치게 될 것이다. 처음 아동이 읽을 때 "Daddy-turned(쉬고) on-the-hose.'라고 읽었지만, 아동은 스스로 반복해서 "Daddy-turned on-the-hose.'라고 말하면서 크게 미소 지었다. 아동은 구동사와 문장의 의미를 연결하였기 때문에 웃은 것이다.

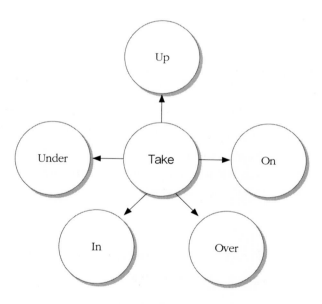

[그림 5-2] Dauntay의 단어 의미망

효과적인 읽기 접근법

2000년 미국 국립아동보건인간개발연구소(National Institute of Child Health and Human Development)에서는 읽기 학습에 중요한 요인들을 밝힌 보고서를 출간하였다(〈표 5-1〉 참조).

읽기와 관련된 요소, 청력손실이 읽기 기술에 미치는 영향, 읽기 관련 요소에 대한 기본 가정을 살펴본 다음, 청각장애 아동의 읽기 지도에 이러한 가정을 적용하는 것에 대해 논의해 보도록 하자. 이 장의 목표는 전반적인 읽기 교육과정에 대한 정보를 제공하는 것이 아니다. 일반 교육과정을 따르는 청각장애 아동이 읽기를 학습할 때 건청 아동과의 차이점은 무엇이고 이들에게 필요한 교수적 수정은 무엇인지 살펴보는 데 그 목표가 있다.

〈표 5-1〉 읽기 학습에 중요한 요인

알파벳(Alphabetics)	
음소 인식	구어 단어를 이루는 소리들에 초점을 두고 이를 다룰 수 있는 능력
파닉스	낱자-소리 대응 습득 및 읽기, 쓰기에서의 사용을 강조하는 읽기 교수법(Harris & Hodges, 1995)
읽기 유창성	빠르고 정확하게 적절한 표현으로 텍스트를 읽는 능력으로, 유창성은 단어 재인 기술 발달에 의존함.
독해	
어휘	단어 지식
텍스트 이해	자신이 읽고 있는 것을 이해하지 못한 것을 아는 것, 자신이 이해하지 못했음을 인식했을 때 하는 행동

알파벳

알파벳은 낱자를 이해하고 사용하는 것에 관한 다양한 기술이다. 어린 청각장애 아동이 영어를 읽고 쓰는 것을 배운다면 반드시 알파벳을 이해하고 있어야 한다(Luetke-Stahlman & Nielson, 2003). 실제로 알파벳은 두 개의 체계로 나누어진다. 소리 체계(예: far에서 /f/ 소리)와 낱자 이름 체계(낱자 f의 이름은 'ef')이다. 청각장애 아동이 읽는 것을 배우기 시작할 때 낱자의 이름을 배우는 것보다 낱자의 소리를 배우는 것이 더 중요하다. 소리−상징 관계를 다룰 수 있는 능력을 파닉스(phonics)라 한다. 이 주제에 관한 연구들이 이를 매우 명확히 밝히고 있다. 읽기에 파닉스 체계를 적용할 수 있다면 청각장애 아동은 더 잘 읽을 수 있다(Kelly, 1993; Leybaert, 1993, 1998; Perfetti & Sandak, 2000; Trezek & Wang, 2006).

음운 인식(phonological awareness)은 단어와 문장의 요소들을 확인하고, 분절하고, 결합하고, 조작할 수 있는 능력을 의미하는 용어이다. 음운 인식 활동의 한 예로, 한 문장 내 단어의 수를 세거나 합성어를 각 단어로 분절하는 활동을 들 수 있다. 음소 인식(phonemic awareness)은 음운 인식의 일부로 단어 내 말소리(음소)를 조작하는 것이다. 한 단어 내 음소의 수를 세도록 하거나 음절을 음소 수준으로 분절하는 활동이 음소 인식 활동의 예이다. 음소 인식 기술은 음운 인식 기술의 위계 중에서 가장 정교한 기술이다. 파닉스 교수를 시작하기 전 아동에게 단어 내 소리들을 이해하는 음운 인식 및 음소 인식 기술을 익히도록 하자. 파닉스 교수는 특정 낱자−소리 대응을 학습하기 위한 기초가 된다.

알파벳의 기본 가정

알파벳 인식의 기저가 되는 첫 번째 가정은 보청기나 인공와우 착용으로 인해 청각장애 아동이 단어 내 소리들 간의 차이를 들을 수 있다는 것이다. 그러나 청각 보조장치만으로 단어 내 소리들에 접근할 수는 없다. 소리를 듣는 것을 배우기 위해서는 반드시 집중적이고, 체계적이며, 포괄적인 교수가 필요하다. 종합적인 듣기 프로그램을 통하여 아동은 듣기장치를 사용하여 소리를 들을 수 있다. 그러나 이러한 종합적인 듣기 프로그램은 몇 년이 걸릴 수도 있다. 한편, 어린 청각장애 아동의 듣기 및 언어 수행력이 또래 건청 아동에 비해 6개월 이상 지체된다면 듣기 및 언어 발달에 초점을 둔 특정한 교수를 받아야 한다.

두 번째 가정은 아동이 단어를 해독(decoding)할 때 그 단어가 무엇을 의미하는지 이해할 수 있다는 것이다. 이 가정은 반드시 점검되어야 한다. 해독은 소리와 낱자를 연결시키고, 소리들을 결합하고, 단어를 말하고, 자신이 말한 것을 듣고(청각적 피드백, auditory feedback), 단어를 인식하고, 그 의미를 이해하는 과정이다. 그러나 청각장애 학생의 경우 해독한 단어를 인식하거나 이해한다고 가정할 수는 없다. 청각장애 아동은 낱자나 낱자 패턴(예: ~ing)을 소리와 연결시키고 단어를 발음할 수 있을 것이다. 그러나 방금 읽은 것에 대해 물을 때 대답하지 못할 수 있다. 청각장애 아동은 또래 건청 아동에 비해 어휘가 많이 부족한 상태로 유치원(3세 이상)에 가는 경향이 있다. 해독 연습 시 반드시 아동의 어휘 목록에 있는 단어를 사용해야 한다. 잘 모르는 단어의 해독을 배우는 것은 아동에게 해독의 목적을 가르치지 않는 것과 마찬가지이다.

세 번째 가정은 청각장애 아동에게 단어 해독을 가르치는 것과 관련된 것이다. 청각장애 아동이 따르는 순서와 건청 아동이 따르는 순서가 동일하다고 가정한다. 어떤 파닉스 프로그램에서는 단어의 전체에서 부분으로 진행하며 소리 수준을 가르치는 것을 목표로 한다. 인쇄물에서 아동이 인식하지 못하는 단어를 제시하고 난 후, 이를 인식할 때까지 단어를 부분으로 분리했다가 합성하는 수업이 진행된다. 한편, 음소 인식과 파닉스가 결합된 프로그램 중 몇몇에서는 청각장애 아동이 지각하고 구분하기 어려워하는 말소리(예: 단모음, 고빈도/저강도 자음) 자극이 처음부터 사용된다. 청각장애 아동에게 있어 '자연스러운 발달 순서'는 무엇일까? 이 점에 대해 전문 문헌에서 명확하게 밝히지는 않는다. 물론 모르는 어휘의 단어일 경우 가장 큰 단위에서 가장 작은 단위로 이동하는 것이 맞다. 하지만 청각장애 아동이 듣기 어려운 소리가 들어 있는 단어인 경우에는 큰 단위에서 작은 단위로 이동하는 것이 문제가 될 수 있다. 단어 인식의 수준에 따라 그 과정은 달라져야 한다.

- '단어'가 무엇인지를 이해하도록 가르치는 교수와 연습 제공
- 아동이 구어로 사용하는 어휘 증가
- 소리 확인 수준의 듣기 기술 확립
- 서로 다른 단어(me와 she)의 소리 듣기
- 단어의 부분에서 전체까지 소리를 결합하기(단어의 소리들 관계를 알기 위함)
- 단어와 소리의 관계를 이해한 경우, 단어 전체에서 부분으로 분절하기
- 아동이 인출할 수 있는 심상 어휘집을 가지게 된다면 초성(onset)과 운율

(rhyme)의 관계 연습하기

〈표 5-2〉 인쇄물 개념, 알파벳 인식, 음운 인식, 파닉스와 관련된 기본적인 기술

인쇄물 개념

　텍스트의 특성 및 구성과 관련된 개념 이해

　　−단어와 단어 경계를 인식하는 능력

　　−올바른 방향으로 텍스트를 보는 능력(왼쪽에서 오른쪽으로, 위에서 아래로)

　　−이야기 문법 지식(시작, 중간, 끝)

알파벳 재인 기술

　낱자에 대한 의식적인 인식

　　−낱자와 소리 대응을 인식하는 능력

　　−여러 맥락과 형식에서 낱자를 매칭하고 시각적으로 인식하는 능력

　　−비슷하게 생긴 낱자를 구분하는 능력

　　−복잡한 표기 요소 인식(예: 'ough' 'ck')

음운 인식 기술

　단어, 음절, 소리에 집중하고 다루는 능력

　　−문장을 단어로 분절하는 능력

　　−운율을 인식하고 산출하는 능력

　　−단어를 부분 결합, 분절, 탈락시키는 능력

　　−장기기억에서 음운 정보를 인출하는 능력

음소 인식 기술

　구어체의 음절과 단어에서 음소에 집중하고 다루는 능력

　　−초성, 중성, 종성 위치의 음소를 분리, 매칭하는 능력

　　−구어 단어에서 음소를 분절, 분리, 결합하는 능력

　　−탈락, 대치, 이동을 통해 음소를 조작하는 능력

파닉스 기술

　음소가 알파벳 체계와 관련이 있다는 의식적인 인식

　　−인쇄된 글자와 말소리를 연결시키는 능력

　　−인쇄된 글자를 보고 말소리를 산출하는 능력

　　−인쇄된 글자를 분절, 분리, 결합하는 능력

　　−구어 형태로 제시될 때 낱자, 단어, 음절을 쓰는 능력

　　−1음절, 2음절, 3음절로 된 일견단어(sight word)를 기억하는 능력

출처: Carnine, Kameenui, Silbert, & Tarver (2003); www.ed.gov/teachers/how/read/edpicks.jhtml

네 번째 가정은 전통적인 청능훈련 과정에 기초한 청각 교수법이 아동이 음운 및 음소 인식 기술을 사용을 준비하는 데 충분하다는 점이다. 듣기 기술을 발전시키기 위한 집중적인 활동(work)을 통해 청각장애 아동이 음운 및 음소적 지각을 위한 중요한 선행 기술을 얻기는 하지만, 그 이후에 실시되는 청능훈련 과정으로는 충분하지 않다. 음운 및 음소 지각이란 단어 내에서 소리를 인식하고 소리를 조작하는 상위 인지적 기술(사고에 대한 사고)이다. 음운 및 음소 인식에 관한 활동은 청능 수업 및 학습 활동에 포함될 수 있고 또한 포함되어야 한다. 그러나 대부분의 청능 발달 교육 과정은 음운 및 음소 지각과 관련한 모든 활동을 포함하지는 않는다. 수업에서 두 활동을 통합하기 위해 청능 발달과 음소 인식 교육과정을 모두 살펴보아야 한다.

읽기 유창성

읽기 유창성은 아동이 읽을 때 **빠르고 정확하게** 읽는 것이다. 이는 아동이 이미 알고 있는 어휘와 문법을 읽는다는 가정을 기초로 한다. 아동의 유창성 증진을 위해서는 아동의 읽기 수준에 맞는 읽기 자료를 선택하고 반복해서 읽게 해야 한다. 또한 교사는 유창하게 읽는 모델을 제공하고, 학생이 소리 내어 읽을 때 유창함에 대해 격려해 주어야 한다.

읽기 유창성의 기본 가정

반복 읽기가 유창성을 향상시킨다는 가정은 청각장애 아동이 스스로 읽은 것을 이해하는 경우에는 맞는 가정이다. 읽기 유창성은 의미의 이해 없이는 연습될 수 없다. Dauntay의 경우, Dauntay가 먼저 구문을 읽었을 때 구 동사 'turned on'을 이해하지 못했다. 이로 인해 Dauntay는 그 단락을 정확한 억양으로 읽지 못했다. 하나의 구 동사를 한 번에 읽지 않고 'turned'와 'on' 사이를 끊어 읽었다. 왜냐하면 유창성에는 말투와 억양이 포함되기 때문이다.

독해는 한 언어의 어휘와 문법 지식에 영향을 받는다. 그러나 이는 청각장애 학생에게는 해당되지 않는 두 번째 가정이다. 유창성과 자동성(automaticity)을 발전시키기 위한 활동을 실시할 경우, 아동이 이미 이해한 어휘나 문법만 있는 자료를 활용하여 연습시켜야 한다. 만약 아동이 알지 못하는 단어가 단락에 1~2개 이상 있다면 이 단락은 유창성을 연습할 때 사용할 수 없다.

세 번째 가정은 아동은 단어군(a set of words) 해독 시 단어들을 구로 만들 수 있다는 것이다. 이는 자동적으로 일어나지 않고, 청각장애 아동들은 단순히 단어를 읽는 경향이 있으므로 읽기를 배울 때 자동성을 모든 수준에서 연습시켜야 한다. 소리 상징(sound-symbol) 단계에서 시작하여 어절, 단어, 구를 연습시키자. 구와 같은 더 작은 단위를 다시 읽고 빨리 읽는 연습은 문장 및 문단과 같은 더 큰 단위에서 유창하게 읽는 데 도움이 된다.

읽기 유창성이 중요한 이유는 단어를 자동적으로 해독한 독자들의 경우 그들이 읽은 것을 이해하기 위해 남은 인지적인 에너지를 충분히 사용할 수 있기 때문이다. 유창하게 읽는 사람들은 단어를 빨리 해독하기 위해 소리-상징 기술을 사용하고, 그들의 기억에 단어의 의미를 머무르게 한다. 음소를 다루기 위해 음운적 기술을 사용하고, 낱말을 잘못 읽었을 때 소리를 바꿀 수 있다. 예를 들면, 독자가 문장(The general carried the bottle down the hill.')에 있는 'bottle'을 'battle'로 잘못 읽은 후 다음 문장 "He dropped it, and shards of glass flew across the grass.'을 읽는다면, 유창한 독자는 잘못 읽었다는 것을 알아차릴 것이다. 이 경우 독자는 잘못 읽은 단어를 찾아 다른 모음으로 바꾸어 다시 읽을 것이다.

어휘 이해

단어 해독 학습의 초기 단계에서, 어린 건청 아동은 알고 있는 대부분의 단어를 해독한다. 이들은 개념에 대한 사전 지식과 세상 지식을 표현할 수 있는 언어 능력을 가지고 있다.

어휘 이해의 기본 가정

청각장애 아동의 새로운 어휘 학습 지도에 대한 첫 번째 가정은 새로운 단어를 이미 습득한 개념과 연결시키는 방식으로 어휘를 가르칠 수 있다는 것이다. 그러나 청각장애 아동이 새로운 단어와 연결시키려는 이미 알고 있는 개념을 이해하고 있다고 가정할 수는 없다. 청각장애 아동의 어휘는 양적(알고 있는 어휘폭 또는 어휘 수) 및 질적(단어를 이해하는 깊이)으로 부족하다. 새로운 단어를 가르치기 위해 사용되는 단어가 부족하고 이로 인해 어휘력 부족이 더욱 심각해진다. 예를 들어, 청각장애 아동이 칼, 포크, 숟가락, 트럭, 치과 의사를 보았다고 하자. 그러나 이 청각장애 아동은 그 단어의 소리를 듣거나, 엿듣거나, '청각적 삼투(auditory osmosis) 학습, 즉 우발 학습을 통해 배울 기회가 없을 수도 있다. 누군가가 이 정보를 공유하려 할지라도 청각장애 아동은 완전한 메시지를 듣지 못할 수 있다. 그리고 특히 아주 어릴 때부터 청각 보조장치를 지속적으로 착용하지 않았다면 더욱 그럴 수 있다. 또한 청각적인 것보다 시각적으로 사물과 상호작용하려는 경향이 있을 수 있다. 청각장애 아동은 포크를 사용할 수 있을 것이다. 하지만 여기 샐러드 포크가 있다거나, 바닥에 떨어진 포크를 사용하면 안 되는 이유나, 농부가 갈퀴를 사용한다는 것 등을 누군가 말을 해 주어도 듣지 못할 수 있다. 결국 아동은 일반적인 초기 교육 경험을 쌓거나 지원하는 데 필요한 어휘력이 부족하게 된다.

[그림 5-3] 책 속의 그림과 사물을 연결하기

출처: Photographed by John Zimmermann.

　어휘 학습과 관련해 직면한 또 다른 문제는 단어와 그 의미가 일대일로 대응되지 않는다는 점이다. 단어가 가지는 의미는 하나 이상일 수 있다. 단어 'run'을 예로 들어 보자. 명사 'run'은 올이 풀린 곳이라는 의미 또는 'the movie had a long run'에서 장기 공연이라는 의미를 갖는다. 동사 'run'은 뛰는 행동을 하거나, 알레르기가 있을 때처럼 콧물이 흐르거나, 입후보에 출마하는 것 등의 의미를 갖는다. 또한 전치사와 결합하여 여러 가지 의미를 갖는다. 'a run in'은 언쟁을 뜻하고, 'a runoff'는 결선 투표를 뜻하고, 'the run off'는 호수나 강기슭에 뿌리는 살충제를 뜻한다. 'run'은 '그저 그런(run of the mill)' '편하게 말해(run off your mouth)'처럼 추상적인 의미도 지닌다. 단어가 갖는 다양한 의미, 관용 표현, 비유 표현, 언어의 뉘앙스 등으로 인해 읽는 것이 어렵다. 만약 단어와 의미가 일대일로 대응된다면, 언어와 읽기를 배우는 것은 쉬워질 것이다. 단어와 단어 의미 목록을 만들어 기억하게 하는 방식으로 어린 아동에게 여러 의미, 관용구, 뉘앙스 등을 직접 가르칠 수 있는 방법은 없다. 그렇기 때문에 이러한 문제를 해결하기 위해 매일매일 사람과의 상호작용을 다시 주목해야 한다. 언제 어디서나 모든 주제에 대한 대화는 항상 언어 학습 과정의 기초가 되고, 결국에는 언어 읽기 과정의 기초가 된다.

텍스트 이해

　텍스트를 이해하기 위해서는 다음의 네 가지가 필요하다. ① 신속히 해독하고 알고 있는 단어에 의미를 부여하는 능력, ② 해독한 단어의 전체적인 의미를 알아내기 위한 구문적·형태론적 능력, ③ 새로운 단어를 처리하는 동안 작업기억에서 의미를 유지하는 능력, ④ 친숙하지 않은 단어와 단락을 이해하기 위해 텍스트 처리 전략을 적용하는 능력이다. 초기 읽기 자료 중 일부는 독자의 발달 수준에 맞춰 어휘 및 구문 수준이 잘 조절되어 나온다. 하지만 문법 발달 지연이 심한 아동이 이용할 만한 연령에 적합한 책은 거의 없다.

텍스트 이해의 기본 가정
　정상 발달을 하는 독자에게 적용되는 가정은 이들이 충분히 발달된 문법 체계(형태론 및 구문론)를 갖추고 있다는 것이다. 기초 문법은 문맥에서 단어의 의미를 추정할 수 있는 틀이 된다(예: 음…… 나는 단어 'parse'를 해독하기 위해 파닉스 기술을 사용하였다. 하지만 그 의미가 무엇인지는 확실하게 모른다. 나머지 문장을 살펴보고 나서 그 단어가 'cut'을 의미할 것이라 생각했다. 그렇게 해 보니……). 반면, 청각장애 아동이 모르는 단어의 의미를 세밀하게 조정하는 데 필요한 기초 문법 능력을 갖추고 있다고 가정할 수는 없다. 만약 초기 중재를 받지 못했다면, 문법 능력이 전혀 없거나 또는 발달 중인 채로 읽기 과정으로 들어설 것이다. 때문에 청각장애 아동을 위한 읽기 교수는 아동의 부족한 기초 문법 능력을 향상시키기 위해 조심스럽게 계획되어야 하고, 기본적인 것부터 순차적으로 진행하고, 집중적으로 제공되어야 한다. 이러한 중재는 아동의 청력손실이 확인된 후 가능한 한 빨리 시작되어야 한다. 청력손실이 확인된 시기가 출생 직후, 3세 또는 12세일지라도 말이다.

읽기를 배우는 학생에 대한 또 다른 가정은 읽기 전략 교수가 읽은 내용을 이해하는 데 도움이 될 수 있다는 것이다. 읽은 내용을 이해하는 데 도움이 되는 읽기 전략으로는 이야기 구조 이해하기, 예측하기, 메인 아이디어 결정하기, 질문 생성하기 등을 들 수 있다. 읽기 전략은 읽기처리 과정에 대한 상위인지 인식 능력을 기반으로 하는 고차원적인 사고 기술이다(Schirmer, 2003). 사고 능력은 언어 능력과 연관된다(제6장 참조). 문법 및 문법과 관련된 사고 기술 향상에 초점을 둔 직접 교수를 받지 못한 아동은 상위언어 능력('언어에 대한 사고')을 갖추지 못할 수 있다. 읽기 전략을 이해하고 적용하기 위해 읽은 구 또는 문장을 평가하기 위해서는 상위언어 능력이 필요하다. 읽기를 잘하는 독자(good readers)는 글을 읽는 동안 새롭게 얻은 정보를 기반으로 이미 알고 있는 내용(또는 추측한 내용)을 수정한다. 반면, 읽기에 어려움이 있는 독자(struggling readers)는 학습한 전략을 적용하는 데 급급하여 새로운 추론을 기반으로 자신이 인식한 것들을 수정하지 못한다.

읽기는 상호적 과정이다. 효율적으로 읽기를 하는 독자는 텍스트를 보는 동시에 또한 생각한다(Scharer, Pinnell, Lyons, & Fountas, 2005).

그러기 위해서는 해석으로 적당한 심상 목록을 스캔하고 적합한 의미를 찾아내는 동안 인쇄된 메시지에 표현된 생각을 저장할 수 있는 큰 기억 용량이 필요하다([그림 5-4] 참조).

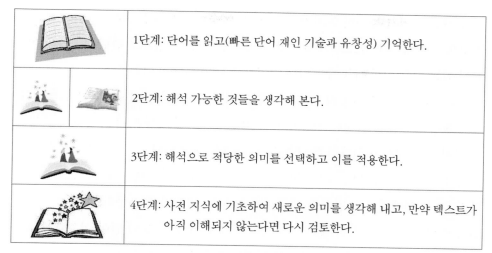

	1단계: 단어를 읽고(빠른 단어 재인 기술과 유창성) 기억한다.
	2단계: 해석 가능한 것들을 생각해 본다.
	3단계: 해석으로 적당한 의미를 선택하고 이를 적용한다.
	4단계: 사전 지식에 기초하여 새로운 의미를 생각해 내고, 만약 텍스트가 아직 이해되지 않는다면 다시 검토한다.

[그림 5-4] 해석처리 과정

어떤 독자에게 이러한 방법은 시간적·정신적 자원이 많이 드는 과정이 된다. 일반적으로는 의미가 추출될 때까지 이러한 반복적인 과정에 필요한 기술(사전 지식, 어휘, 문법, 기억, 상위인지 및 상위언어 기술 등)을 아동이 갖고 있다고 가정한다. 그러나 이러한 가정은 읽기가 발달하는 과정에 있는 청각장애 아동에게는 적용하기가 더 어려울 수 있다. 읽기 발달 과정에 있는 독자를 가르치는 교사는 읽기 교수가 끝날 무렵 아동이 읽은 것을 이해하는 것이 가능해야 한다는 점을 명심해야 한다. 학생에게 가르치는 특정 전략은 반드시 학생의 언어 능력 내에서 설정되어야 한다. 또한 가르치려는 전략(예: 예측하기)은 읽기 과제에서 적용되기 전에 구어로 연습되어야 한다. 그런 다음 학생이 읽은 것을 이해하는 데 도움이 되는 효과적인 전략을 사용하도록 수업을 구조화해야 한다.

부가적인 가정

청각장애 아동이 읽기를 배울 때 직면하는 어려움을 이해하기 위해서는 일반적인 언어 및 문해 학습 과정에 대한 몇 가지 부가적인 가정을 고려해야 한다. 다음에 제시된 이슈들은 문해보다는 농(deafness)과 좀 더 관련된 것이다.

첫 번째 가정은 읽기에 어려움을 겪는 독자에 관한 것이다. 읽는 데 어려움이 있는 독자는 읽기가 능숙한 독자가 갖는 읽기 기술 수준까지 도달해야 하며, 이는 집중적으로 이야기해 줌으로써 달성할 수 있다는 것을 가정으로 한다. 읽는 데 어려움이 있는 일반 건청 아동에게 있어 주안점은 다른 아동이 아는 것을 따라잡는 것이다. 그러나 청각장애 아동의 경우 주안점은 따라잡기보다는 이해하기이다. 들을 수 있는 청각적 신호는 완전한 메시지가 아니다. 청각장애 아동은 다른 사람이 말해 주고 읽어 주는 것을 이해하기 위해 더 많은 노력을 해야 한다.

청각장애 아동에게 더 많이 이야기를 들려줄 필요가 있지만, 그것만으로는 충분하지 않다. 체계적으로 언어를 제공해야만 한다. 청각장애 아동의 언어 발달을 촉진하기 위해 단지 더 많이 말하는 것만이 다가 아니다. 아동의 언어 이해와 사용을 분석하고 발달에 필요한 언어 구조와 어휘로 소통할 기회를 주어야 한다.

또한 청각장애 아동에게 매우 체계적이고 분석적인 방법으로 개별음 수준인 집중적인 구어 자극을 주어야 한다. 이는 건청 아동이 말소리를 어떻게 처리하는지에 대해 배우는 것과는 다른 문제이다. 건청 아동은 단어를 전체적으로 배우고 난 후 읽기를 위해 단어를 분석한다. 청각장애 아동이 집중적인 청각 자극을 받을 때, 읽기처리 과정을 시작하기 전에도 단어 안에 개별음을 배울 수도 있다. 그리고 언어를 배우는 목적에 그 개별음을 함께 적용할 수 있다. 구어에 정확하고 질서 있게 노출된 아동에게 있어 개별음은 고도로 조직화된 것이다. 의미 있는 청각 자극을 받은 청각장애 아동은 해독 과제에서 뛰어난 기술을 갖는다. 잘 발달된 청각 기술은 읽기를 어려워하는 건청 아동과는 다르게 새로운 단어를 인식하는 능력을 갖는 데 도움이 된다. 읽기를 어려워하는 건청 독자는 단어를 전체로서 들을 수는 있지만 단어를 지각하는 데 어려움이 있다. 청각장애 아동은 단어 내 소리들은 이해하지만 불완전한 메시지로 이해할 수도 있다. 말소리에 체계적으로 노출되었다면 아동은 전체적이기보다 분석적으로 생각할 수도 있다. 한편, 많은 청각장애 아동은 이러한 집중적인 청각 중재를 받지 못한다. 만약 말소리에 노출시키지 못한다면, 이러한 학생에게는 새로운 단어를 듣기 위해 비효과적이고 비효율적인 체계가 사용될 것이다. 교사는 이러한 학생들에게 시각적 수단으로 읽기를 가르치는 것이 더 적절한지를 결정해야 한다.

또 다른 가정은 읽기가 훈련(habilitation)이냐 재활적 접근[rehabilitation

approaches, 치료적 접근(remedial approaches)]이냐에 관한 것이다. 읽기 능력이 부족한 독자는 자신의 언어 안에 있는 단어를 분석하기 위해 청각적 정보 이외에 더 많은 정보가 필요하다는 것이 일반적인 가정이다. 여기서 중요한 논의점은 훈련과 치료 접근의 차이점이다. 훈련은 대부분의 일반교사에게 익숙하지 않은 개념이다. 그러나 청각장애 특수교사에게는 필수적이다. 읽기에 어려움이 있는 건청 학생을 가르치듯이 청각장애 학생을 똑같이 가르치지 않는다. 청각장애 학생이 언어, 개념 또는 청각적 기술을 가지고 있지 않을 때에는 무엇이 부족하고 보충해야 할 것이 무엇인지에 명확하게 초점을 두어야 한다. 이것이 바로 훈련이다. 반면, 다감각적 치료 프로그램에서는 건청 아동이 이미 알고 있는 언어에 접근하는 데 도움이 되는 많은 단서를 제공한다. 그러나 청각장애 아동의 경우에는 더 많은 단서를 주는 것이 이해해야 하는 정보의 양을 늘려 오히려 부담을 증가시킬 수 있다. 예를 들어, 어떤 치료 프로그램에서 개별음, 핵심 단어, 또는 언어 기억법에 표식을 한다고 하자. 그러나 그 표식을 이해하기 위한 어휘나 배경지식이 없다면 이러한 접근법은 청각장애 아동에게 역효과일 수 있다. 기억법에 의존한 프로그램은 추가적으로 인지적 에너지를 소비하게 하는 구어 중재를 너무도 많이 필요로 한다. 특히 청각장애 아동이 특정 읽기장애까지 있을 경우에는 다감각 프로그램의 일부가 유용하지만, 그중 어떤 부분을 사용하는지 또는 사용하지 않는지를 확인하기 위해 각 아동을 평가할 필요가 있다.

　　교사가 변경해야 하는 또 다른 부가적인 가정은 단어 읽기를 발달시키기 위해 출판된 기존의 단어집(words list)을 적절하게 사용하는 것이다. 학급에 속한 청각장애 학생을 가르치는 교사는 구어로 표현된 아동의 어휘 목록에서 초기 읽기 단어 리스트 100개를 선정해야 한다. 그래서 청각장애 아동이 대부분 쉽게 이해할 수 있는 단어들을 읽을 수 있도록 가르쳐야 한다. 맥아더-베이츠 의사소통 발달 목록(MacArthur-Bates Communicative Development Inventories; CDI Advisory Committee, 2003)에는 정상 발달하는 건청 아동의 구어 어휘 리스트들이 수록되어 있다. Dolch 리스트(Dolch, 1948)처럼 시판되는 단어집에는 상용어가 수록되어 있다. 또한 Dolch에는 개념을 연결 짓는 데 매우 중요한 단어들(예: of, and, will)도 수록되어 있다. 이러한 유형의 단어들은 청각장애 아동에게 유용한 것은 아니다. 또한 청각장애 아동은 구어로 이러한 단어를 아직 사용하지 않을 수 있다. 이러한 단어를 해독하는 것은 구체적인 의미를 전달하는 단어로 이루어진 구 또는 문장 맥락에서 가장 잘 학습된다. '말-언어-읽기 조기 중재(Children's Early Intervention for Speech-Language-Reading)' 프로그램와 같은 파닉스 프로그램과 더불어 구어 목록에 있는 단어 읽기를 가르치는 것이 청각장애 아동의 일견단어(sight words) 읽기와 파닉스 기술(phonics skills)을 향상시키는 데 도움이 된다.

언어 발달을 위해 읽기 활용하기: 역설

이 장 앞부분에서는 아동은 자신이 읽은 것을 반드시 이해할 수 있어야 한다는 점이 강조되었다. 그리고 초기 독자에게 제시되는 텍스트는 아동의 어휘와 언어 수준에 적합해야 한다. 그러나 읽기 과정을 이해하고 읽기 과제가 갖는 기능을 이해한다면 그 반대도 가능하다. 청각장애 아동을 담당하는 교사는 종종 청각장애 아동의 언어 중에서 세밀한 부분을 가르치기 위한 도구로서 읽기를 사용한다. 청각장애 아동이 모르는 단어를 가르치기 위해 단어 글자 카드를 사용할 수도 있다. 단어 글자 카드를 사용하여 단어의 의미를 가르치면서 발음을 가르칠 수 있다. 어휘와 문장 구조를 통제할 수 있다면 학령기 청각장애 아동이 읽기 과정을 시작하는 데 필요한 연령에 적합한 어휘와 문법을 숙달할 때까지 기다릴 필요는 없다. 학생이 읽기 과제를 이해할 때 읽기는 언어 학습을 위한 도구가 된다. 예를 들어, 단어 끝에 붙은 접미사 -ing는 듣기 어렵고 입술을 보고 독화하기에도 어렵다. 때문에 대다수의 청각장애 아동은 글자로 제시되었을 때 이를 처음 접하게 된다. 청각장애 아동이 접미사 -ing를 읽고 학습하는 것은 매우 흔한 일이다. 언어를 발달시키기 위해 읽기가 사용될 수 있다.

또한 읽기는 청각장애 아동의 어휘를 발달시키는 중요한 도구이다. 건청 학생은 3학년까지 다른 사람이 말하는 어휘를 듣는 방식으로 대다수의 어휘를 자연스럽게 익히고 활자로 새로운 어휘를 배운다. 이 시기 이전에는 건청 학생이 읽는 어휘는 이미 알고 있는 것이다. 그러나 3학년 무렵 건청 아동은 인쇄된 단어를 보며 새로운 어휘를 읽고 배우게 된다. 청각장애 학생 또한 읽기를 통해 어휘와 언어를 배운다. 청각장애 학생을 가르치는 교사는 학생이 듣지 못한 것에 접근하도록 해 주는 매우 유용한 도구로 읽기를 사용한다. 읽기는 청각장애 아동이 전보식 단계를 지나 이후 언어 발달 단계로 나아가는 데 도움이 되는 매우 중요한 시각적 도구가 된다.

마지막은 읽기 과정에 늦게 들어서는 청각장애 아동에 관한 것이다. 이러한 청각장애 아동에게는 읽기 기술의 기반이 되는 언어 능력을 발달시키기 위한 집중적인 언어 기반 중재가 필요하다. 아동은 개인마다 개별 필터를 통해 정보를 습득하며, 이러한 개별 필터는 뇌를 개별적으로 구조화하는 기능을 한다. 연령이 높은 청각장애(또한 수어 또는 가정 수어처럼 시각적 체계를 통해 의사소통하는) 학생은 듣기와 구어에 대해 아직 구조화되지 않은 뇌를 통해 정보를 거른다. 이들의 뇌는 시각적으로 조직하는 방식으로 생각하고, 새로운 시각적 패턴을 기존의 시각적 패턴에 대응시킨다. 그러므로 이들은 듣기를 통해 언어가 구조화된 사람과는 다른 언어 구조를 가지고 있다. 청각장애 학생을 가르치는 데 가장 효과적인 접근법이 무엇인지 결정할 때, 이들이 청각적 학습자인지 또는 시각적 학습자인지를 고려해야 한다. 구어에 노출된 경험이 전혀 없는 6세 청각장애 아동은 강점인 시각적 프레임과 필터에 더 많이 의존할 것이다. 반면, 선천성 청각장애로 태어났지만 이제 막 인공와우 이식 수술을 받아 들을 수 있게 된 4세 청각장애 아동은 매우 구조화된 청각적 입력 자극으로부터 이득을 얻게 될 것이다. 이 아동에게는 시각적 체계를 통해 이미 가지고 있는 것을 활용하고 청각적 체계와 시각적 체계를 연결하도록 해 주어야 한다.

평가

이 절의 목표는 방대한 읽기 평가도구 목록을 제시하는 것이 아니다. 청각장애 아동에게 사용하기 적절한 문해 평가를 위한 두 가지 핵심, 즉 ① 적절한 언어 평가와 문해 평가를 함께 실시하기, ② 상대적 평가보다 개인의 진전에 초점 맞추기를 강조하는 것이 목표이다.

청각장애 아동이 가진 기본 언어 체계로는 아주 많은 요소를 놓칠 수 있기 때문에, 구어 레퍼토리와 읽기 레퍼토리 양쪽에서 아동이 가지고 있는 기술이 무엇인지 아는 것이 매우 중요하다. 예를 들어, Maggie의 어휘 평가 결과를 살펴보자(〈표 5-3〉에 제시된 평가 결과 참조). 어휘 평가 점수는 현재 Maggie의 표현 어휘 수준이 교실에서 사용되는 어휘 수준보다 낮다는 것을 보여 준다. 부모, 교사, 언어재활사가 협력하여 Maggie의 기초 어휘 및 언어 기술을 향상시킬 수 있도록 과정을 계획해야 하고, Maggie의 듣기 및 언어 능력 안에서 읽기가 가능하도록 읽기 교수를 수정해야 한다.

〈표 5-3〉에 제시된 검사 결과 이외에도 Maggie가 인쇄된 자료와 어떻게 상호작용하는지에 대해 알아야 한다. Maggie는 어떤 유형의 인쇄물에 시선이 끌렸는가? 그림과 다른 문맥 단서를 보는 게 도움이 될까? 모르는 단어를 읽기 위해 체계적으로 접근하는 방법을 알고 있는가? 시행착오를 겪으며 노력하는가, 아니면 아무렇게 하는가? 단어를 모를 때 적절하게 도움을 요청하는가, 아니면 쉽게 포기하는가? 몇 가지 적절한 체크리스트를 사용하여 아동의 읽기 동기 및 빠진 곳을 알아내려는 동기에 관한 정보를 얻을 수 있다(Metsala, McCann, & Dacey, 1997). 또한 이야기 다시 말하기 평가를 통해 아동이 구문을 읽고 얼마나 많은 정보를 기억하는지에 대한 중요한 추정치를 구할 수 있다(Strong, 1998).

아동의 연령과 상관없이, 읽기 평가와 함께 전반적인 언어 평가를 실시하자. 먼저, 아동의 현재 어휘 및 문법 수준을 파악하고, 새로운 문해 기술 중에서 어떤 것을 선택하고 어떤 방식으로 제시할지 결정하자.

〈표 5-3〉 Maggie의 검사 결과 요약

항목	결과
교육적 배치 존의 기초 읽기 목록 (Johns Basic Reading Inventory)	유치원 독립적 읽기 수준: 채점 불가능 교수적 읽기 수준: 초보 입문 전 단계
맥아더–베이츠 의사소통 발달 목록: 단어, 문장	연령 점수: 24개월

특수교사에게 주는 교육적 함의

　청각장애 아동 대부분은 읽기를 학습하는 데 도움이 필요할 것이다. 청각적 기초는 청각장애 아동이 구어를 배우기 위해 필요하며, 이러한 청각적 기초 발달을 위해서는 체계적이고 분석적인 듣기 방식으로 접근하는 것이 매우 중요하다. 아동은 발달 순서에 따라 듣기 및 언어 기술을 습득한다. 이 순서는 청각장애 아동에게도 마찬가지로 강조된다. 아동의 연령과는 상관없이, 이러한 체계적인 발달은 초보자 수준에서 시작되어야 한다. 만약 4세 아동이 2세 수준의 듣기 기술을 아직 숙달하지 못했다면, 중재는 2세 수준에서부터 시작해야 하고, 정상 발달 순서를 따라가도록 집중적인 자극을 주어야 한다. 순서는 전형적이지만 접근 방식은 그렇지 않다. 대다수 청각장애 아동이 수업을 들을 때 감소된 소리 신호를 듣는다. 이때 특수교사가 해야 할 일은 ① 아동의 지각의 범위를 증가시키고 조정하는 데 도움이 되는 방법을 찾고, ② 청각장애 아동이 듣기 전략과 말하기 전략을 배우는 동안 발생하는 차이를 메워 주고, ③ 일반교사가 아동에게 필요한 교수적 수정을 하도록 도와주는 것이다.

　서비스를 지원해 주는 교사는 아동이 이전에 받았던 교수의 유형에 대해 체계적으로 생각해 볼 필요가 있다. 만약 아동이 이전에 말소리 듣기를 목표로 세심하게 계획된 교수를 받지 못했다면 이것부터 시작하자. 만약 아동이 듣기훈련은 많이 받았지만 아직 인쇄물과 연결하지 못한다면, '말-언어-읽기 조기 중재' 프로그램과 같은 교육과정을 사용하자. 자음 대신 장모음(그리고 이중모음)으로 파닉스 지도를 시작하는 것이 옳은 선택일 경우도 종종 있다. 왜냐하면 이러한 음소들은 더 잘 들을 수 있기 때문이다. 교사는 파닉스 교수에 소개할 자음을 선택할 때, 잘 들리고 다른 자음과 청각적으로 구분되는 자음(m vs. sh)을 먼저 선택하여 가르칠 수 있다. 제6장에 제시된 말소리 가청도 내용을 참조하자.

　아동이 받는 교육 프로그램에 관여하는 모든 전문가는 아동이 늘어나는 어휘를 숙달하고 있는지를 파악해야 한다. 그러기 위해서 누군가는 아동이 어떤 어휘를 숙달하고 있는지 명확하게 이해하려는 노력을 해야 한다. 즉, 아동의 숙달 어휘에 대한 광범위한 자료를 기록하여 가지고 있어야 한다. 어휘 확장(다의어, 관용어, 비유어,

추상적인 함축)은 전 학년에 걸쳐 지속되어야 한다. 왜냐하면 단어에 대한 지식 수준은 다양하기 때문이다. 청각장애 아동은 단어의 특정 의미는 알지만 그 단어의 뉘앙스를 모를 수도 있다.

새로운 단어를 가르칠 때에는 단어 뒤에 숨겨진 개념부터 가르치고 그다음 연령에 적합한 다양한 의미를 가르쳐야 한다. 아동이 놓친 어휘, 문법, 기초 개념이 무엇인지 확인하고, 이러한 개념과 기술을 발달시키도록 계획하고 체계화하며, 아동 교육에 관여하는 모든 사람(교사, 치료사, 가족)의 노력을 조정해야 한다. 이러한 기본이 견고해야 청각장애 아동이 읽기를 학습할 때 도움이 될 것이다.

일반교사에게 주는 교육적 함의

일반교사는 특수교사, 언어재활사와 긴밀하게 협력해야 한다. 또한 아동의 현재 어휘 및 언어 수준에 대해 이해하고 있어야 한다. 학급에서 하는 해독 활동, 읽기 자료, 워크 페이지 등을 선별하여 학생에게 해독할 단어가 의미 있도록 하자. 일반교사는 보상 전략을 이해하기 위해서 반드시 특수교사, 언어재활사와 긴밀하게 협력해야 한다. 보상 전략은 청각장애 아동과 의사소통할 때 사용할 수 있으며, 일반교사가 말한 것과 청각장애 아동이 들은 것 사이의 차이를 메우는 데 도움이 된다.

중재

이 장의 나머지 부분은 여러 발달 단계에 따른 중재 기법과 전략을 제시한다.

영 · 유아

다음은 부모가 가정에서 할 수 있는 언어 활동을 제시한 것이다. 이러한 언어 활동은 영유아의 의사소통 발달을 촉진하고 읽기 발달에 필수적인 듣기 및 언어 능력을 다지는 데 도움이 된다.

① 영·유아에게 쉬지 말고 이야기하자. 부모 자신이 지금 하고 있는 일에 대해 이야기한다. 이때 다양한 억양으로 감정적인 표현도 함께 곁들인 짧은 문장으로 말한다. 영·유아가 자라면 점차 문장의 길이를 늘린다. 이는 이후 읽기에 필요한 언어 기반을 다지는 데 도움이 된다.

② 영·유아와 이야기하는 수단으로 책을 사용하자. 모든 서점과 할인점에는 아동도서 코너가 있다. 좋은 그림과 명확한 동작이 나온 책이면 된다. 어린 아기들은 책을 치발기처럼 물겠지만 그것도 괜찮다. 물기도 하지만 그림도 볼 것이기 때문이다. 그림에 대해 이야기해 주자.

③ 영·유아의 주변 환경에 있는 단어를 가리키자. 편지함에 쓰여 있는 이름을 보여 주자. 가장 좋아하는 시리얼을 그릇에 부어 줄 때마다 시리얼의 이름도 보여 주자. 운동화를 집어들 때마다 운동화 상표도 보여 주자.

④ 아동이 읽는 척하기를 시작할 때 그림과 직접적으로 관련이 있는 여러 단어를 가리키자.

학령전기 아동

앞의 활동 외에도 학령전기 아동을 위한 활동으로 다음을 제안한다. 이러한 활동을 제안하는 이유는 중재자가 아동의 구어를 확장시켜 주는 데 도움을 주기 위해서이다. 그러나 이는 전반적인 교육과정을 의미하는 것은 아니다. 만약 학령전기 청각장애 아동을 위한 교육과정 안내서를 찾는다면 이 책의 부록 부분을 참조하자. 다음에 제시된 내용은 새로운 것은 아니다. 이 분야를 연구한 연구자들과 마찬가지로 다년간의 경험을 토대로 한 것이다(예: Fountas & Pinnell, 1996; MaAnally, Rose, & Quigley, 1999; Schirmer, 2000; Schleper, 1997; clerccenter.gallaudet.edu/Literacy/index.html).

청각장애 아동에게 읽고, 읽고, 또 읽어 주자. 이는 개념, 어휘, 문법에 청각장애 아동을 노출시킬 수 있는 가장 좋은 방법이다. 매일매일 읽는 시간이 많은 아동이 표준화 검사에서 더 높은 점수를 받는다는 것이 Anderson 등(1998)의 연구에서 입

증되었다. 텍스트 노출의 가치를 과소평가해서는 안 된다.

① 이야기책을 매일 읽어 주자. 개념에 대해 논의하자. 소품을 사용하여 그것을 시연해 보자.

② 읽고 있는 단어를 가리키자.

③ 아동이 알고 있고 관심을 가질 수 있는 것뿐만 아니라 아동의 경험을 넓힐 수 있는 것도 읽어 주자.

④ 아동이 읽고 있는 것을 시각화하도록 도와주자. 심상 이미지를 만들도록 도와주자.

⑤ 이야기 글이나 정보적 글에만 제한을 두지 말고 다양한 소재의 글을 읽어 주자. 신문, 시리얼 박스, 과자 통, 자막, 간판, 메뉴판, 문자메시지, 개인 자료, 가게 통로에 비치된 물건 리스트, 이메일, 채팅 메시지, 약통, 광고성 메일, 잡지, 요리책, 설명서, 글자 없는 책, 게임 등 사람이 읽을 수 있는 모든 것을 고려하자.

⑥ 정보/지시, 즐거움, 생존/일상 생활, 테크놀로지/커뮤니케이션 등의 다양한 목적의 글을 읽어 주자. 아동에게 실제 세상을 모델링하는 데 시간을 쓰자.

⑦ 읽은 내용과 개인적 경험을 연결 지어 아동에게 전달하자. 생각하고 느낀 것에 대해 이야기하자. 아이디어를 얼마나 길게 확장하는지는 중요하지 않다. 이야기한 것을 아동의 개인적 생활과 연결시켜 주자.

⑧ 부모와 형제자매를 읽기 파트너로 하자. 아동에게 어떻게 읽어 줘야 하는지를 부모에게 보여 주자. 부모를 초대하여 수업에서 읽어 주도록 하자.

⑨ 가르치는 것뿐만 아니라 개념과 관련된 어휘를 갖도록 확장시켜 주자. 예를 들어, '사과(apple)'에 대해 다룬다면 '껍질(peel)' '씨(seed)' '속(core)'도 아동에게 보여 주자.

⑩ 상위 범주어를 가르치자. 아동이 '사과(apple)' '바나나(banana)' '오렌지(orange)'는 알지만 '과일(fruit)'을 모를 수도 있다.

⑪ 함축된 것들을 명확하게 해 주자. 이를 위해 비계설정(unknown-known-unknown)을 사용하자. 모호한 문장을 말하고, 명확한 문장을 말한 다음 다시 모호한 문장을 말한다. "둘 이상이 부엌으로 같이 갔어(Two more went to the kitchen with her). 두 마리 이상의 토끼가 부엌으로 갔어(Two more bunnies went to the kitchen). 둘 이상이 부엌으로 같이 갔어(Two more went to the kitchen with her).'

⑫ 읽고 있는 내용을 실제 세상과 연결 짓도록 도움을 주자. 아동이 내용과 별로 관계없는 생각들에 대해 이야기할 때에도 아동이 주도하도록 따라 주자. 그리고 책 속의 이야기나 나온 단어로 다시 되돌아오도록 연결시켜 주자.

⑬ 동일한 책을 어린 아동에게 반복해서 읽어 주자. 아동은 같은 이야기를 반복해서 다시 듣고 싶어 한다. 다양하고 복잡한 내용을 읽어 줄 때, 아동은 자신이 알고 있는 것을 기반으로 모르는 것을 이해한다(known-unknown-known 순서).

⑭ 아동이 읽기 가능한 자료를 놓아두자. 그래서 아동이 스스로 다시 읽고, 다른 사람에게도 읽어 줄 수 있도록 하자.

⑮ 운율이 있거나 반복적인 패턴이 있는 책을 읽어 주자. 아동이 이 책에 익숙해진 후에는 운율이 있는 단어나 구를 말하기 전에 잠시 멈추고, 아동이 운율이나 반복 단어를 채울 수 있는지 알아보자. 운율을 활용한 책으로 『닥터 수스(Dr. Seuss)』가 알맞다.

⑯ 이야기를 표현하기 위해서 자세, 얼굴 표정, 목소리 톤 등을 변화시키자. 모든 감정을 표현하고 모든 등장인물의 성격을 뚜렷하게 묘사하자.

⑰ 인쇄물에 대한 개념을 아동에게 알려 주자. 책의 표지, 제목, 저자, 삽화가, 책의 처음과 끝, 책 읽기 방향(왼쪽에서 오른쪽으로, 위에서 아래쪽으로) 단어와는 다른 낱자, 단어의 시작과 끝을 구분해 주는 공백 부분, 구어 단어와 연결되는 인쇄된 단어, 대문자로 시작하기, 구두점 등.

⑱ 문해 행동의 시범을 보이자. 읽기가 사회적 대화의 결과가 되어야 한다. 소그룹에서 읽기를 통해 아동이 사회적 세계를 확장하도록 하자.

⑲ 글의 목적을 설명하자. 이는 매우 자연스럽고 간단할 수 있다. 다양한 소재의 글을 읽어 주고, 왜 이 글을 읽는지 설명해 주자. 예를 들어, "나는 캔 스프 라벨에 쓰인 설명을 읽고 있어. 라벨에는 이 스프를 어떻게 요리하는지 쓰여 있거든.'이라고 설명한다. 또는 "난 지금 교장선생님이 보내신 편지를 읽고 있어. 편지에 뭐라고 쓰여 있냐면 학교에서 사진 찍는 날이 다음 주에 있대.'

⑳ 읽는 목적에 대해서도 쓰자(예: 학습 활동의 하루 스케줄). 스크랩북을 만들고

그림에 라벨을 써서 붙이자. 메모를 쓰고 이를 아동이 다른 사람에게 전달하도록 하자. 예를 들어, 교사는 다음과 같이 이야기한다. "난 지금 Smith 씨에게 줄 메시지를 쓰고 있어, 뭐라고 쓰고 있냐면 'Smith 씨께. Smith 씨, 제가 스테이플러를 좀 빌려 써도 괜찮을까요? 당신의 친구, Jones.' 이걸 Smith 씨께 전해 주겠니?"

㉑ 텔레비전의 자막기능을 켜자. 많은 프로그램과 영화에는 자막처리가 되어 있다. 아동이 아직 단어를 해독하지 못할 수도 있다. 하지만 텔레비전에서 본 인쇄물이 자신이 들었던 단어와 관련된다는 개념에 익숙하게 될 것이다.

학령기 아동
─유치원 및 초등학교 1학년

이제 유치원 및 초등학교 1학년 학생에게 일반적인 학습 자료를 사용할 수 있다. 담당 학급 아동이 이러한 교육 자료를 사용하는 데 필요한 언어 및 듣기 능력을 갖추었는지 파악하자. 그러기 위해서 컨설턴트와 친밀하게 작업하자.

① 청각장애 아동의 현재 어휘 수준에 대한 평가를 의뢰하자. 만약 학생이 연령에 적합한 어휘를 가지고 있지 않다면, IEP 미팅을 열어 적합하고, 집중적인 언어지도가 시작되도록 한다. 또한 교사가 교실 안팎에서 아동과 의사소통이 가장 잘 이루어지도록 하는 내용도 포함한다.

② 아동의 현재 문법 수준에 대한 평가를 의뢰하자. 학령전기 언어 척도(Preschool Language Scale; 〈부록 B〉 참조)는 단문 수준에서 핵심 문법 구조를 알고 있는지 파악하는 데 좋은 선별검사 도구이다. 만약 학생이 단문 수준에서 관련된 문법(〈표 2-4〉 참조)을 대부분 알지 못한다면, IEP 재검토를 요청하자. 그래서 청각장애 특수교사와 언어재활사가 특별한 서비스를 지원해 줘야 하는지 고려해 보자.

③ 아동의 현재 듣기 수준에 대한 전반적인 평가를 의뢰하자. 음소 인식 과제의 순서는 보청기 착용 후 소리 자극에 대한 아동의 반응 수준에 따라 달라진

다. 보통은 일반적인 학습 자료에 제시된 순서대로 진행되지만 그 순서를 바꿀 수 있다. 제1장과 제6장에서 다루는 말소리의 포먼트 주파수에 대한 내용을 참고하자. 고주파수의 소리를 잘 듣지 못하는 학생이라면 음소 인식 수준에서 소리들 간 차이를 듣는 것이 어려울 것이다. 예를 들어, 'red'와 'green' 보다 'black'과 'blue' 간 차이를 구분하는 것이 더 쉽다. −e−와 −ee−보다 −a−와 −oo− 간 제1포먼트 차이가 더 크기 때문이다. 남아 있는 잔존청력을 참고하여 쉬운 과제부터 시작하도록 순서를 정하자.

④ 수업에 사용하거나 교실에서 읽을 이야기 글을 준비할 때 복사본을 준비해 언어재활사와 청각장애 특수교사에게 주고, 아동에게 어려운 어휘나 문법이 있는지를 살펴보도록 하자. 이를 살펴본 청각장애 특수교사나 언어재활사는 어휘와 개념을 배우기 전 학생이 알아야 하는 것을 사전에 가르치거나 또는 해당 어휘와 개념이 학생에게 적합하다고 판단하여 가르칠 것을 제안할 수 있다.

⑤ 언어와 사고 그리고 문해가 관련되어 있음을 인식하자. 문해 활동을 통해 아동이 사고하도록 장려하자. 시간, 공간, 묘사, 순서, 문제 해결, 인과관계, 절차적 사고, 범주화, 추론과 함축, 추상 등과 같이 책에서 표현되는 고차원적인 개념에 대해 이야기하자.

⑥ 일기를 활용하여 아동의 어휘를 증가시키자. 일기 내용에 대한 코멘트를 쓰거나 소감문을 써 줌으로써, 아동의 어휘를 확장시켜 주고 정확한 언어 구조에 대한 모델을 제시해 주자.

⑦ 아동에게 이야기 글을 읽어 줄 때에는 문법도 함께 다루자. 단순한 문법이 어려운 문법으로의 가교 역할이 되도록 하자. 이야기 덩이글을 좀 더 작은 문장 단위로 나누자. 다음의 예를 살펴보자. 예에서는 '−' 표시된 단어를 삭제하고, [ ] 안에 단어를 첨가하였다. 이로써 문자의 쉼이 좀 더 자연스러워졌고, 실제 이야기의 긴 문장이 간결해졌다. 떼었다 붙일 수 있는 테이프를 사용해서 버리고 싶은 단어를 숨기는 방법도 있다.

Poor Litter Cottontail was very tired, for this was the first time she had ever gone so far or so fast in her life, and she was beginning to hope that she could soon take the little basket ~~that~~ [The basket] was set aside for her own children ~~and~~ [She wanted to] go hopping home, ~~when~~ [Then] old, wise, kind Grandfather called her to him.

⑧ 의미 단절을 일으킬 가능성이 있는 단어의 의미를 미리 설명하자. 또한 다음에 올 문제들을 예측해 보자(예: "어머나, 다음 페이지에는 정말 재미있는 단어가 나와. 그건 바로 '아네모네'야. '아네모네'라는 단어를 읽을 거야.").

⑨ 전체 단어 전략 오류에 주목하자(예: 'shell'을 'smell'이라고 말한다). 우선 아동의 노력을 칭찬해 주자("응, 맞아! smell처럼 보이네."). 그런 다음 m과 h를 쓰고, 비슷하게 보인다는 점을 강조한다. 그러고 나서 차이점을 설명해 주고, 단어를 바르게 읽어 보도록 한다. 아동이 단어 내 낱자에 집중하도록 해 준다.

⑩ 의미 대치 전략 오류에 주목하자(예: 'burn'을 'hot'이라고 말한다). 우선 아동의 노력을 칭찬해 주자("그래 맞아, 불에 대한 이야기였지. 맞았어! 불은 매우 뜨거워. 그런데 불을 만지면 어떻게 될까? 화상을 입을 거야. B-U-R-N. 'burn'이라는 단어를 보여 주렴.")

⑪ 알파벳 낱자의 이름은 나중에 가르치자. 낱자의 소리를 배우는 것이 더 중요하다. 음운 인식과 파닉스로 나아가기 위해서는 반드시 낱자의 소리를 알아야 한다. 아동이 소리에 숙달되면 좀 더 쉽게 낱자의 이름을 배울 수 있다.

⑫ 말소리의 차이를 지각하는 것이 필요한 활동을 할 때는 반드시 아동의 듣기 범위 내에 있는 자음 소리들로 하자. 제1장에서 제시한 강 자음과 약 자음을 참조하자.

⑬ 하나의 소리를 배울 때에는 모든 표기 버전을 아동에게 보여 주자. 예를 들어, "-ee-에서 나는 소리 같지만 철자를 다르게 쓰는 방법도 있어."라고 말한다. 아동이 한번에 모든 철자를 배울 것이라 기대하지는 말자. 하지만 사용하는 책에서 나올 때에는 예들을 체계적으로 보여 주자. 지난해부터 다루었던 여러 가지 철자를 모두 기록해 두자. 알파벳 순서대로 나열된 학생 자신만의 고유한 발음 사전을 만들도록 하자. [그림 5-5]와 같이 이 사전에는 한 페이지에 주요 모음이 동일한 소리가 나는 단어들이 적혀 있다.

⑭ 일견단어의 어휘집도 만들자. 파닉스도 다루면서 자동적인 어휘 인식 수준인

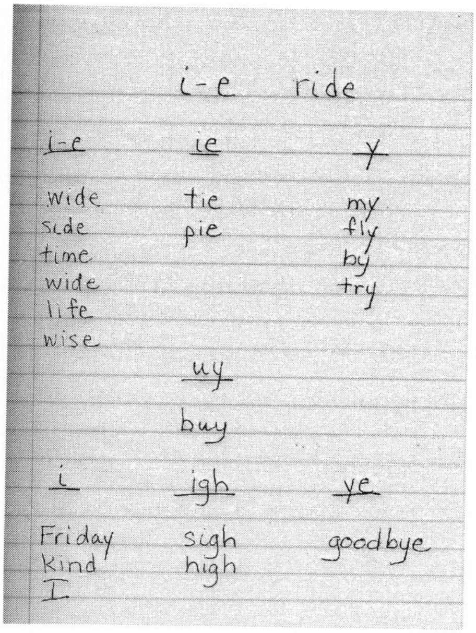

[그림 5-5] William의 어휘 목록

출처: 허락하에 사용.

일견단어의 어휘집도 함께 만들자. 또한 파닉스 교수 활동에서 사용될 단어를 아동이 알고 있는 일견단어 어휘집 안에서 발달시키자. 이는 읽기 교수가 진행되는 초기 몇 달은 음소 인식이나 파닉스가 아닌 어휘에 초점을 두어야 한다는 것을 의미한다. 그러나 아동이 이미 단어를 알거나 이해하고 있다면 파닉스 교수가 이루어지는 것이 바람직하다.

⑮ 좋은 파닉스 교수는 규칙을 기억하는 것에 전적으로 의존하지 않는다. 일반적으로 우리가 배운 규칙들 중 75% 이상으로 단어에 적용되는 규칙은 드물다. 예를 들어, '모음 두 개가 함께 나올 때 첫 번째 모음으로 발음한다.'는 규칙은 단어 중 50% 정도만 해당된다.

⑯ 청각장애 아동에게 적용할 수 있는 교육과정 지침서가 많이 있다. 하지만 모든 아동의 요구에 맞는 지침서는 없다. 다른 자료들을 모아 참고하자(〈부록〉 참조).

⑰ 알고 있는 어휘, 알고 있는 문법의 기초부터 시작하여(또는 아동의 독립적인 읽기 수준에서) 모든 수준으로 유창성 기술을 발달시키자. 음, 음절, 단어, 구, 문장, 단락 등의 수준에서 독립된 연습과 다시 읽기, 청각적 모델링, 연극, 반복

읽기, 문구가 있는 텍스트 등의 기법들을 사용할 수 있다.

⑱ 교과 영역 수업에서 자막처리된 자료(www.cfv.org)를 사용하자. 부모의 보고에 의하면 청각장애 아동은 자막에서 단어를 매우 빨리 배운다. 청각장애 아동은 자막을 보고 단어를 이해하기 위해 맥락을 사용한다. 이는 TV에서 본 내용을 이해하는 데 도움이 된다.

⑲ 연령과 수준에 적합한 읽기 전략을 가르치자. 전략에는 사전지식 활용하기, 예측하기, 주요 아이디어 확인하기, 요약하기, 질문하기, 명료화하기, 추론하기, 시각화하기 등이 있다.

⑳ 다양한 글의 주제와 장르를 다루기 위해 이야기 맵 또는 이야기 문법을 사용할 때는 신중을 기해야 한다. 하나의 주제에 초점을 두고, 동일한 주제를 다루는 여러 권의 책을 읽게 하고, 이야기 맵 또는 이야기 문법 요소에 대해 논의하자.

㉑ 설명문(즉, 교과서)의 구조가 문학의 구조와 다르다는 것을 먼저 인식하게 하자. 설명문은 사실과 개념을 설명하는 것이 목적이어서 알려 주고, 설득하고, 설명한다. 일반적인 설명문의 유형에는 비교/대조, 원인/결과, 서술, 시간적 순서 등이 속한다. 또한 설명문은 제목, 부제목, 표시 단어(signal word, 굵은 글씨나 이탤릭체로 표현), 그림 캡션 등으로 추가적인 정보를 제공한다. 어떤 경우는 목적 진술로 시작하고, 어떤 경우는 검토를 위한 질문으로 마친다. 초등학교 과정을 끝마칠 때까지 이 수준의 읽기 교수가 달성되지는 않겠지만, 일상의 매일 읽기 활동에서 아동에게 노출시키는 것은 결코 이른 것이 아니다.

문해 지원 팀

청각장애 아동의 읽기 발달을 위해서는 오랜 시간 팀원들의 노력이 매우 중요하다. 관련된 모든 사람들은 지속적으로 구어 발달을 문해에 연결시킬 책임이 있다. 부모는 교사가 설정한 읽기 목표를 이해하고 실생활에서의 읽기가 되도록 해야 한다. 음식 상표 읽기, 식당 메뉴 읽기, 잡지 읽기 등 집에서 읽기 활동이 강화되어야 한다. 교사는 아동이 집에서 경험한 읽기를 이해하고 있어야 한다. 그래서 언어와 읽기 수업 시간에 이 경험을 통합시켜야 한다. 언어재활사는 학급에서 필요로 하는 언어를 이해하고 있어야 한다. 그래서 아동이 학급에서 이 언어를 잘 사용할 수 있도록 미리 준비시켜 주어야 한다. 아동이 비영어권 가정 출신일 때에는 전문가와 협력하여 가정-학교 간 긍정적인 관계를 유지하는 게 중요하다. 모든 팀원들에게는 가정과 학교 간 의사소통의 라인을 만들고 유지하는 것이 가장 중요한 목표이다.

또한 다학제 팀의 효율적인 수행으로서 문해를 보는 것 이외에도, 다년간의 관점에서 청각장애 아동에 대한 서비스도 보아야 한다. 아동이 얼마나 늦게 언어 학습 과정이 시작되었는지에 따라 아동의 말·언어, 문해 습득 능력에 대한 정밀한 평가가 필요하다. 평가 결과가 정확하게 지속적으로 기록되어야 하며, 누적된 기록은 매년 교사에게 전달되어야 한다.

요약

이 장에서 읽기 학습의 과정, 읽기를 성공으로 이끄는 요인들, 청력손실이 읽기 학습에 미치는 영향 등을 살펴보았다. 읽기 학습에서 청각장애 아동과 건청 아동 간의 명백한 차이는 읽기 발달에서 구어와 문해의 상호의존성에 관한 것이다. 어린 청각장애 아동은 종종 의사소통을 배우면서 동시에 읽기도 배운다.

건청 아동이 읽기를 성공하는 데 영향을 주는 요인은 청각장애 아동의 것과 유사하다. 그러나 다른 관점에서 이러한 요인을 보아야 한다. 물론 음운 인식, 어휘 발달, 이해 전략, 유창성은 배워야 하지만, 아동의 현재의 듣기, 말·언어 수준에 맞게 신중하게 가르쳐야 한다. 앞에서 언급된 기술의 기본 가정을 이 장에서 다루었으며 그러한 가정이 청력손실이라는 영향에 어떻게 접근되어야 하는지에 대한 안내를 제공하였다. 그 외에도 부가적인 평가에 대해 논의하였으며, 다년간의 팀 관점에서 청각장애 아동의 문해 발달을 볼 필요가 있음을 얘기하였다. 마지막으로, 유아기부터 초등학교 시기에 이르기까지의 교사가 지속적인 문해 성장을 확실하게 하기 위해 사용할 수 있는 전략들을 제시하였다.

청각장애 아동은 종종 읽기를 배우는 동시에 언어를 배운다. 많은 경우, 읽기가 언어를 배우는 도구 중 하나가 된다. 따라서 건청 아동의 언어와 읽기 관계와는 다르게 청각장애 아동에게 언어와 읽기 간에는 특별한 상호 의존적인 관계가 존재한다. 교사는 청각장애 아동이 매일매일 언어와 읽기 기술을 향상시켜 나가고 있음을 확신하기 위해 언어와 읽기의 상호관계를 유지해야 한다.

제2부
중재의 과학: 듣기, 말하기 기초

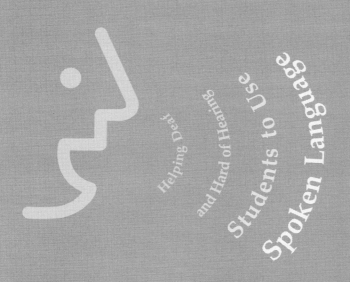

Helping Deaf and Hard of Hearing Students to Use Spoken Language

지금까지는 '무엇을' '어떻게' 중재할 것인가, 그리고 다양한 기법과 전략을 적용하는 요령에 대해 살펴보았다. 이제는 청각의 기초에 대해 알아볼 것이다. 소개된 기법과 전략의 기초 내용을 잘 이해하면 할수록 더 잘 적용할 수 있을 것이다. 제2부는 상대적으로 긴 분량의 장으로 구성되었다. 제6장, '아동이 듣고 말하는 방법: 듣기와 말하기의 기초'에서는 말, 듣기, 청각 보조장치 및 교실 음향학 등에 대해 다루고 있다.

06

아동이 듣고 말하는 방법: 듣기, 말하기 기초

이 장은 아동이 어떻게 듣고 말하는지와 청각 해부, 구어 언어학, 아동의 듣기를 도와주는 청각 보조장치, 듣기를 도와주는 환경 구성, 듣기 수행 점검법 등에 대한 내용을 다룬다.

언어연쇄

구어를 발달시키기 위해서 아동은 매우 복잡한 일련의 체계를 조정해야 한다. 언어연쇄(speech chain; Denes & Pinson, 1993)는 구어 의사소통의 다른 부분을 보여 주고, 그 요소들이 어떻게 매끄럽게 통합된 과정으로 협력되는지 알 수 있게 해 주는 좋은 수단이다. 먼저, 우리에게 어떤 생각이 떠오른다. 즉, 우리는 어떤 것, 예를 들어 아이스크림, 마사지, 식료품 목록 등에 대해 생각한다. 이러한 생각은 언어적 수준에서 조직되고 언어의 기호 체계(즉, 단어와 문법)로 바뀐다. 그다음 뇌는 이 기호화된 생각을 받아들이고('음, 아이스크림이 아주 맛있네!') 단어를 어떻게 산출해야 할지 폐, 후두, 혀 등에 일련의 지시를 한다. 그래서 "음, 아이스크림이 아주 맛있네!"

라고 말을 한다. 뇌는 폐, 음성, 혀 등에 신경 자극을 통해 명령을 보낸다. 이런 신경
자극은 말소리에 관련된 근육의 적절한 움직임을 야기한다. 신경 자극과 근육 운동
은 생리적 단계 수준의 활동이다. 생리적 단계에서 만들어진 호흡과 음성 진동의 흐
름은 공기 압력의 변화를 야기하고 음파를 만들어 낸다. 음파는 공기를 통해 화자
의 입에서 청자의 귀로 움직이기 때문에 이것을 음향적 단계라고 부른다. 음파가 청
자에게 도착하면, 그것을 다시 생리적 단계에 있다고 말한다. 왜냐하면 음파(실제 공
기 압력의 변화)는 청각 신경(듣기 위한 주요 신경)과 상호작용하는 귀의 메커니즘의
연쇄 반응을 활성화하기 때문이다. 여기에서 파동은 음압의 파동에서 신경 자극으
로 바뀌고 뇌에서 청각 신경을 여행하고 언어적 단계로 되돌린다. 자극이 이 단계에
오면, 우리의 뇌는 신경 자극을 소리로 인식한다. 이 수준에서 뇌는 소리를 단어 연
쇄('음, 아이스크림이 아주 맛있네!')로 해석한다. 청자는 의사소통 체계의 지식('그녀가

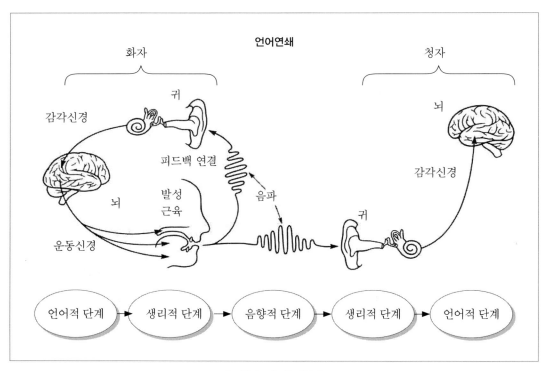

[그림 6-1] 언어연쇄

출처: Denes & Pinson (1993).

아이스크림을 원하는군.')과 언어 규칙(아이스크림에 대하여 이야기하고 있는)을 사용하여, 뇌가 화자의 메시지를 이해하고 반응하는 것을 도와준다.

이 장의 뒷부분에서 우리는 각 수준에 대해 더 심층적으로 논의하고, 각 단계와 관련된 핵심 활동을 강조할 것이다. 의사소통은 수용 요소(듣기와 이해)와 표현 요소(산출)를 가지고 있다. 언어연쇄 왼쪽에는 표현언어 그리고 오른쪽에는 수용언어의 양상을 나타낸다. 우리는 그림의 외부에서 안쪽으로 언어연쇄의 양상을 논의할 것이다. 즉, 우리는 한 부분에서 언어의 수용 기술과 표현 기술을 둘 다 논의할 것이고, 다른 부분에서는 생리학 측면에서 수용과 표현을 논의할 것이며, 음향적 측면에서 청각 기제와 교실 음향학에 대해 논의할 것이다.

언어적 단계

구어를 가르치기 위해서 교사가 언어적 단계의 요소들을 이해하는 것이 중요하다. 구어의 배경으로서 언어학을 알면, 창조적인 언어 사용자가 될 수 있다. 언어 규칙에 대한 지식은 이전에 들었던 문장을 기반으로 두지 않는다. 다음 문장을 생각해 보자. Twelve old alligators with no teeth swam under my yacht(이빨이 없는 12마리의 악어가 내 요트 아래에서 헤엄쳤다). 당신이 이전에 이 문장을 들어본 적이 없더라도, 이 문장의 뜻은 완전히 이해할 수 있다. 언어 지식은 새로운 문장을 이해하고 산출할 수 있게 해 준다. 인간의 언어는 경험한 일에 대해 의사소통할 수 있게 하고, 과거와 미래에 대해 이야기하고, 멀리 있는 사물에 관한 정보를 전달하며, 심지어 상상 속에만 존재하는 사물에 대해서도 공유할 수 있다. 언어 사용과 관련된 문법은 '생성 문법'이라고 불리는데, 그것은 일련의 규칙으로 새로운 문장을 '생성'할 수 있게 하기 때문이다. 언어는 다섯 개의 주요 체계로 구성되어 있다.

핵심 실제 #1

> 언어는 다섯 개의 주요 체계로 구성되어 있다. 한 체계의 붕괴는 다른 모든 체계에 영향을 준다. 아동은 각 체계의 규칙을 배워야 한다.

언어는 복잡한 카드 게임과 같다. 이 게임에는 모든 플레이어가 알고 있는 규칙이 있다. 게임의 규칙에는 각 카드에 기호가 어떻게 배열되는지(형태론), 각 카드가 무엇을 의미하는지(의미론), 점수를 얻기 위해서 카드를 조합하는 방법(구문론 혹은 통사론), 그리고 게임을 하기 위한 규칙들(화용론)이 포함된다(〈표 6-1〉의 정의 참조). 만약 플레이어가 규칙을 모르면 게임은 시작도 하기 전에 끝난다. 만약 플레이어가 규칙 하나를 깰 경우, 다른 플레이어들이 알아챌 것이다. 우리는 다른 사람의 플레이를 지켜보고 직접 참여하면서 이 게임을 배운다. 언어 게임을 배우는 것은 단계적으로 발달한다. 이 단계들은 아동의 의사소통 의도 발달, 규칙을 인식하는 생각 기술의 발달 그리고 명료하게 말하는 신체적 능력 발달에 의해 통제된다. 모든 아동은 배우고 있는 언어가 무엇이든지 거의 정확하게 동일한 방식으로 언어 발달의 동일한 단계를 따른다.

우리는 의사소통할 때, 의미를 창조하기 위해서 언어의 다섯 가지 측면을 결합시킨다. 언어의 어떤 영역에서의 장애나 결함은 다른 사람들이 자신의 생각을 알게 하고, 다른 사람이 말하고 있는 것의 의미를 이해하는 의사소통자의 능력에 영향을 미칠 수 있다. 청각장애 아동은 모든 언어 영역의 지식을 개발하기 위해 자극을 잘 조직화하여야 하며 자극을 주의 깊게 노출할 필요가 있다.

〈표 6-1〉 언어체계의 정의

체계	정의
의미론	단어와 단어 조합의 의미를 구체화하는 규칙
형태론	일부분으로 단어를 만드는 단어 형성의 규칙
구문론	단어를 조합하여 구나 문장으로 만드는 규칙
화용론	언어 사용에 관한 사회적 규칙
음운론	구어의 소리 패턴에 관한 규칙

핵심 실제 #2

> 의미론 체계는 단어, 구, 문장 수준에서 의미를 설명한다. 단어, 구, 문장은 하나 이상의 의미를 가질 수 있고 의미는 구체적이거나 추상적일 수 있다.

언어 지식은 단어가 개념이나 의미를 나타내는지 아는 것을 의미한다. 단어와 참조물(즉, 단어가 가리키는 것) 간의 관계는 완전히 자의적이다. 대상의 형태나 물리적 속성이 단어의 발음을 결정하지 않는다. 의미 지식은 단어 그 자체의 의미를 이해하는 것이다. 이것은 단어나 단어 결합과 연관될 수 있는 내포된 의미, 관련성의 이해를 포함한다. 의미 지식은 또한 단어가 어떻게 의미 있는 방법으로 결합될 수 있는지를 결정한다. 예를 들어, 다음의 문장을 생각해 보자. My brother is an only child. 모든 요소는 잘 어울린다. 그러나 단어의 의미 때문에 이 문장은 단어 결합의 의미적 규칙을 따르지 않는다. 내가 '나의 형제'에 대해 이야기하고 있기 때문에 그는 '외동'이 될 수 없다. 의미론은 단어 의미들 간의 상호작용을 기반으로 한다. 때문에 하나의 단어가 갖는 다양한 의미를 모르거나, 단어 간 뉘앙스에서 풍기는 미묘한 차이를 모르거나, 단어 의미 지식을 적게 가진 사람은 의미를 이해하기 어려울 것이다. 예를 들어, 청각장애 청소년이 연못에 스케이트를 내려놓기 전에 얼린 연못을 살펴보며 "얼음이 강력하군(The ice is powerful). 스케이트 타기에 괜찮아(It's okay to skate)." 라고 말했다고 하자. 여기서 그가 단어 'powerful'을 사용한 것은 그가 'powerful'이 'strong'을 의미한다고 배웠기 때문이라고 이해할 수 있다. powerful과 strong이 동일한 것을 의미한다고 생각할 수도 있다. 하지만 이 예에서는 'strong'이 맞는 단어이고 'powerful'은 맞지 않다.

또한 의미론 이해는 다의어, 관용어처럼 단어와 직접적으로 관련이 없는 의미를 끌어내는 것도 포함한다. 교사는 청각장애 아동과 공부할 때 아동이 단어에 전달된 뉘앙스를 이해하고 있는지 매우 주의 깊게 확인해야만 한다.

핵심 실제 #3

> 형태론 체계는 어근, 접두사, 접미사 그리고 단어의 의미를 바꾸는 품사로 구성된다. 아동은 아주 어린 나이에 이러한 규칙에 관해 배우기 시작해야 한다.

단어의 의미를 이해하는 것은 작은 부분을 단어에 더하거나 빼서 의미나 단어 말소리의 일부를 변화시킬 수 있는지 이해하는 것을 포함한다. 더 작은 부분으로 단어를 창조하는 것은 형태론의 주제로 연구되어 왔다. 형태소는 단어가 쪼개어질 수 있는 가장 작은 의미 단위이다. 예를 들어, runners라는 단어는 세 개의 형태소를 가진다. 'run'과 같이 그 자체로 단어가 될 수 있는 자립형태소는 단어의 일부이다. 복합어(compound word)는 두 개의 자립형태소로 구성된다(예: homerun). 다른 종류의 형태소는 의존형태소로, 단어로서 혼자 설 수 없는 부분이다. 'runners'에서 의존형태소는 −er과 −s이다. 언어를 배우는 아동들은 어근(예: bio−식물과 동물을 가리킴)과 시제, 수, 성, 인칭, 부정사(예: I want to play) 같은 개념을 나타내는 문법적 표지(굴절이라 불림)와 파생 접두사와 접미사(예: dis−, un−, −er, −ly)에 관해 배울 필요가 있다. 아동이 두세 단어 말을 발화할 때, 그는 굴절 형태소를 생략하는 경향이 있다(예: Where Daddy go?). 우리는 이 아동이 어미 활용 이전의 문법(preinflected grammar)을 사용하고 있다고 말한다. 단어 부분을 이해하는 것은 단어의 의미를 이해하는 데 도움이 된다.

핵심 실제 #4

> 구문론은 문장에서 단어의 배열을 지칭한다. 아동은 자신이 배우는 언어에 동화될 수 있도록 구조적으로 제시된 단어의 순서를 들어야 한다.

구문론은 단어가 결합하여 순서대로 놓이는 방법이다. 구문론은 문장의 소리가 우리의 귀에 맞는지 아닌지에 영향을 미친다. 구문상의 다른 결합은 문장의 의미를 바꿀 수 있다. 예를 들어, 다음 두 개의 문장을 생각해 보자. The children sang songs for the teacher. The teacher sang songs for the children. 이 두 문장은 완전히 동일한 단어를 가지고 있지만 완전히 다른 의미를 가지고 있다. 다음 문장을 보자. Songs sang for the children teacher. 이것은 동일한 단어의 집단이다. 하지만 문장은 의미 있는 단위로 구성되었을지라도 언어학적 의미를 가지지 않는다. 구문론 규칙은 특정한 의미를 표현하기 위해서 단어를 어떻게 조합할 수 있는지를 결정한다. 유능한 언어 사용자는 무엇이 구문론적으로 올바른지와 무엇이 특정 규칙에 관한 직관력을 기반으로 하지 않았는지 자동적으로 인식하고 있다.

핵심 실제 #5

> 화용론은 언어 체계 중의 하나이다. 이 체계는 우리에게 누가, 무엇을, 누구에게, 언제, 어디서, 어떻게 말할 수 있는지 알려 준다. 만약 아동이 이 규칙들을 위반하면, 종종 '이상한' 또는 '무례한' 것처럼 생각된다. 화용론적 기술은 대부분의 경우 직접 지도할 필요가 있다.

　　화용론은 문장이 대화의 흐름에 따라 어떻게 적합해야 하는지와 같은 언어의 사회적 측면을 포함한다. 화용적 규칙 범주의 예는 말하는 차례 지키기, 적절히 반응하기, 공감하기, 주제 전환하기 그리고 대화 시작하기이다. 청각장애 아동은 직접 중재를 통해 주제 유지하기, 언제, 어떻게 대화에 끼어드는지 그리고 형식적·비형식적 상황에서 사용하기에 적절한 언어를 포함하는 언어·사회적 측면에 관한 도움을 받는 것이 좋다.

핵심 실제 #6

> 음운론 체계는 언어와 구별되는 실제 말소리를 기술하는 것이다. 청각장애 아동은 말소리의 규칙을 배울 때는 우발적이고 직접적이고 치료 중심적인 교수(didactic instruction)를 받을 필요가 있다.

　　말소리의 기본 단위는 **음소**(phoneme)라 불린다. 음소는 'buy'에서 /b/, 'shoe'에서 /sh/, 'boo'에서 −oo−와 같은 개별적 말소리이다. 음소는 ① 모음과 이중모음, ② 자음의 두 가지 유형이 있다. 지역 방언에 따라 42개에서 44개의 말소리가 있다. 모음과 이중모음은 성대에서 유성음으로 산출된다. 이중모음은 두 개의 모음으로 구성된다. 우리는 이중모음('mouth'에서 −ou−)을 만들기 위해 하나의 모음('hot'에서 −o−)으로 시작해서 다른 모음('shoe'에서 −oo−)으로 끝내기 위해서 계속적으로 변화하면서 움직인다. 자음은 조음 방법(어떻게 공기가 성대 기제를 통해 움직이는지)과 조음 위치(말소리의 조음기관이 어디에 위치하는지), 유성성(성대가 진동하는지 아닌지)의 특징으로 설명된다. 음성학적 규칙은 음소가 자연스러운 말소리로 단어 형성을 하기 위해서 어떻게 결합되는지, 음소가 주변의 말소리에 의해 어떻게 조절되는지(동시조음), 억양, 타이밍, 강세의 유형(운율)을 결정한다. 만약 어떤 말소리를 듣는 데 문제가 있다면, 음운론 규칙을 습득하고 산출하는 데 문제가 있을 것이다. 청각장애 아동은 그들의 언어 체계의 음운론적 측면을 발달시키고 명료한 말소리를 발달시키기 위해서 집중적인 청각 자극을 필요로 하며, 보청기나 인공와우의 적합 (fitting)을 필요로 한다.

핵심 실제 #7

> 품사의 이름을 붙이는 것(예: 명사, 동사)을 아는 것과 어휘 목록(예: dog, run)에 그러한 품사를 사용할 수 있는 것은 차이가 있다. 청각장애 아동은 일반적으로 단어 의미 수준에서는 물론이고 단어의 이름 수준에서도 도움을 필요로 한다.

전형적인 언어 교수 동안 아동은 품사의 이름을 붙이는 것을 배운다. 청각장애 특수교사의 일은 단어와 품사에 이름을 붙이는 것 둘 다 가르치는 것이다. 교사는 이러한 단어들을 형용사라 부른다는 것뿐만 아니라, 다른 형태소들의 의미(예: sunny, happy, large)도 가르칠 것이다. 청각장애 아동들에게 가르치는 데 필요한 품사가 〈표 6-2〉에 제시되어 있다.

교사는 아동이 말실수하는 것을 들었을 때, 아동이 빠뜨린 품사가 무엇인지 알아야 할 필요가 있다. 그러면 그 범주에 초점을 둘 수 있다. 예를 들어, 아동이 "He gone come a my house."라고 말하면, 교사는 아동이 조동사와 부정사를 생략하였다는 것을 알게 될 것이다. 그 경우라면 교사는 조동사와 부정사의 사용을 촉진할 수 있다. 교사는 또한 아동이 초기 읽기 교재에서 이 단어를 보게 될 때, 중재하기를 원할 것이다. 예를 들어, 놀이터에서 교사는 "He is going to swing. He is going to climb."처럼 다른 아동이 하고 있는 것에 관해 아동에게 계속 설명함으로써 적극적

〈표 6-2〉 **청각장애 특수교사가 가르쳐야 하는 품사**

- 명사: 수와 양
- 동사: 타동사, 자동사, 연결동사, 조동사
- 대명사, 형용사, 부사, 전치사, 의문사
- 접속사, 한정사, 부정사 같은 연결어
- 동사처럼 작용하는 명사(예: cook/cook, bake/baker) 또는 부사가 되는 형용사(예: sweet/sweetly) 같은 다른 품사로 작용하는 파생어

으로 관여할 수 있을 것이다. 교실에서 책을 읽을 때, 교사는 아동이 그것을 읽기 전에 문장을 어떻게 읽어야 할지 모델을 제공할 수도 있다.

핵심 실제 #8

> 아동에게 부사 체계를 이해하고 사용하는 경험을 제공하자. 부사 체계는 사고 기술을 적용하는 데 필수적 요소이며 고도의 사고와 언어를 연결한다. 부사적 유형을 묻고 답하는 것은 고차원적 사고의 열쇠가 된다.

부사는 동사, 형용사 그리고 다른 부사를 수식할 수 있는 단어이다. 예를 들어, "He hasn't gone yet."이라는 문장에서 yet은 동사 gone을 수식한다. "That's a very big diamond ring, you have!"라는 문장에서 very는 형용사 big을 수식한다. 많은 다른 품사는 부사의 체계를 구성한다. 전치사구는 동사의 수식어구로서 기능할 수 있다. 'The squirrels played in the garden.'이라는 문장의 경우에 'in the garden'이라는 구는 다람쥐가 놀았던 장소를 말해 주기 때문에 'played'를 수식한다. 명사는 부사로 기능할 수 있다(Marcus came *yesterday*). 형용사는 부사로 기능할 수 있다(I slept *late*). 부사절(She cried *when she saw that her dress was ruined*)은 이해를 체크하기 위해서 교사가 더 높은 수준의 질문을 할 때 자유롭게 적용된다(예: Why did she cry?). 부사절은 읽은 구절의 이해, 단순한 기계 이면의 물리학, 황무지에 떨어진 나무에 관한 철학적 논쟁 같은 학문적 주제에 관한 논의를 하도록 돕는다. 명사구로 대답할 수 있는 질문(Who, What), 대답에 형용사를 사용하는 질문(What color, What size, What shape, How many?) 또는 동사로 대답할 수 있는 질문(What did...do?)은 좀 더 구체적이고 쉽게 여겨진다. 아동이 부사 체계의 복잡성에 익숙하지 않다면 더 높은 수준의 이해 질문에 대답하기 어려울 것이다.

핵심 실제 #9

> 초기 학령전기 이후에 아동의 언어는 매우 빠르게 복잡해져서, 만약 아동이 집중적인 듣기와 언어 중재를 받지 않았다면 언어는 청각장애 아동의 이해 수준을 넘어서는 도전적인 과제가 될 것이다.

문장은 네 가지 종류—단문, 중문, 복문, 중복문(종속절을 하나 이상 가진 중문)— 가 있다. 단문은 하나의 주어와 하나의 술어를 가진다. 중문은 하나의 부분에 두개 의 요소를 결합하거나(예: the boy and girl) 두 개의 완전한 문장을 결합한다(He is happy and she is tired). 중문은 등위접속사(예: and, but, or)를 사용하여 결합될 수 있 다. 그리고 각 절은 분리되면 혼자 있을 수 있다(독립절). 복문은 절이 함께 결합한 다. 하지만 하나의 절이 주절이고 다른 절은 종속절이다. 이러한 절은 종속접속사 (예: that, while, before, why, because)에 의해 결합된다. 종속절은 주절을 설명하기 위해서 형용사, 부사, 대명사로서 기능한다. 절을 결합하는 마지막 방법은 독립절과 종속절을 연결하는 등위접속사와 종속접속사를 가지는 중복문이다. 중복문은 언어 이해와 읽기 이해를 둘 다 되는 대로 할 수 있다.

핵심 실제 #10

> 언어는 매우 복잡한 연구 주제이다. 아동이 어떻게 언어를 배우는지에 관해 알수록 그것을 더 잘 가르칠 수 있을 것이다. 스스로 언어의 규칙을 학습하자.

믿지 않을지도 모르지만 아동의 뇌는 규칙을 좋아한다. 언어는 규칙에 의해 통제된 다. 이러한 규칙을 이해하고 난청 아동에게 그것을 설명하는 것이 우리의 일이다. 그 래서 아동이 의사소통 게임을 통해 그 규칙을 충분히 배울 수 있도록 한다. 아동은 언 어가 어떻게 작용하는지 배우고 탐구할 것이 많다. 효과적인 교사는 언어와 의사소통 의 복잡한 사항에 관한 이해를 증진시키기 위해서 가능한 한 많은 자원을 활용할 것이 다. 그러한 자원은 교과서, 인터넷 문법 사이트, 영어 교사, 청각장애 교사와 언어 장애 전문가를 포함한다. 이 장의 끝에 인쇄 매체 방법에 관한 목록을 제시하였다.

유아들은 어떻게 규칙을 습득하는가? 인간의 뇌는 모든 것에서 규칙을 찾으려고 한다. 유아와 아동의 뇌는 언어의 유형을 면밀히 조사한다. 언어 유형은 의미 있는 자극이 적절하게 주어질 때 생겨나며, 인간의 뇌는 정신적 문법이나 언어 유형으로 의사소통을 조직화하는 것을 멈추지 않는다. 건청 아동의 경우 언어는 의식적인 노 력 없이, 형식적 교육 없이, 기저 구조에 대한 인식 없이도 자연스럽게 발달한다. 언 어 능력은 일반적인 정보를 처리하는 것과 똑똑하게 행동하는 것과는 구별된다.

인간이 말하는 방법을 아는 것과 거미가 거미줄을 치는 방법을 아는 것은 대체로 일치한다. 거미에게는 거미줄을 치기 위한 본능과 성공을 가능하게 해 주는 거미 뇌가 있기 때문이다 (Pinker, 1994, p. 5).

언어와 거미줄 간의 차이점은 거미가 다른 거미와의 상호작용을 통해 배우지 않는 것과는 달리 언어는 다른 사람과의 상호작용으로 발달한다는 것이다.

핵심 실제 #11

> 인간은 패턴을 만들고 사물들을 함께 조화시켜 세상을 이해하는 것을 좋아한다. 언어는 패턴이 있고 조립식이다. 우리는 매우 복잡한 생각을 전달하기 위해 우리의 생각을 언어라는 모듈에 맞춰 넣을 수 있다.

언어는 사실상 조립식이다. 자동차를 생각해 보라. 만약 자동차의 라이트가 망가지면, 정비사는 모듈 전체(문장)를 분리한 후 라이트(모듈, 명사구 또는 동사구 등)를 교환한다. 정비사는 25달러짜리 싼 전구로 교체할 수도 있고, 매우 비싼 최고급 할로겐 전구로 교체할 수도 있다. 우리는 언어로 같은 일들을 한다.

다음 문장을 살펴보자.

① A _____ crossed the road. (~가 길을 건넜다.)
② My brother _____ a fence. (나의 형이 울타리를 ~.)

첫 번째 문장의 빈칸에는 명사구 모듈이 들어가고, 두 번째 문장의 빈칸에는 동사구 모듈이 들어간다. 다음의 구/모듈을 살펴보자. 어떤 모듈은 첫 번째 문장에 들어갈 수 있고, 어떤 모듈은 두 번째 문장에 들어갈 수 있다. 우리는 문법에 대해 이해하고 있기 때문에 적당한 모듈을 알맞은 빈칸에 넣을 수 있다.

- ran his bulldozer over (그의 불도저로 밀어 버렸다.)

- dog with really big feet (정말 큰 발을 가진 개)

- has been considering the pros and cons of putting up (안건에 대한 찬반 의견을 살펴보고 있다.)

- person might wonder why the chicken (어떤 사람은 왜 닭인지 궁금해했을 것이다.)

비록 우리가 일련의 단어를 사용하여 말을 할 수 있지만, 언어의 모듈 구조를 통해 복잡하고 뒤섞여 있는 생각을 표현할 수 있다. 어린 아동에게 언어를 가르칠 때, 먼저 모듈(즉, 명사구, 동사구, 형용사구, 부사구)을 알아야 한다. 그러면 언어 학습은 아동이 점점 더 복잡한 요소들을 모듈에 맞춰 넣는 것을 배울 수 있도록 돕는 과정이 되어야 한다. 예를 들어, Johnny가 "Daddy ball(아빠 공)."이라고 말한다면, 우리는 그 아동이 동사 모듈에 대한 인식이 없다는 것을 알 수 있고, 아동에게 동사의 사용에 대해 가르쳐 줄 것이다. 하지만 아동이 "Me wanna go a bafroom (나를 화장실에 가고 싶어)."라고 말한다면, 우리는 아동이 모든 모듈에 대해 인식하고 있다는 것을 알 수 있다. 이런 경우 우리의 과제는 낮은 단계의 버전 'me'를 고급 버전 'I'로 바꾸는 것이다.

핵심 실제 #12

> 교사는 아동의 언어 발달에 영향을 미치는 생물학적 · 환경적 · 인지적 요소에 대해 설명할 수 있어야 한다. 게다가 교사는 이러한 요소들을 설명해 주기 위해 대화로 의사소통해야 한다.

속해 있는 문화와 상관없이, 언어 발달 과정은 모든 아동이 사실상 같은 순서를 따른다. 언어 발달기의 아동은 발달 과정 동안 비슷한 오류를 보인다. 모든 아동이 거의 비슷한 시기에 첫 단어를 산출한다. 각 아동은 뇌 구조와 같이 언어의 다른 측면들의 민감기(sensitive period)를 거친다. 자연이 인간을 그렇게 설계해 놓아서 우리의 뇌는 언어의 특정 측면 발달에 초점을 두게 되는 민감기를 겪게 된다(Newport, 1991; Ruben, 1977). 민감기의 처음은 언어의 소리에 대한 발달(음운론, phonology)에 대한 시기이다. 그다음에 구문론(syntax)과 형태론(morphology)에 대한 민감기가 시작된다(Grimshaw, Adelstein, Bryden, & Mackinnon, 1998; Newport, 1991). 어휘 (vocabulary)와 의미론(semantics)은 삶 전체에 걸쳐 발달이 계속된다. 적절한 자극이 지체되어 제공될 경우, 구문론의 규칙이 특히 취약해진다.

언어 습득이 생물학적인 기반에서 이루어진다는 것이 분명하지만, 자극 없이 언어의 습득은 이루어지지 않는다. 언어 발달은 수동적 자극이 아닌 상호작용의 의사소통을 필요로 한다. 언어 습득을 이끄는 상호작용의 두 가지 필수적인 특성은 수정과 대화상의 적절한 대답이다. 어른들은 형식(form)보다는 내용(content)을 고쳐 주는 경향이 있다. 예를 들어, 아동이 개가 뛰어가는 것을 보고 "Kitty ranning(아기 고양이가 뛰어가)."이라고 말하면, 어른은 문법을 고쳐 주기보다는 "No dear, that's a doggie not a kitty(아가, 저건 아기 고양이가 아니라 강아지야)."라고 말하는 경우가 많다. 대화상의 적절한 대답은 아동이 말한 것에 대해 코멘트를 해 주는 것이다. 예를 들어, 아동이 "Doggie running(강아지 뛰어가)."이라고 말했을 때, 적절한 대답은 "Yes, and isn't he cute?(그래, 귀엽지?)"가 될 수 있다. 아동은 어른이 세상의 것들을 해설해 주고, 확장시켜 주고, 설명해 주고, 정의를 내려 줄 때 더 빨리 진전되는 것처럼 보인다.

언어 입력(language input)은 아동의 정확한 언어를 발달시키기 위해서 자극이 의미론적으로 구조적으로 처리 가능해야 한다. 아동은 현재 기능 수준보다 약간 위의 자극에 대해 가장 잘 반응한다(Vygotsky, 1978). 언어 자극이 너무 복잡하면 아동의 처리 능력을 벗어날 것이다. 자극이 아동의 현재 언어 수준이거나 그 아래 수준일 경우, 아동은 진전되기 위한 충분한 정보를 받지 못할 것이다.

언어 발달은 인지적 성숙(cognitive maturation)에 달려 있다. 행동이 생각으로 표현되기 시작할 때 언어가 나타난다. 출생 후 2년 동안 유아는 세상과 자신을 구별하는 것을 배운다. 아동은 자신의 세상에서 자기가 자기 자신, 사물들, 다른 사람들에게 영향력을 미친다는 것을 알게 된다. 언어 위계(language hierarchy) 전체에 걸쳐 언어와 사고 사이에 밀접한 연관관계가 있다. 이 책의 다른 장에서 영아, 유아, 학령 전기 아동, 초등학생의 언어 단계와 연관된 사고 기능을 제시하였다.

핵심 실제 #13

> 아동은 들은 말을 이해하고 새로운 요소(예: 단어, 형태소, 구 구조)를 자신의 언어 체계에 통합시키기 위해 이용 가능한 모든 단서를 사용한다. 아동은 이해할 수 있는 모든 것에 접근한다. 만약 언어 자극이 이해할 수 없는 것이면, 아동이 그것을 자신의 언어 체계에 통합시키지 못하게 되므로 구체적으로 배워야만 한다.

　　교사는 자세한 자극을 통해 구조가 발달하는 시기와 구조를 직접 가르쳐야 하는 시기를 구분할 수 있어야 한다. 이러한 구분을 할 때 고려해야 할 점은 전형적인 언어 발달 순서를 알고 청각장애 아동이 언어 발달 순서의 어디에 위치하는지를 이해하는 것이다. 정상 청력을 가진 또래의 언어 수준과 청각장애 아동의 언어 지연 정도를 아는 것도 또한 치료의 형태를 선택하는 데 영향을 미친다. 가장 성공적일 것으로 기대하는 전략을 결정할 때에 아동의 나이, 학습 스타일, 듣기를 통한 말소리 감지 능력을 고려해야만 한다.

핵심 실제 #14

> 구어와 사고는 함께 발달한다. 말과 언어뿐만 아니라 개념, 사고에도 초점을 맞춘 의미 있는 활동을 기초로 하여 진행하라. 청각장애 아동과 함께 진행할 때, 무엇보다도 사고와 언어 사이의 관계를 명심하자.

　　언어와 사고는 상호 의존적이다. 언어가 발달할수록 사고와 개념을 공유하는 능력도 발달한다. 비슷한 방식으로 사고와 개념이 발달할수록 언어 능력이 향상된다. 사실, 언어는 사고를 형성하는 데 중심 역할을 하는 것 같다(Biever, 2004; [그림 6-2] 참조).

　　생각이 결여된 말하기는 쓸모가 없다. 아동은 의미를 이해하지 않고 구문을 말하는 것을 배울 수 있다. 아동에게 단어가 의미를 가지지 않는다면, 언어와 사고 모두 원초적인 수준 이상으로 발달하지 못한다.

[그림 6-2] 언어와 사고의 관계

출처: Illustration by James Poulakos 2006.

생리적 단계: 말소리의 생리학

핵심 실제 #15

> 각 아동의 듣기와 말하기 기제에 대한 독특한 물리적 측면은 아동에게 의사소통을 가르칠 때 선택할 수 있는 접근법에 영향을 미친다. 아동들은 서로 다르며, 접근법과 기법(technique)을 개별화할 필요가 있다.

　말하기의 생리학적 과정은 네 가지 요소, 즉 호흡(respiration), 발성(phonation), 조음(articulation), 공명(resonation)으로 구성된다. 화자는 거대한 정보의 배열로 사고를 구성하고 뇌는 사고를 신경 신호로 전환하는데, 이 중 하나는 호흡을 위한 신호이다. 화자는 말의 흐름을 뒷받침하기 위해 사용되는 숨의 양을 조절하면서 숨을 들이쉬고 내쉰다. 말을 할 때, 일반적으로 성대(vocal folds)가 진동한다. 성대가 진동할 때, 이것을 발성(phonation 또는 voicing)이라 부른다([그림 6-3] 참조). 말소리에는 유성음(예: /v/, /z/)과 무성음(예: /f/, /s/)이 있다.

　소리는 조음을 통해 변형된다([그림 6-4] 참조). 조음기관에는 입술(lip), 치아(teeth), 혀(tongue), 구개(palate)가 포함된다. 조음기관은 말소리를 형성하기 위해 접촉하거나 닫는다. 예를 들어, /f/ 소리를 내기 위해 아래 입술이 위 치열에 닿는다. 말소리가 바뀔 때 조음기관의 위치가 바뀌면 성도(vocal tract) 모양도 바뀐다.

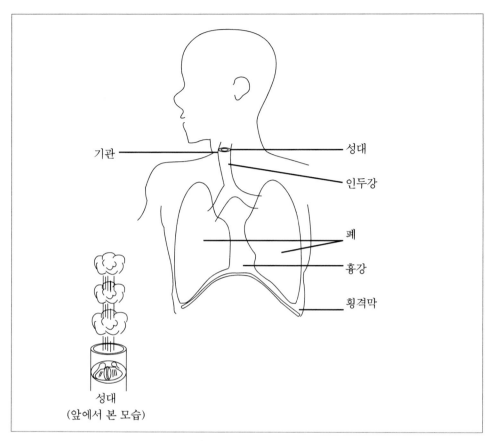

[그림 6-3] 발성기관

출처: Illustration by James Poulakos 2006.

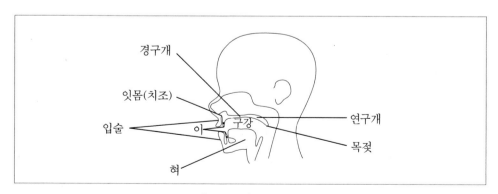

[그림 6-4] 조음기관

출처: Illustration by James Poulakos 2006.

호흡기류가 성대를 지나고 난 후, 호흡기류는 성도의 형태를 이루는 인후강, 구
강, 비강으로 들어간다. 말소리의 공명은 진동 패턴으로 성대의 움직임과 성도의 모
양에 의해 결정된다([그림 6-5] 참조).

호흡, 발성, 공명, 조음 활동이 조합되어 형성된 소리는 사람의 입에서 나와 공기
를 통해 전달된다. 우리는 이것을 말소리 신호(speech signal)라 부른다. 아동이 말하
기 기관에 기형이 있거나 호흡, 발성, 조음에 생리학적 문제를 가지고 있다면, 이 아

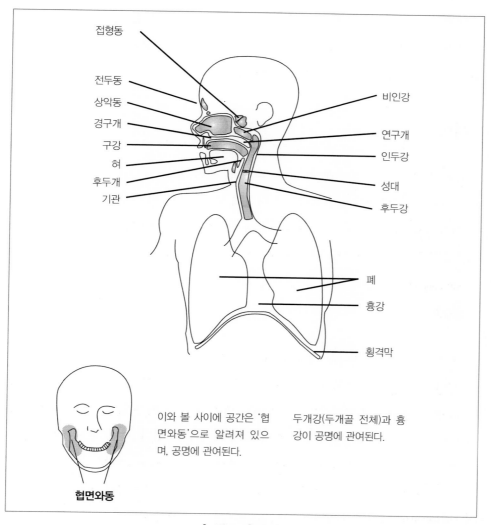

[그림 6-5] 공명

출처: Illustration by James Poulakos 2006.

동이 말하기를 배우는 것은 상당한 도전이 될 것이다.

생리적 단계: 청각의 생리학

귀는 외이, 중이, 내이의 세 가지 주요 부분으로 구성되어 있다. 외이와 중이는 ①
소리의 에너지를 모으고, ② 음향 에너지를 물리적 진동과 움직임으로 전환하고, ③
내이에 감각세포를 자극할 만큼의 에너지로 강도를 증폭시킨다. 내이의 감각세포
는 진동에 반응하고 신경자극을 일으킨다. 이것은 청각신경을 흥분시킨다. 청각신
경은 내이에서 뇌의 청각피질까지 신경자극을 전달한다.

외이

외이의 한 부분은 귓바퀴(pinna)라 불린다. 귓바퀴의 주름은 아이스크림 스쿱처
럼 소리를 모아 깔때기처럼 소리를 외이도로 보내는 기능을 한다. 누군가가 너무 작
게 이야기할 때, 귀 뒤에 손을 귀 모양같이 만들어 붙이면 더 많은 소리를 모아 외이
도로 들어가게 할 수 있다([그림 6-6] 참조).

중이

외이도는 외이와 중이의 경계를 이루는 고막(eardrum 또는 tympanic membrane)
까지 이어진다. 고막 안쪽에는 두개골 속의 열린, 공기가 차 있는 중이강(middle ear
cavity)이라 불리는 공간이 있다. 중이에는 세 개의 작은 뼈가 있다. 첫 번째 뼈는 추
골(mallleus, 혹은 망치뼈)이라 불리며 고막의 뒤에 붙어 있다. 추골에는 추골을 중이
의 벽에 연결하여 붙어 있게 해 주는 고막장근(tensor tympanus)이라 불리는 근육이
있다. 고막장근은 큰 소음에 대한 반사작용으로 고막을 경직시켜 추골을 잡아당긴
다. 몇몇 청각 평가는 이런 반사작용을 평가하는데 이것을 음향반사검사(acoustic
reflex testing)라고 한다. 고막이 앞뒤로 움직이면 이것은 추골을 밀고 당겨 추골과

붙어 있는 침골[incus, 또는 모루뼈(anvil)]이 움직이게 한다. 침골은 세 번째 뼈인 등골(stapes 또는 stirrup, 또는 등자뼈)과 연결되어 있다. 등골의 끝은 내이에 연결되어 있어 내이를 이리저리 밀어 뼈의 진동에 따라 내이 안에 있는 액체가 움직이게 한다.

중이는 유스타키오관(Eustachian tube, 또는 중이관)에 의해 목구멍의 뒤쪽과 연결되어 있다. 유스타키오관은 고막 안쪽과 바깥쪽의 기압을 같게 해 주는 역할을 한다. 하품을 하면 유스타키오관이 연결된 목구멍의 뒷부분이 열려 공기압이 중이로 들어가 주위의 공기압과 같게 맞춰지게 된다. 그러면 고막이 정상 위치로 돌아가게 된다. 기압 변화에 의해 고막이 당겨지거나 밀려 있으면 소리를 듣지 못할 수도 있다.

내이

달팽이관(cochlea, 또는 와우)은 소라껍질 같이 생긴 작은 나선형 뼈 구조이며, 내이 기관들을 포함하고 있다. 달팽이관에는 뇌척수액(cerebrospinal fluid)과 비슷한

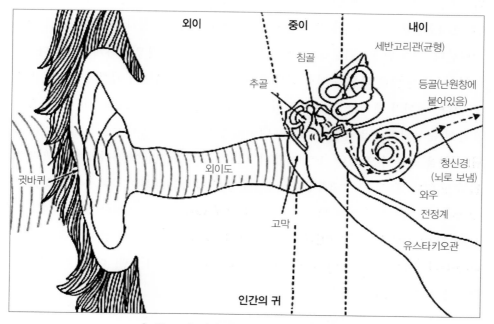

[그림 6-6] 외이, 중이, 내이의 청신경의 도식

출처: 갈로데 대학의 허락하에 사용.

액체가 차 있다. 달팽이관은 공간에서의 평형과 방향에 대한 정보를 뇌에 전달하는 세반고리관(semi-circular canal)과 연결되어 있으며, 같은 액체를 공유하고 있다. 말려있는 달팽이관을 펴면 달팽이관을 위쪽 반과 아래쪽 반으로 나누는 **뼈 구조**와 막을 볼 수 있다. 중이와 가장 가까운 고막의 기저부(basal end)에는 두 개의 창(opening)이 있다. 위쪽에 있는 창은 난원창(oval window)이라 불린다. 여기에 중이의 등골이 연결되어 있어 등골의 밀고 당기는 움직임에 따라 달팽이관의 액체가 진동하게 된다. 아래쪽에 있는 문은 정원창(round window)이라 불리며 막으로 덮여 있다. 이것은 액체의 진동에 반응하여 앞뒤로 움직인다. 이런 반응은 달팽이관을 따라 진동이 전달될 수 있게 해 준다([그림 6-7] 참조).

달팽이관 중간에 있는 **뼈구조**와 막은 소리를 감지하는 기관인 코르티기관(organ of Corti)을 포함하고 있다. 코르티기관은 유모세포(hair cell)를 가지는데 유모세포는 개막(tectorial membrane)이라는 돌출된 막 아래에 늘어서 있다. 각 유모세포의 꼭대기는 섬모(cilia)라 불리는 섬유(filament)를 가지고 있으며, 이는 개막의 바닥 쪽으로 움직인다. 각 유세포의 아래쪽은 달팽이관을 따라 이어져 있는 청각신경과 연결된다. 달팽이관에 있는 액체의 진동은 개막을 움직이게 한다. 충분한 움직임이 있으면, 모세포들은 청각신경 끝을 흥분하게 자극한다. 그리고 청각신경은 신호를 뇌로 전달한다. 정상 달팽이관은 소리의 다양한 강도와 주파수에 민감하게 반응한다.

청력손실은 많은 다른 문제로 인해 발생한다. 중이의 **뼈**들이 기형이거나 없을 수도 있다. 중이가 액체나 조직으로 가득 차 있을 수도 있다. 코르티기관의 유모세포들이 손상되거나 없을 수도 있다. 내이에 있는 액체가 새서[누공(fistulas)이라 불림] 영향을 받을 수도 있다. 달팽이관의 구조가 시간이 지남에 따라 약해지고 퇴화될 수도 있다(예: 전정도수관확장증). 내이를 통한 액체의 흐름이 액체를 운반하는 관(channel)의 기형으로 인해 방해받을 수 있다(예: Connexin 26 돌연변이). 달팽이관이 2½ 회전 이하일 수도 있고('몬디니 기형'이라 불림), 심지어 회전이 전혀 없을 수도 있다['몬디니 기형의 공동관(common cavity Mondini's defect)'이라 불림]. 어떤 경우에는 달팽이관이 없는 경우도 있다.

음향적 단계

언어연쇄에서 말소리가 공기를 통해 청자와 화자에게 가고 다시 되돌아가는 양방향이라는 것을 설명했다. 사람은 말할 때 자신의 말을 듣는다. 피드백 순환경로(feedback loop)를 만들게 되고 이를 통해 사람은 자기가 들은 것이나 말하려고 하는 것을 지속적으로 비교한다. 피드백 루프는 언어 발달 과정에서 매우 중요한데, 아동은 들은 대로 말하기 때문이다(Pollack, Goldberg, & Caleffe-Schenck, 1997). 청각 피드백 순환경로(auditory feedback loop)는 옹알이를 위한 중요한 선행 요건이다(Koopmans-van Beinum, Clement, & van den Dikkenberg-Pot, 2001). 사람은 아동이 말하는 것을 통해 아동이 들을 수 있는 것이 무엇인지 알 수 있다. 우리가 사용하는 기술(즉, 보청기, 인공와우, 기타 청각 보조장치)이 진보할수록 더 좋은 신호음을 들을 수 있게 되고 아동의 말소리는 더 좋아질 것이다. 아동이 말한 것과 아동이 말하려고 하는 것을 비교하여 들을 수 있도록 우리가 더 세심하게 소리를 제공하면, 아이가 말하는 것을 더 쉽게 배울 수 있을 것이다. 우리는 귀로 듣지만 뇌로 이해하여 듣는다. 듣는 것을 배우면 말하는 것을 더 쉽게 배울 수 있게 된다. 우리는 우리의 뇌가 소리에 대해 듣고 생각하도록 해야 한다. 그래서 아이가 들어서 말하도록 해야 한다. 이러한 이유로 이것은 아이가 들어서 말하기를 배울 때 아이의 과정을 기술하는 **청각중추 발달**(auditory brain development)이라는 용어를 사용한다. 청각중추 발달에 대해 사용하는 다른 용어는 **청지각 발달**(auditory perceptual development)이다. 제1장의 청각 피드백 순환경로에 대한 논의를 참조하라.

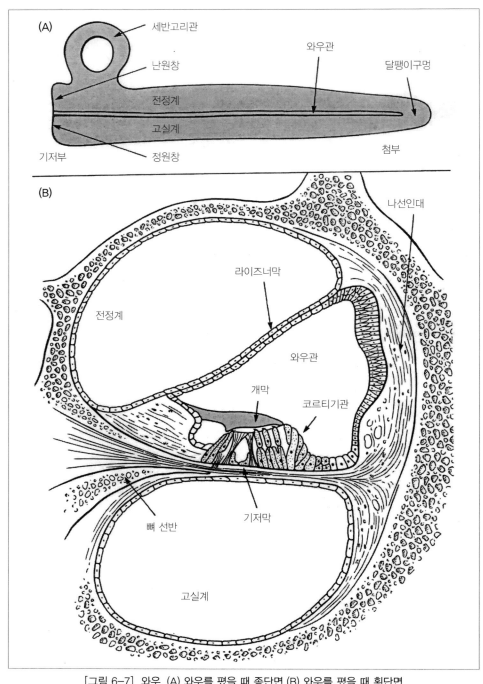

[그림 6-7] 와우. (A) 와우를 폈을 때 종단면 (B) 와우를 폈을 때 횡단면
출처: Denes & Pinson (1993).

핵심 실제 #16

> 아동이 듣는 것과 말하는 것 사이에는 직접적인 연관성이 있다. 말소리의 음향적 특성과 아동의 청각 수준(청력도에 나타난)의 관계는 아동 개인의 듣기 요구를 위한 목표 자극을 정하는 데 도움이 될 것이다. 청력도는 청력손실의 유형을 나타낸다. 아동이 보청기와 인공와우를 통해 듣는 청력도에 대한 협의도 적절한 교수 목표와 과정을 결정하는 데 도움을 줄 것이다.

말소리 신호의 세 가지 측면은 주파수, 강도와 지속시간이다(Fry, 1999). **주파수**(frequency)는 일정 시간(대개 1초) 내에 발생하는 소리의 파동을 지칭한다. 우리의 뇌는 주파수를 높낮이로 인식한다. 소리의 높낮이는 새소리처럼 높거나 천둥소리처럼 낮기도 하다. 1초에 발생하는 주파수는 Hertz(Hz)라는 용어로 규정된다. **강도**(intensity)는 소리 파동에서 세기(크기) 또는 에너지의 양이다. 강도는 소리의 크기로 인식된다. 소리의 압력 수준은 강도로 기술하여 데시벨(dB)로 측정된다. 낮은 강도의 패턴은 부드럽거나 조용한 소리로 들린다. 큰 강도의 파동은 큰 소리를 야기한다. **지속시간**(duration)은 초, 100분의 1초 또는 더 작은 단위로 측정된다. 지속시간은 초기 패턴 인식에 중요한 요소로 아동이 듣고 말하기를 배우는 데 있어 우선되어야 한다. 우리의 뇌는 음절의 강세와 짧고 긴 모음 차이를 포함한 말소리 신호의 다른 측면을 해석하는 데 지속시간 단서를 사용한다.

핵심 실제 #17

> 교사는 아동의 청력도를 이해할 수 있어야 하고, 아동이 교실에서 들을 수 있는 것과 연관하여 청력도가 의미하는 바를 이해해야 한다.

청력도는 개인의 듣기 패턴을 그림으로 표현한 것이다. [그림 6-8]은 교사가 전달받은 청력도의 예시이다. 청력도에는 두 가지 중요한 특징이 표시된다. 가로축은 소리의 주파수 또는 높낮이를 나타낸 것으로 왼쪽은 저주파이고 오른쪽은 고주파이다. 세로축은 데시벨 또는 소리의 크기를 나타낸다. 그림의 아래쪽은 아동이 듣기 전의 소리를 나타낸다. 그림의 위쪽에 표시된 것은 소리를 들을 수 있는 아주 작

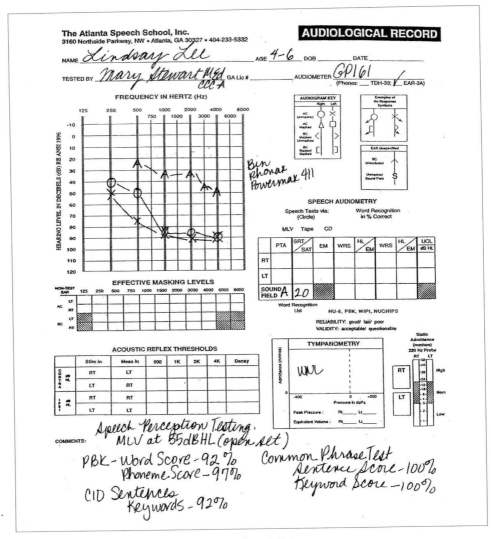

[그림 6–8] 종합청력도

은 소리를 나타낸다.

청각사는 아동이 거의 들을 수 없는 수준 또는 각 주파수를 감지하는 정도의 크기 수준을 결정하는 순음청력검사를 시행한다. 아동이 거의 들을 수 없는 소리를 감지하는 수준을 역치라 한다. 순음청력검사는 초기에는 보청기를 착용하지 않고 시행된다. 이것을 보청기를 착용하지 않은 상태의 검사(unaided testing)라고 한다. 청각사는 다른 높낮이에서 아동이 들은 것을 측정하고 그래프에 dB 수준과 높낮이를 표시한다. 오른쪽 귀의 결과는 (빨간) ○표로 표시되고, 왼쪽 귀는 (파란) ×표로 표시된다. 청각사는 각 귀에 표시된 것을 선으로 연결한다. 청각사는 아동이 **보청기를 착용한** 경우 청력도상에 'A'로 표시한다. 순음청력역치의 패턴을 청력 수준이라 한다. 청각사는 PTA 평균(순음청력)을 계산한다. 이는 500Hz, 100Hz, 2000Hz에서의 평균이다. 전형적으로 각 귀는 다른 반응 패턴을 보인다. 청력도 자체는 여러 가지 표시로 핵심 요소를 설명해 준다. [그림 6-8]의 예시에서 Lindsay의 PTA 평균은 약 42dB이며 저주파에서 왼쪽 귀보다 오른쪽 귀가 약간 더 좋다는 것을 알 수 있다.

청각사는 여러 가지 방법을 통해 정보를 얻는다. **행동반응검사**(behavioral response testing)는 소리에 대한 반응으로 신체 움직임과 얼굴 표정의 변화 등을 살피는 검사이다. **시각반응검사**(visual response testing)는 소리 자극이 제시된 후에만 나타나는 시각 자극물을 활용하는 검사이다. 소리에 대한 반응은 소리 자극 제시 후 아동이 자극물을 바라보는지로 살필 수 있다. 아동에게 조건화된 시각반응 훈련을 시킬 수 있다. 놀이청력검사는 아동이 소리를 듣고 판에 페그를 끼우게 하는 것처럼 놀이를 활용하여 자극에 대해 명확하고 관찰 가능한 반응을 하도록 하는 검사이다. 청각사는 순음검사 시, 자극음을 기도, 골도를 통해 들려줄 수 있다. **기도검사**는 청각 부스 안에서 외이도에 이어폰을 끼우거나 귀에 헤드폰을 씌운 다음, 스피커를 통해 아동에게 소리를 제시하는 검사이다. Lindsay는 기도검사를 받았다. **골전도검사**(bone conduction testing)는 소리에 반응하여 진동하는 진동자를 통해 소리를 제시하는 검사이다. 진동자의 위치는 아동의 머리나 유양돌기, 귓바퀴이며 대부분 귓바퀴 뒤쪽이다. 골전도검사의 경우, 진동은 외이나 중이를 우회하지 않고 내이로 직접 전달된다.

평가는 ABA(American Board of Audiology), F-AAA(Fellow-American Academy of Audiology), CCC-A(Certificate of Clinical Competence-Audiology), CF-A(Clinical Fellow-Audiologist) 중 하나의 자격증을 가진 청각 전문가가 실시해야 한다. 모든 청각사는 청각 박사학위(AuD, PhD)나 석사학위가 있다. 청각사가 아닌 보청기 회사에서 실시한 평가는 교사에게 필요한 전문적이고 다양한 정보를 제시해 주지 못할 수 있다.

모든 검사의 결과를 분석한 후, 청각사는 아동의 청각 유형을 결정한다. 청각 유형은 전도성, 감각신경성, 또는 청각신경병증 중의 하나일 것이다. 전도성 청각장애는 소리를 내이로 '전달'하는 데 하나 이상의 문제를 가진 것이다. 감각신경성 청각장애는 소리를 뇌로 보내는 신경 체계의 기능 이상인 경우이다. 청신경병증의 경우 달팽이관의 외유모세포는 정상적이나 뇌로 신경전달을 하는 데 문제를 가지는 상태를 말한다. **혼합성 청각장애**는 청력손실의 원인이 혼합된 유형이다. 〈표 6-3〉에 부가적인 검사들이 제시되어 있다.

〈부록 B〉에는 말명료도 검사에 사용되는 평가도구가 제시되어 있다. 항상 주의할 것은 말소리검사에서 아동에게 제시하는 단어는 아동이 이미 알고 있는 단어여야 한다는 것이다(어음인식역치검사는 예외). 올바르게 반응할 수 없는 어휘를 사용하여 아동에게 말소리과제를 수행하도록 하는 것은 부적절하다. 보청기 피팅 시, 청각사는 아동의 역동 범위를 기록해야 한다. 역동 범위란 사람이 감지할 수 있는 가장 작은 소리(역치)와 불편을 참을 수 있는 가장 큰 소리(불쾌역치, UCL) 간의 차이이다. 우리가 불편하지 않게 들을 수 있는 모든 소리는 역동 범위 안에 속한다. 청력손실이 클수록 역동 범위는 좁고, 소리 간의 차이를 인식하는 것이 어렵다([그림 6-9] 참조).

〈표 6-3〉 부가적인 청력검사

유형	목적
시각적 검사 (Visual Inspection)	외이, 외이도, 고막 검사. 이경(otoscope)을 이용하여 외이도와 고막을 검사하는데 청각에 영향을 주는 기형, 방해물 감염의 징후가 있는지 검사한다.
고막운동성검사 (Tympanometry)	고막의 움직임을 측정. 외이도에 작은 튜브를 삽입하고 공기의 압력을 증가시키거나 감소시킬 때 고막의 움직임을 측정한다. 고실검사는 고막이 이러한 변화에 정상적으로 반응하는지 측정한다. 검사 결과는 팀파노그램에 그래프로 출력된다.
이음향방사검사[1] (Oto-Acoustic Emissions: OAE 검사)	내이의 소리 감지능력을 측정

---

[1] 역자 주: 와우에 있는 외모세포가 움직여서 외이도로 에너지가 방사되면 외이도에서 매우 낮은 강도의 소리에너지를 측정할 수 있다는 원리에 기초한다. 중이의 상태를 민감하게 반영하게 되며 와우(외모세포) 기능의 평가에 유용하다.

반사피로검사[2] (Acoustic Reflex)	중이에서 소리에 반응하는 등골근의 반사적 활동성을 측정
뇌간유발반응검사[3] (Auditory Brainstem Response: ABR 검사)	소리에 대한 뇌간 신경 반응을 측정
어음인지역치 (Speech Awareness Threshold)	아동이 반응하는 데 필요한 말소리의 크기 측정
어음청취역치 (Speech Reception Threshold)	들려준 단어를 따라 말하거나 단어를 의미하는 그림을 가리키는 방식으로 반응하여 들려준 단어 목록의 50% 정반응하는 데 필요한 말소리 크기를 측정
감각 수준 (Desired Sensation Level)	보청기를 적절하게 적합하는 데 결정하기 위해 컴퓨터를 이용하는 방법으로, 아동의 역치와 불쾌역치 사이에 맞는 소리를 증폭시키도록 세팅한 것이다.
어음명료도검사 (Speech Intelligibility Testing)	아동이 말소리를 변별하거나 인식하는 능력을 측정. 역치보다 높은 강도 수준에서 진행하며, 특정 단어, 구 또는 문장을 사용한다. 폐쇄형 검사 세트이므로 아동은 자신이 듣는 단어가 어떤 것인지 알고 고를 수 있는 이점이 있다. 개방형 검사 세트로 진행하면 아동은 내용에 대한 사전 지식이 없이 질문에 대답하거나 단어, 구 또는 문장을 반복해야 한다.

---

2) 역자 주: 강한 소리 자극을 들려줄 때 등골근이 반사를 일으키도록 자극하는 원리에 기초한 방법이다.

3) 역자 주: 뇌에서 일어나는 전기적 반응활동이 수면이나 마취상태에서도 지속되므로 생후 4, 5개월의 유아에게 실시 가능하다.

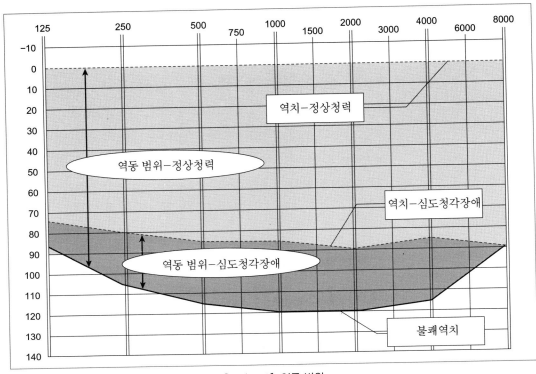

[그림 6-9] 역동 범위

출처: Courtesy of Ellen Estes.

핵심 실제 #18

> 아동에게 말을 듣는 것을 가르칠 때, 항상 현저한 차이가 있는 소리를 제시하라. 이러한 차이는 아동이 소리의 구별을 배우는 데 필요하다. 소리의 차이가 현저하지 않으면 아동은 차이를 단지 짐작할 뿐이다.

말소리 간 명백한 차이를 두어 소리를 제시하기 위해 반드시 알아 두어야 할 점은 바로 말소리의 음향적 특징, 특히 소리의 포먼트를 분석하는 것이다. 이러한 분석은 아동이 어떤 소리의 일부분을 들을 수 있는지 없는지를 알 수 있게 해 준다.

shoe에서 모음 −oo−를 말할 경우 성도에서 진동을 느낄 수 있다. 성대가 열리고 닫히는 속도를 **기본 주파수**(fundamental frequency: F0)라 한다. 이것은 소리에 가장 낮은 에너지 또는 주파수를 제공한다. 성대가 더 높은 주파수를 산출할 때 배음 (harmonics, overtones라고도 알려짐)이라 한다. 이러한 배음은 성도의 모양에 의해

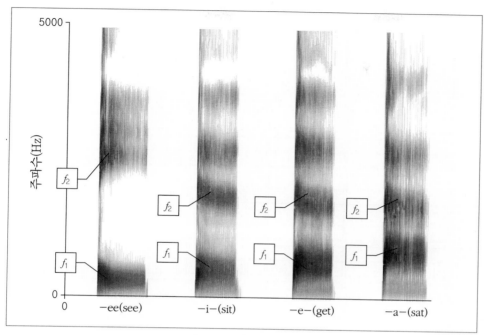

[그림 6-10] 모음의 스펙트로그램

출처: Courtesy of Ellen Estes.

증폭(더 큰 소리를 냄)되거나 작아진다. 증폭된 배음은 포먼트(F1, F2, F3 등)라 한다. 사람이 말을 할 때 성도의 모양이 변한다. 다른 모양은 다른 포먼트 주파수를 증폭시킨다. 사람은 말소리에서 소리를 구분하고 인지하기 위해서 최소한 두 개의 포먼트(F1과 F2)를 감지할 수 있어야 한다.

　스펙트로그램은 소리의 주파수를 시각적으로 나타낸 것이다. [그림 6-10]에서 보듯 −ee−(feet), −i−(hit), −e−(get), −a−(cat)의 스펙트로그램이 있다. 가로축은 시간을 나타내며 세로축은 주파수(높낮이)를 나타낸다. 소리의 강도는 자극의 명암으로 나타낸다. F1은 짙은 밴드로 볼 수 있으며, F2는 에너지의 터트림을 볼 수 있다. −ee−(feet), −i−(hit), −e−(get), −a−(cat)의 네 가지 소리를 말할 때 입에서 차이를 느낄 수 있을 것이다. 포먼트가 높아질수록 강도는 낮아져 자국이 점점 흐려지는 것을 볼 수 있다.

　[그림 6-11]에 영어 모음의 F1, F2가 있다. [그림 6-10]과 달리 가로축에 주파수가 보인다. 화자와 남녀 간의 차이는 있지만 비슷한 에너지 패턴의 모음을 산출한

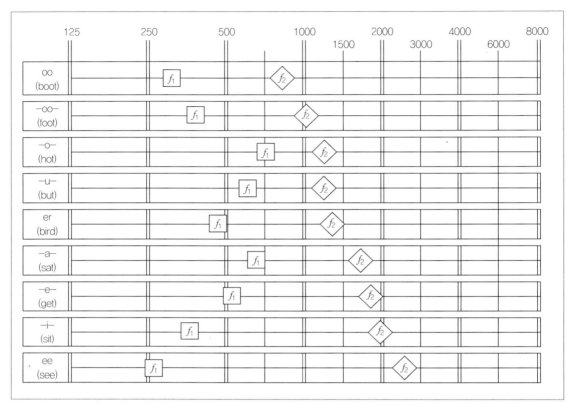

[그림 6-11] 영어 모음의 포먼트

출처: Courtesy of Ellen Estes based on *The Speech Chain* (Denes & Pinson, 1994); De Boysson-Bardie (1989).

다(De Boysson-Bardie, 1989). 왼편에 있는 사각형의 f_1은 첫 번째 포먼트를 나타내며 오른편에 있는 마름모 f_2는 두 번째 포먼트를 나타낸다. 아래쪽으로 갈수록 고주파수의 F2포먼트를 나타낸다. 1000Hz 이상의 주파수를 듣기가 어려운 아동은 모음 구분이 어려울 수 있다. 이 경우 아동에게 들을 수 없는 소리 간의 차이를 아동이 듣기를 기대해서는 안 된다. 아동이 들을 수 있는 능력 밖의 듣기를 발달시키려 한다면, 아동이 청각 능력에 의존하기보다는 소리 간의 차이를 짐작하여 배우게 할 것이다(Pollack, Goldberg, & Caleffe-Schenck, 1997). 그런데 아동의 청각 발달 초기 단계에서는 짐작하는 것을 발달시키는 것에 주의해야 한다. 다행히도, 모음 -oo-와 -ee-는 독화가 부가될 때 더 쉽게 확인이 되어 아동은 보는 동시에 들어서 확인할 수 있을 것이다.

핵심 실제 #19

> 아동이 소리와 소리 사이의 전이(transition)되는 정보를 들을 수 있도록 모음과 자음이 조합되는
> 동시조음으로 새로운 말하기 기술을 가르치라.

뇌는 자음을 이해하는 데 모음이 전이되는 정보를 사용한다. 말소리는 정적
이지 않아서 뇌는 소리가 다른 소리로 움직일 때 일어나는 전이 정보를 사용한
다. 소리뿐만 아니라 소리의 움직임도 사용한다. [그림 6-12]에서 'see'라는 단
어를 말하고 'she'라고 말한 스펙트로그램을 보자. 첫번째 소리 /s/는 고주파 요
소(Location1=L1)인 것을 볼 수 있다. 다음 화자의 목소리는 높은 /s/에서 모음
/-ee-/(Location2=L2)로 움직인다. 이것을 F2 변환 또는 변환점(point of transition)
이라 하는데, 에너지가 다음 포먼트 밴드로 경사를 이루어 /sh-/ 소리가 더 좁은 주
파수 범위(Location3=L3)로 구성된다. /sh-/ 소리는 /s/ 소리보다 두 번째 포먼트

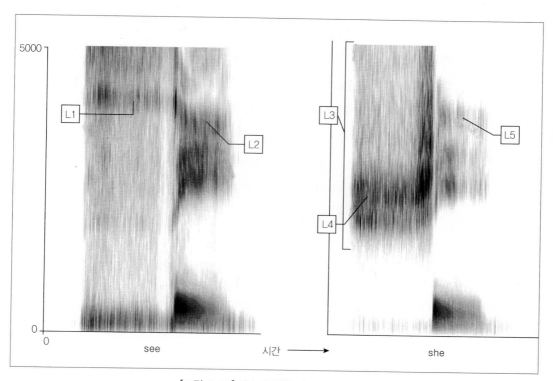

[그림 6-12] 말소리 변환 시 스펙트로그램

출처: Illustration by James Poulakos and Ellen Estes 2006.

가 더 낮고(Location4=L4), /−ee/ 소리(Location5=L5)는 다르게 변환한다. 우리의 뇌는 'see'와 'she'를 인식하는 데 전이 정보를 사용한다. 즉, 뇌는 들을 때 정보를 해석하기 위해 정적 상태의 주파수와 전이 정보 모두 이용한다. 이러한 이유로 다른 소리 환경에서 말소리를 가르치는 것이 아주 중요하다. 이것을 동시조음이라 한다(Denes & Pinson, 1992; Ling, 2002).

핵심 실제 #20

> 아동에게 고주파와 저주파 소리를 가르칠 때 아동의 보청기와 가까운 범위 내에서 말하는 것이 가장 중요하다.

검사 부분에서 기술한 바와 같이 아동이 듣기에 아주 작거나 안 들리는 수준을 **청각역치 수준**이라 한다(Berg & Stork, 1995). 말소리의 가장 큰 소리와 가장 작은 소리 간의 범위는 넓다. 말소리의 많은 측면은 말소리의 평균 강도 범위(50~65dB) 이상에 있다. 낮은 주파수의 말소리와 높은 주파수의 말소리는 스펙트럼의 중간 말소리보다 더 작다. 말소리의 모음은 가장 큰 말소리이다. 모음은 개방모음과 폐쇄모음으로 분류된다. **개방모음**(open vowels)은 공기 흐름이 가능하도록 혀가 입천장에서 떨어지는 것이며 **폐쇄모음**(closed vowel)은 공기의 흐름을 제한하도록 입천장을 혀로 막아 형성하는 모음이다. 폐쇄모음은 개방모음보다 소리가 더 작다. 가장 큰 모음 소리는 개방모음으로, −aw는 가장 작은 폐쇄모음 −ee−보다 3배 이상 강하다. 자음도 크기의 범주가 있다. 어두초성 /r/은 강도가 가장 센 자음이며 소리에너지가 가장 작은 모음과 같은 크기이다. 어두 초성 /r/은 무성자음 /th/보다 200배 이상의 강도를 가진다. 비음의 공명은 〈표 6−4〉에서 보듯 모음의 공명보다 약하다.

〈표 6-4〉 말소리의 강, 약음

강음	기술
aw	(가장 강함, 또는 강도가 가장 큰 모음)
중모음	(두번째로 큰 소리)
r	(가장 강한 자음)
약음	기술
ee	(가장 약한 모음)
무성 th	(가장 약한 자음)
모음 포먼트	
유성/무성 마찰성	

출처: Denes & Pinson (1993).

핵심 실제 #21

> 아동의 귀 가까이에서 말하라. 크게 말하지 말라.

　말할 때 강도를 높이는 방법은 크게 말하는 것이 아니라 가까이에서 말하는 것이다. 크게 말하면 소리의 음향적 속성을 변화시키게 되어 아동이 전형적인 소리 유형을 들을 수 없다. 아동이 90cm 거리에서의 보통 소리를 들을 수 없으면 더 가까이 다가가라. 90cm 거리에서 보통의 말소리는 50~65dB인데, 10cm 이내에서는 90dB이 된다. 아동이 듣고 배우는 것을 도와줄 때 명심해야 하는 중요한 사항이다. [그림 6-13]은 검사자가 다른 크기 수준으로 단어들을 말할 때, 사람들이 올바르게 식별하는 단어의 비율을 나타내는 그래프이다. 이 그림은 조용히 말하면 대부분의 사람은 단어를 단지 몇 개만 듣거나 거의 알아들을 수 있는 단어가 없다는 것을 나타낸다. 약 60dB이 되어야 사람들이 올바르게 대부분의 단어를 식별하기 시작한다. 이것은 역치가 30dB인 아동은 알고 있는 단어라도 단어를 놓친다는 것을 나타낸다. 가까이 다가가는 것이 아동이 소리를 인식하는 데 도움을 줄 것이다.

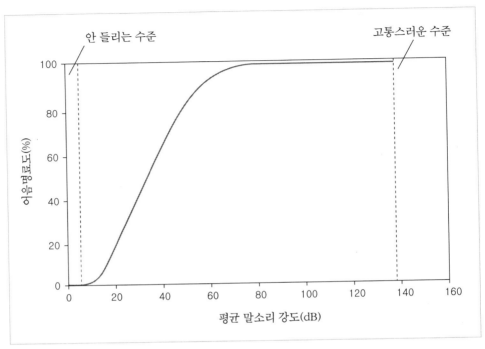

안 들리는 수준

고통스러운 수준

[그림 6-13] 강도 수준에 따른 어음명료도

출처: Denes & Pinson (1993).

핵심 실제 #22

> 아동은 다양한 지속시간(장단, 단속)의 말소리를 듣고 사용하는 연습을 할 필요가 있다.

단어를 해석하기 위해 뇌는 소리의 상대적 크기보다는 소리의 지속시간을 이용한다. 예를 들면, OBject와 obJECT에서 첫 음절이 긴 경우와 두 번째 음절이 긴 경우 의미가 달라진다. 지속시간이 통제 요인이 된다.

핵심 실제 #23

> 아동에게 두 개의 소리를 구분하도록 할 때, 항상 이 두 개의 소리가 아동의 뇌가 감지하는 데 충분한 차이가 있는지 확인하라.

시각, 청각, 후각, 미각, 촉각의 감각을 가진 것들 중에서 한 가지 감각 내에서 두 가지 자극이 다르다는 것을 알기 위해 얼마나 차이가 있어야 할까? 시각, 청각, 후각, 미각, 촉각의 감각의 어떤 측면이든 '차이가 있다'는 것을 알기 위해서는 '최소한 의 차이'가 필요하다(Denes & Pinson, 1993). 청각장애 아동이 주파수와 강도에서 차이가 있음을 인지하기 위해서는 더 큰 최소한의 차이가 필요하다. 그러나 지속시간의 경우는 그렇지 않다. 지속시간의 차이는 건청인과 청각장애인 모두 사실상 동일하다. 그래서 아동에게 지속시간이 다른 소리(예: 비행기를 '윙~', 토끼를 '깡총')를 듣도록 청각적 자극을 주기 시작한다. 주파수와 강도가 차이가 나는 과제를 진행할 때에는, 더 크고 두드러진 변화가 있는 것(예: 'mom'과 'see')을 먼저 한 후, 차이가 작은 것(예: 'bee'와 'me')을 나중에 한다.

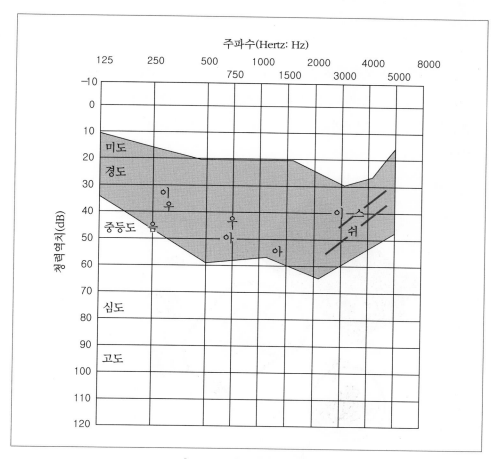

[그림 6-14] 말소리 청력도

출처: Customized by Brad Ingrao, Electronic Deaf Education Network.

[그림 6-13]에는 여러 소리 강도 수준에서 사람이 정확하게 단어를 들을 수 있는 비율이 제시되어 있다. [그림 6-14]에는 각 주파수 수준에서 못 듣거나 거의 들을 수 없을 때 놓칠 수 있는 소리들에 대한 정보가 제시되어 있다.

보청기, 와우 및 청각 보조장치

핵심 실제 #24

> 아동의 청각 보조장치와 듣기 환경을 지속적으로 주의 깊게 점검한다면 아동이 소리를 듣고 이해할 가능성이 커지게 된다.

오늘날 청각장애 아동에게 소리를 전달하는 데 도움을 주는 이용 가능한 장치가 많다([그림 6-15] 참조). 각 아동에게 가장 적합한 수준에서 귀를 자극하는 청각 프로그램 또는 보청기 및 인공와우 조절은 청각 평가에서 확인된 아동 개인의 요구에 기초한다.

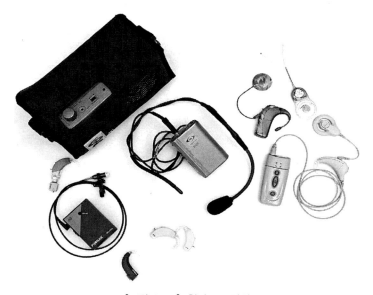

[그림 6-15] 청각 보조장치

출처: Photographed by John Zimmermann.

보청기

보청기의 목적은 소리를 크게 만들어 주는 것으로 각각 다른 크기와 형태를 가진 여러 종류의 보청기가 있다. 모든 보청기는 배터리를 사용한다. 마이크로 소리를 모으고 소리를 처리하는 전기적 회로가 있어 소리를 크게 만들고, 스피커는 소리를 더 크게 낸다. 그리고 모든 보청기는 소리를 아동의 귀에 명확하게 맞추어진 재료를 통해 관을 따라 외이도로 이동한다. 아동의 귀에 맞춘 재료를 이어몰드라고 부른다. 외이도와 이어몰드 사이가 꼭 맞는 것이 중요하다. 만약 꼭 맞지 않다면 소리가 누출되고 보청기 자체의 마이크로 소리가 들어가서 피드백을 만들게 된다. 피드백은 비명과 같은 고음도의 소리를 낸다. 만약 보청기에 지속적으로 잡음이 생긴다면 이어몰드 또는 관이 갈라지거나 깨졌는지 또는 아동의 귀가 커져서 새 이어몰드가 필요한 것인지, 이어몰드가 더 이상 꽉 맞지 않는지 체크하는 것이 중요하다. 청각사는 피드백을 야기하는 원인을 결정하는 데 도움을 주고, 필요할 경우 새로운 이어몰드를 만들 것인지에 대해 도움을 줄 수 있다.

인공와우

어떤 경우에는 단지 소리를 크게 만드는 것으로 충분하지 않을 수 있다. 소리 크기만으로 소리를 명료하게 하고 말을 이해하도록 만들지는 못한다. 이러한 경우, 뇌로 전달되는 소리의 품질이 명료하지 못할 수 있다. 이러한 감각은 안테나를 벗어나서 잘 수신되지 않는 라디오 방송을 듣는 것과 비슷한 느낌이다. 말소리는 잡음이 들리면서 왜곡되고 흩어진다. 이 경우 라디오 소리를 크게 틀어도 아나운서의 말을 이해하는 것이 어려울 수 있다. 이러한 경우 아동과 성인은 인공와우 시술로 많은 경우 효과를 볼 수 있다.

모든 인공와우는 내부 장치와 외부 장치가 있다. 내부 장치는 수신기에 붙는 전극배열선(electrode array)으로 구성된다. 전극배열선은 피부 안쪽에 수술을 통해 삽입되고, 수신기는 귓바퀴 뒤쪽 부근 두개골의 피부 아래에 위치한다. 외부 장치는 마이크로폰, 어음처리기, 송신기, 배터리로 구성된다. 최소 하나의 전기 코드가 외부 장치의 여러 구성과 연결된다.

마이크로폰은 소리를 모아 어음처리기로 보낸다. 어음처리기는 소리를 분석하고, 전기에너지로 전환시키고, 송신기를 통해 내부 장치로 보낸다. 내부 장치는 전기적 신호를 인공와우에 삽입된 전극배열선에 보낸다. 전극들은 전기에너지로 인공와우의 청신경을 직접적으로 자극한다. 청신경은 발화하여 신호를 신경통로를 따라 뇌의 청신경 피질에 보냄으로써 자극에 반응한다.

보청기를 착용할 것인지 인공와우 이식 수술을 받을 것인지에 대한 결정은 여러 가지 요인에 따라 다르다. 청각사는 의사와 함께 이 가능성을 검토한다. 또한 교사와 부모는 일과 중 아동에게 여러 가지 자극을 제시하고, 그 자극에 대한 아동의 반응을 기록한다. 그리고 이 기록된 정보를 통해 얻은 중요한 의견을 제시한다.

청각 보조장치

보청기와 인공와우 외에도 유용한 청각 보조장치가 많다. 교실에서의 소음 관리 방법에 관한 부분에서 이러한 것들을 언급할 것이다.

청각 보조장치의 고장 해결

장치가 작동을 하지 않을 경우 대부분 배터리의 소진이 원인이다. 청각 보조장치에 맞는 배터리를 가까이 가지고 있어야 하는 점을 명심해야 한다. 청각 보조장치가 전선(또는 코드)으로 연결된 부분이 있을 경우 그것을 재빠르게 대체할 수 있는 여분의 코드도 가지고 있어야 한다. 청각 보조장치에 적당한 부속인지 알아야 하며, 바른 부속으로 바꾸는 방법도 아는지 확인해야 한다. 다른 고질적인 문제는, 특히 더운 지역에서의 땀으로 인한 습기이다. 보청기나 인공와우를 말릴 수 있는 장비도 구입해야 할 것이다. 이어몰드가 느슨해질 경우 피드백을 경험할 수 있다. 청각사와 상의하여 아동에게 맞는 크기의 이어몰드를 확인해야 한다. 청각사에게 긁히는 소리가 있는지 또는 소리가 질적으로 감소되었는지를 보고해야 한다. 특정한 보청기나 인공와우가 가지는 고장에 대한 정보는 제조사의 웹 사이트나 아동의 청각사와 상의해야 한다. 모든 청각 보조장치는 문제를 일으키는 것에 대한 원인이나 해결방법을 빨리 알 수 있도록 돕는 문제해결 안내서가 함께 제공된다.

청각사와의 협력

청각사의 보고서 양식([그림 6-16])은 학생들이 방문할 때 피드백을 요구하기 위해 사용될 수 있다. 청각사는 아동의 청각적 잠재력에 대한 귀중한 정보를 제공할 것이다. 장치의 적절한 기능과 아동의 청각적 능력을 지속적으로 추적하고, 청각사와 함께 이러한 정보를 나누어야 한다. 장치를 수선할 필요가 있을 경우에 청각사와 손쉽게 지속적으로 연락이 가능해야 한다.

아동의 능력을 향상시킬 수 있는 교실 음향학

핵심 실제 #25

> 건청 아동은 원치 않는 주변 소음을 차단할 수 있다. 그러나 청각장애 아동은 차단에 어려움을 가진다. 특히 교실에서 보청기 또는 인공와우를 통과하는 소음으로 인해 교사의 목소리가 안 들릴 수 있다. 따라서 가능한 한 최대 범위의 주변 소음을 감소시켜야 한다.

교실에서 소음과의 거리는 다른 사람의 말을 잘 감지하고 이해하는 데 영향을 준다. 청각 보조장치는 듣기를 개선시키지만, 다른 요인들이 아동의 도전을 더 쉽게 만들기도 하고 상대적으로 어렵게 만들기도 한다. 특히 아동에게 중요한 것은 아동이 교사의 목소리를 듣고 이해하는 능력이다. 이해하는 데 영향을 주는 물리적 측면은 반향음, 신호 대 잡음비 그리고 거리이다.

교실에서 말소리를 이해하는 데 영향을 주는 첫 번째 측면은 **반향음**(reverberation 또는 echo)이다. 소리가 표면에 닿으면 소리는 표면을 통과하거나 흡수되거나 새로운 방향으로 튀거나 여러 방향으로 흩어진다. 이러한 행동이 동시에 몇 가지씩 조합

청각사 보고서

이름: _____   방문일: _____

보장구 유형

____ 귀 ____ 보청기   제조회사 _____   기종 _____
____ 귀 ____ 인공와우   제조회사 _____   와우 기종 _____
                                                    어음처리 방식 _____

검사 조건:

_____ 보장구(유□, 무□) (연습과제 첨부)
_____ 프로그램과 환경의 변화(연습과제 첨부)
_____ 변화 없이 피팅
_____ 기타:

장비 교체:

_____ 이어몰드 본뜨기   _____ 이어몰드 피팅
_____ 보청기 수리(시리얼 # _____)   _____ 대여 보청기 피팅

보청기 세팅:

귀	음량	출력	음조	기타
우-(R)				
좌(L)				

인공와우 세팅:

귀 : ____ R ; ____ L ; ____ Both

Settings	Program 1	Program 2	Program 3	Program 4
어음처리 방식				
음량				
민감도				
적용상황				
특이사항				
학교 적용				

권고사항: _____

_____

청각사:

전화번호:

팩스:

E-mail:

[그림 6-16] 청각사 보고서 양식

출처: Adapted from Koch, M. E.: *Performance based trouble shooting of cochlear implants*: AAA Convention 2002; Atlanta Speech School *Dispensing Audiologist Update*, 2006; Moog Center for Deaf Education *Team Tracking Form*, 2004.

되어 나타날 수도 있다. 예를 들어, 벽은 어떤 소리는 흡수하고 어떤 소리는 반사한다. 단단하고 매끄러운 표면은 반사를 더 많이 하는 경향이 있다. 직물로 된 부드러운 표면은 소리를 흡수한다. 반향음은 소리를 표면에서 반사하는 소리이다. 반향음은 원하지 않는 배경소음까지 합쳐진다.

　교실에서 말소리를 이해하는 데 영향을 주는 두 번째 물리적 측면은 신호 대 잡음비(S/N ratio)이다. 인접한 방에서 벽을 통한 소리의 전달은 원하지 않는 다른 음원이기도 하다. 전형적으로 소리의 고주파 요소는 표면에서 흡수되고 저주파 요소는 벽을 통해 전달된다. 다른 배경소음원은 에어컨, 형광등의 잡음, 프로젝터의 소리, 종이 바스락거리는 소리, 의자 끄는 소리 등이다. 종종 주변 소음은 교실에서 선생님의 목소리나 다른 친구의 소리를 압도한다. 배경소음이 있을 때 말소리의 이해도를 계산하기 위해 신호 대 잡음비를 측정한다. 교사의 소리 수준에서 배경소음을 빼면, 양수(+) 또는 음수(−)의 수가 나온다. 양수가 클수록 교사의 목소리가 잘 들린다. 신호 대 잡음비가 음수일 때, 배경소음이 교사의 목소리보다 더 큰 것을 의미한다. 신호 대 잡음비가 +10인 것은 교실에서 최소한으로 적정한 것으로 고려된다. 청각장애 아동은 최소한 +15의 신호 대 잡음비를 필요로 한다.

　칠판과 같은 단단한 표면이 교사 뒤에 있으면 교실에서 소리를 더 잘 반사시킨다. 천장 중앙의 단단한 표면은 교실의 뒤까지 소리를 반사한다. 전략적으로 배치된 반사 표면이 말을 이해하는 데 더 좋을 수도 있다. 반사 표면과 반대쪽에 표면과 옆벽과 뒷벽과 바닥에 흡음 재료를 두는 것이 반향음을 없앤다. 교실 소음을 어떻게 관리할 수 있는지 〈표 6-5〉에 제시되어 있다.

　교실에서 말소리를 이해하는 데 영향을 주는 세 번째 물리적 측면은 거리이다. 소리 수준(크기)은 청자가 음원에서 멀어질 때 감소한다. 음압은 음원과 청자의 간격이 두 배가 됨에 따라 6dB씩 감소한다. 거리는 신호 대 잡음비를 변화시킨다. 예를 들어, 교사가 학생과 1미터가량 떨어져 있을 때 신호 대 잡음비는 +10, 교사가 교실을 가로질러 3미터 정도 떨어진 곳으로 이동하면 +4가 된다. 거리의 영향을 감소시키는 가장 중요한 방법은 청자에게 가까이 가는 것이다. 교사는 지시를 반복하면서 종종 교실 안을 옮겨다니는데, 교실의 여러 곳에 있는 학생과의 거리를 멀리 또는 가까이 하면서 지시를 반복한다. 크게 말하는 것은 소리를 굴절시키고 교사의 목소

〈표 6-5〉 교실에서의 소음 관리

문제	해결	예
반향시간	방의 크기를 감소시킨다.	• 천장 낮추기

	소리의 흡수를 증가시킨다.	• '부드러운' 재료 사용
		  −천으로 된 벽면, 카펫, 천장에 방음
		   타일, 배플과 배너 걸어 놓기, 커튼
		• 뒷벽에 방사재료 설치
		• 교실 전체에 볼록 판넬 설치

	벽이 평행하지 않게 벌린다. 천장의 각도 반사 부분을 넓힌다.	
기계적 소음	최신 난방기, 환풍기, 에어컨 시설을 설치한다.	• 팬의 속도가 느린 것 사용하기 • 표면이 단단한 덕트 대신에 내부에 천 을 댄 덕트로 대치 • 덕트에 소음장치 설비 • 덕트를 이설 • 조용한 것으로 공기조절기 대치
실내 소음원	밀폐제로 바닥과 벽 사이의 간격을 감소시킨다.	
	바닥부터 천장까지 벽을 확장한다.	
	단단한 문이 아닌 움푹 파인 문으로 대치한다.	

	소리가 빠져나가지 않도록 문을 설치한다.	• 옆교실의 문과 가까이 나란히 두지 않
		  기
		• 복도를 가로질러 교실문이 서로 마주 보
		  게 두지 않기

	교실을 소음원에서 멀리 놓는다.	• 카페테리아, 체육관, 목공소, 음악실
	벽에 흡음 재료 설비를 한다.	
	낡은 장비를 제거한다.	• 개방형 교실 • 배경소음이 임의적이지 않음: 다른 교 사의 알아들을 수 있는 목소리 • 단단한 천장, 단단한 벽, 단단한 바닥 • 창문형−벽걸이형 에어컨
외부 소음	벽, 문, 창문이 잘 맞게 설치한다.	
	이중 유리창을 사용한다.	

	교실의 위치를 소음으로부터 멀리한다.	• 공항, 고속도로, 운동장, 잔디깎는 기
		  계, 쓰레기 수집 용기, 건물 근처의 시
		  끄러운 기계류

출처: Kolle (2006); Nixon (2004); Seep, Glosemeyer, Hulce, Linn, & Aytar (2000).

리에 긴장성을 더하므로 교사 목소리의 음향학적인 특성을 변화시킨다. 거리의 영향을 설명할 수 있는 대안이 필요하다.

신호 대 잡음비를 향상시키고 거리의 영향을 감소시키는 한 가지 방법은 교사가 **청각 보조장치**(assistive listening device: ALD)를 사용하는 것이다. 청각 보조장치는 교사가 마이크를 착용하여 깨끗한 소리를 아동에게 보내는 것이다. 청각 보조장치는 FM 또는 적외선 신호를 사용하여 교실에서 소리를 확성기(또는 화자) 또는 아동의 개인적인 청각장치(보청기 또는 인공와우)로 직접적으로 신호를 보내는 것이다. 교실에서 화자를 통해 전달되는 시스템은 음장체계(soundfield system)라 하고, 소리가 개별 학생에게 직접적으로 전달되는 시스템은 퍼스널 시스템이라 한다. 청각 보조장치는 신호 대 잡음비를 높이고, 말소리 이해도를 개선하고 교사는 성대긴장성을 감소시킬 수 있다. 음장체계가 효과적이기 위해 교실은 반향성이 없어야 하고, 증폭된 소리가 인접한 교실에 소음이 되지 않게 해야 한다. 아동이 보조 마이크폰을 사용하지 않는다면, 청각 보조장치는 교사의 목소리만을 전달하는 것이다.

핵심 실제 #26

> Ling 사운드 검사는 지속적으로 장치의 성능을 살피거나 청력을 모니터하는 데 가장 빠르고 효과적인 방법이다. 게다가 아주 쉬운 방법이다!

청각 보조장치의 일일 점검: 교사의 책임

교사는 청각 보조장치가 작동되는지 정확한 방법으로 매일 점검하고, 아동의 청각 보조장치를 약간씩 조정하면서 아동의 감지 능력이 개선되는지 기록할 필요가 있다. 교실에서 아동의 청각 보조장치를 평가하는 효과적이고 적절한 방법이 'Ling 사운드 검사(Ling Sound Check)'([그림 6-17] 참조)이다. 청각사이자 청각장애 교사인 Daniel Ling이 말소리의 범위를 평가하는 방법을 고안하였는데 아동에게 말소리를 제시해 주고 아동의 반응을 점검할 수 있다. Ling(2002)은 각 소리의 고유한 음향적 특성이 있고 다른 소리와 혼동 가능성이 있는 소리를 선택하였다.

Ling의 소리는 다음과 같다.

'hot'에서 −o−

이 소리는 고강도 저주파 소리로 아동이 가장 쉽게 감지하는 소리이다. 아동이 이 소리를 감지하지 못하면 청각 보조장치를 새로 조정해야 한다. 그러나 우선 청각 보조장치가 켜져 있는지, 배터리가 있는지 확인해야 한다.

'sin'에서 /s/, 'shin'에서 /sh/, 'thin'에서 /th/

이 소리들은 고주파 저강도의 소리들이다. 아동은 이 소리들을 혼동하거나 전혀 듣지 못할 수도 있다. 청각사는 보청기나 인공와우의 고주파 반응을 증가시켜 조절하도록 시도해야 한다.

'hoot'에서 −oo−, 'heat'에서 −ee−

이 소리들은 제1포먼트는 비슷하나 제2포먼트가 달라 서로 자주 혼동되는 소리이다. 청각사는 중간주파수를 다시 조절해야 한다.

'meet'의 /m/

이 소리는 음향적 특성이 −oo−, −ee−와 비슷하여 이 소리들과 혼동될 수 있다. 청각사는 비음공명의 인식을 증가시키도록 저주파를 향상시켜야 한다.

[그림 6-17] 듣기 점검

출처: Phothgraphed by John Zimmermann.

Ling 사운드 검사

Ling 사운드 검사를 실시할 때 다음에 제시된 지침을 따른다.

- 입을 가린다. 이 과제는 듣기만을 검사하는 과제이다.
- 각 소리의 감지 반응을 발달시키는 것부터 시작한다. 교사가 소리를 내고 아동이 소리를 감지했는지의 여부를 아동이 연령에 적합한 방법으로 반응하게 한다. 최소한 두 번의 확인이 필요하다.
- 인공와우를 한 학생이 아무 소리도 감지하지 못한다면 인공와우 담당 청각사와 상의해야 한다. 인공와우를 사용하는 모든 아동은 Ling의 모든 소리를 감지할 수 있어야만 한다.
- 아동의 소리를 감지한 이후 아동이 들은 소리를 모방하도록 요구하여 변별검

사를 시작할 수 있다. 두 번의 시도로 확인을 한다. 이때 Estes 말소리 구분 매트릭스(Estes Sound Confusion Matrix; [그림 6-18] 참조)를 사용한다. 예를 들어, 교사가 −oo−를 말할 때 아동이−ee−를 말하면 해당하는 박스 안에 × 표시를 한다. 아동의 말과 교사의 말이 정확하게 일치하는 것은 중요하지 않다. 아동이 교사의 말과 비슷하게 소리를 내고, 교사가 제공하는 다른 자극들에 다른 소리들을 산출함으로써 아동이 그 소리를 인식하고 있음을 확인하는 것이 중요하다.

- 일상적인 목소리를 사용한다. 아동이 과제에 반응하는 것을 배울 때처럼 처음 단계에서는 교사의 목소리를 크게 하거나 길게 할 필요가 있다. 그러나 아동이 과제를 학습한 후에는 보통의 대화체의 말소리로 제시하고 강조하지 않으면서 말소리를 짧게 낸다.

- 아동과의 거리에 주의한다. 과제를 가르칠 때 아동에게 가까이 갈 필요가 있다. 아동이 과정에 익숙해지면 3피트 이내보다 더 가까이에서 제공하지 않고, 연습을 하면서 아동과 점점 더 멀리 거리를 두도록 한다. 아동이 잘 조절된 보청기나 인공와우를 했을 때 아동의 귀에서 8피트 떨어진 거리에서도 소리에 올바르게 반응할 수 있어야 한다.

- 배경소음을 통제한다. 소음 환경에서 Ling 사운드 검사를 수행하는 것은 아동의 반응에 잠재적으로 영향을 줄 수 있다는 점을 알아야 한다. 그 이후에 교사는 소음의 영향 범위를 결정하여 아동의 능력을 평가하도록 한다.

- 아동이 어떻게 반응하기를 기대하는지 아동에게 알려 준다. 교사는 아동에게 자기가 들은 것을 지적하여 반응하도록 요구할 수도 있다. 교사가 말한 것을 따라 하도록 요구할 수 있으며, 들은 소리가 구체적으로 어떤 소리인지 여러 가지 방법으로 확인할 수도 있다.

- 교사가 어떤 수행 수준을 기대하건 기대 수준에서 아동이 수행하는 것을 기록하는 것이 중요하다. 소리에 대한 반응의 변화를 기록하고 청각사와 공유하는 것은 중요하다. 이러한 차이들은 청각 보조장치가 가진 문제의 지표일 수도 있고, 아동이 가진 청각장애 수준의 변화일 수도 있다. 어떠한 문제이든 간에 청각사의 적절한 조치가 필요하다.

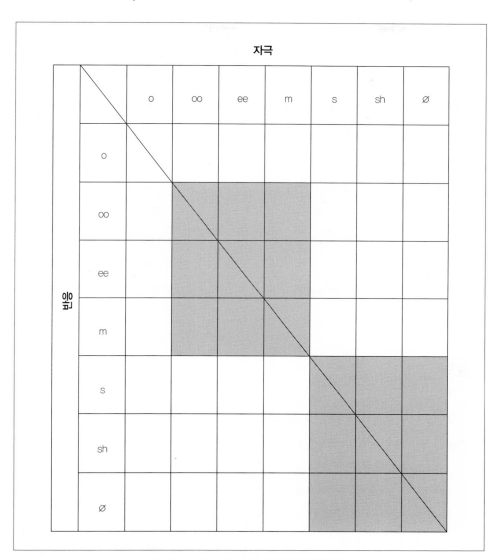

자극

	o	oo	ee	m	s	sh	∅
o							
oo							
ee							
m							
s							
sh							
∅							

반응

[그림 6-18] Estes 말소리 구분 매트릭스

- 교사가 제시하는 소리의 제시 비율을 점검한다. 예상할 수 있는 속도나 리듬으로 제시하지 말아야 한다. 소리를 말하기 전에 긴 멈춤 시간을 두기도 한다. 이렇게 하는 것은 아동이 반응하기 전에 기다려야 한다는 것을 알려 줄 수 있다. 예측성은 추측을 더 많이 하게 할 수 있다. 아동은 침묵을 들을 수 있어야 한다. 때때로 아동이 아무 소리도 듣지 못하면 아동은 조용한 소리인 /s/, /sh/ 또는 /th/ 중에 하나가 제시되고 있다고 짐작할 것이다. 교사는 침묵 또는 긴 멈춤 시간을

제시함으로써 이 소리들을 아동이 짐작하고 있는지 또는 교사가 아무 소리도 내지 않았을 때 아동이 "소리가 안 들려요."라고 말하도록 하게 할 것인지 알 필요가 있다.

- 교사가 제시하는 소리의 순서를 다양하게 한다. 이렇게 하는 것은 검사하지 않는 다른 소리들을 추측하게 하는 (제거 과정에서) 여분의 단서를 없앨 수 있다. 한 번 이상한 소리를 제시하는 것은 제거의 단서를 감소시킬 것이며 아동의 반응을 확인할 수 있게 될 것이다.
- 빠르게 진행한다. 일단 아동이 이 과정이 학습되면 20~30초 안에 검사가 완료된다. 기록은 계속해야 한다. 아동의 반응을 지속적으로 추적하면 교사는 전형적인 반응으로부터 달라지는 반응을 기록할 수 있다. 또한 교사는 아동의 능력이 진전되고 있는지 추적하기 위해서 이러한 반응 기록을 활용할 수 있다.

요약

이 장에서는 교실에서 말을 듣고 표현하기의 기초가 되는 26개의 핵심 실제를 제시하였다. 이 실제는 다음과 같다.

① 언어는 다섯 개의 주요 체계로 구성되어 있다. 한 체계의 붕괴는 다른 모든 체계에 영향을 준다. 아동은 각 체계의 규칙을 배워야 한다.

② 의미론 체계는 단어, 구, 문장 수준에서 의미를 설명한다. 단어, 구, 문장은 하나 이상의 의미를 가질 수 있고 의미는 구체적이거나 추상적일 수 있다.

③ 형태론 체계는 어근, 접두사, 접미사 그리고 단어의 의미를 바꾸는 품사로 구성된다. 아동은 아주 어린 나이에 이러한 규칙에 관해 배우기 시작해야 한다.

④ 구문론은 문장에서 단어의 배열을 지칭한다. 아동은 자신이 배우는 언어에 동화될 수 있도록 구조적으로 제시된 단어의 순서를 들어야 한다.

⑤ 화용론은 언어 체계 중의 하나이다. 이 체계는 우리에게 누가, 무엇을, 누구에게, 언제, 어디서, 어떻게 말할 수 있는지 알려 준다. 만약 아동이 이 규칙들을

위반하면, 종종 '이상한' 또는 '무례한' 것처럼 생각된다. 화용론적 기술은 대부분의 경우 직접 지도할 필요가 있다.

⑥ 음운론 체계는 언어와 구별되는 실제 말소리를 기술하는 것이다. 청각장애 아동은 말소리의 규칙을 배울 때는 우발적이고 직접적이고 치료 중심적인 교수(didactic instruction)를 받을 필요가 있다.

⑦ 품사의 이름을 붙이는 것(예: 명사, 동사)을 아는 것과 어휘 목록(예: dog, run)에 그러한 품사를 사용할 수 있는 것은 차이가 있다. 청각장애 아동은 일반적으로 단어 의미 수준에서는 물론이고 단어의 이름 수준에서도 도움을 필요로 한다.

⑧ 아동에게 부사 체계를 이해하고 사용하는 경험을 제공하자. 부사 체계는 사고 기술을 적용하는 데 필수적 요소이며 고도의 사고와 언어를 연결한다. 부사적 유형을 묻고 답하는 것은 고차원적 사고의 열쇠가 된다.

⑨ 초기 학령전기 이후에 아동의 언어는 매우 빠르게 복잡해져서, 만약 아동이 집중적인 듣기와 언어 중재를 받지 않았다면 언어는 청각장애 아동의 이해 수준을 넘어서는 도전적인 과제가 될 것이다.

⑩ 언어는 매우 복잡한 연구 주제이다. 아동이 어떻게 언어를 배우는지에 관해 알수록 그것을 더 잘 가르칠 수 있을 것이다. 스스로 언어의 규칙을 학습하자.

⑪ 인간은 패턴을 만들고 사물들을 함께 조화시켜 세상을 이해하는 것을 좋아한다. 언어는 패턴이 있고 조립식이다. 우리는 매우 복잡한 생각을 전달하기 위해 우리의 생각을 언어라는 모듈에 맞춰 넣을 수 있다.

⑫ 교사는 아동의 언어 발달에 영향을 미치는 생물학적·환경적·인지적 요소에 대해 설명할 수 있어야 한다. 게다가 교사는 이러한 요소들을 설명해 주기 위해 대화로 의사소통해야 한다.

⑬ 아동은 들은 말을 이해하고 새로운 요소(예: 단어, 형태소, 구 구조)를 자신의 언어 체계에 통합시키기 위해 이용 가능한 모든 단서를 사용한다. 아동은 이해할 수 있는 모든 것에 접근한다. 만약 언어 자극이 이해할 수 없는 것이면, 아동이 그것을 자신의 언어 체계에 통합시키지 못하게 되므로 구체적으로 배워야만 한다.

⑭ 구어와 사고는 함께 발달한다. 말과 언어뿐만 아니라 개념, 사고에도 초점을

맞춘 의미 있는 활동을 기초로 하여 진행하라. 청각장애 아동과 함께 진행할 때, 무엇보다도 사고와 언어 사이의 관계를 명심하자.

⑮ 각 아동의 듣기와 말하기 기제에 대한 독특한 물리적 측면은 아동에게 의사소통을 가르칠 때 선택할 수 있는 접근법에 영향을 미친다. 아동들은 서로 다르며, 접근법과 기법(technique)을 개별화할 필요가 있다.

⑯ 아동이 듣는 것과 말하는 것 사이에는 직접적인 연관성이 있다. 말소리의 음향적 특성과 아동의 청각 수준(청력도에 나타난)의 관계는 아동 개인의 듣기 요구를 위한 목표 자극을 정하는 데 도움이 될 것이다. 청력도는 청력손실의 유형을 나타낸다. 아동이 보청기와 인공와우를 통해 듣는 청력도에 대한 협의도 적절한 교수 목표와 과정을 결정하는 데 도움을 줄 것이다.

⑰ 교사는 아동의 청력도를 이해할 수 있어야 하고, 아동이 교실에서 들을 수 있는 것과 연관하여 청력도가 의미하는 바를 이해해야 한다.

⑱ 아동에게 말을 듣는 것을 가르칠 때, 항상 현저한 차이가 있는 소리를 제시하라. 이러한 차이는 아동이 소리의 구별을 배우는 데 필요하다. 소리의 차이가 현저하지 않으면 아동은 차이를 단지 짐작할 뿐이다.

⑲ 아동이 소리와 소리 사이의 전이(transition)되는 정보를 들을 수 있도록 모음과 자음이 조합되는 동시조음으로 말하는 기술을 가르치라.

⑳ 아동에게 고주파와 저주파 소리를 가르칠 때 아동의 보청기와 가까운 범위 내에서 말하는 것이 가장 중요하다.

㉑ 아동의 귀 가까이에서 말하라. 크게 말하지 말라.

㉒ 아동은 다양한 지속시간(장단, 단속)의 말소리를 듣고 사용하는 연습을 할 필요가 있다.

㉓ 아동에게 두 개의 소리를 구분하도록 할 때, 항상 이 두 개의 소리가 아동의 뇌가 감지하는 데 충분한 차이가 있는지 확인하라.

㉔ 아동의 청각 보조장치와 듣기 환경을 지속적으로 주의 깊게 점검한다면 아동이 소리를 듣고 이해할 가능성이 커지게 된다.

㉕ 건청 아동은 원치 않는 주변 소음을 차단할 수 있다. 그러나 청각장애 아동은 차단에 어려움을 가진다. 특히 교실에서 보청기 또는 인공와우를 통과하는 소

음으로 인해 교사의 목소리가 안 들릴 수 있다. 따라서 가능한 한 최대 범위의 주변 소음을 감소시켜야 한다.

㉖ Ling 사운드 검사는 지속적으로 장치의 성능을 살피거나 청력을 모니터하는 데 가장 빠르고 효과적인 방법이다. 게다가 아주 쉬운 방법이다!

청각장애 관련 기관 및 단체

청각장애 관련 기관 및 단체명과 온라인 주소	
Alexander Graham Bell Association for the Deaf	www.agbell.org
American Academy of Audiology	www.audiology.org
American Association of Home-Based Early Interventionists	www.aahbei.org
American Society for Deaf Children	www.asdc.org
American Speech-Language-Hearing Association	www.asha.org
Council for Exceptional Children	www.cec.sped.org
Cued Speech Center www.cuedspeech.org	
Early Hearing Detection and Intervention Program.Centers for Disease Control	www.cdc.gov/ncbddd/ehdi
Gallaudet University.National Information Center on Deafness	www.clerccenter.gallaudet.edu
Hands and Voices	www.handsandvoices.or
National Association of the Deaf	www.nad.org
National Center for Hearing Assessment and Management. Utah State University	www.infanthearing.org
National Institute on Deafness and Other Communication Disorders (NIDCD)	www.nidcd.nih.gov
Network of Educators of Children With Cochlear Implants (NECCI)	www.childrenshearing.org/custom/necci.html

The Center	center.uncg.edu
Oral Deaf Education	www.oraldeafed.org
음향 기기	
Audio Enhancement	www.audioenhancement.com
AudioLink Services	www.audiolinks.com
Lightspeed Technologies	www.lightspeed-tek.com
인공와우	
Advanced Bionics	www.bionicear.com
Cochlear Corporation	www.cochlear.com
Med-El Corporation	www.medel.com
보청기	
Oticon	www.oticon.com
Phonak	www.phonak.com
Phonic Ear	www.phonicear.ca
Resound	www.gnresound.com
Siemens	www.siemens-hearing.com
Sonic Innovations	www.sonici.com
Sonovation	www.avrsono.com
Widex	www.widex.com

평가도구

언어	
평가도구	대상 연령 또는 학년
Boehm Test of Basic Concepts—3rd Edition (Boehm-3)	유치원부터 2학년까지
Boehm Test of Basic Concepts—Preschool—3rd Edition (Boehm P-3)	3세 0개월부터 5세 11개월까지
Clinical Evaluation of Language Function—4th Edition (CELF-4)	5세 0개월부터 21세 11개월까지
Clinical Evaluation of Language Function—Preschool—2nd Edition (CELF-P2)	3세 0개월부터 6세 11개월까지
Comprehensive Assessment of Spoken Language (CASL)	3세 0개월부터 21세 11개월까지
Expressive One-Word Picture Vocabulary Test (EOWPVT)	2세 6개월부터 18세 11개월까지
Expressive Vocabulary Test (EVT)	2세 6개월부터 90세 이상까지
Grammatical Analysis of Elicited Language—Pre-Sentence (GAEL-P)	3세 0개월부터 6세 11개월까지
MacArthur–Bates Communicative Development Inventories (CDIs)	8개월부터 30개월까지
OWLS Listening Comprehension and Oral Expression Scale (OWLS LC/OE)	3세 0개월부터 21세 11개월까지
OWLS Written Expression Scale (OWLS WE)	5세 0개월부터 21세 11개월까지
Peabody Picture Vocabulary Test—4th Edition (PPVT-4)	2세 6개월부터 90세 이상까지

Preschool Language Assessment Instrument—2nd Edition (PLAI-2)	3세 0개월부터 5세 11개월까지
Receptive One Word Picture Vocabulary Test (ROWPVT)	2세 0개월부터 18세 11개월까지
SKI*HI Language Development Scale (LDS)	출생부터 5세까지
Structured Photographic Elicited Language Test (SPELT)	4세 0개월부터 9세 11개월까지
Test for Auditory Comprehension of Language—3rd Edition (TACL-3)	3세 0개월부터 9세 11개월까지
Test of Language Development—Primary—3rd Edition (TOLD-P3)	4세 0개월부터 8세 11개월까지

발달/지능	
평가도구	대상 연령
Assessment, Evaluation and Programming (AEPS)	출생부터 36개월까지
Battelle Developmental Inventory—2nd Edition	출생부터 7세 11개월까지
Bayley Scales of Infant Development—2nd Edition	1개월부터 30개월까지
Bracken Basic Concept Scale-Revised	3세 0개월부터 6세 11개월까지
Brigance Inventory of Early Development 2nd Edition (IED-II)	출생부터 7세 11개월까지
Central Institute for the Deaf.Preschool Performance Scale (PPS)	2세 0개월부터 5세 5개월까지
Comprehensive Test of Nonverbal Intelligence (CTONI)	6세 0개월부터 18세 11개월까지
Developmental Programming for Infants & Young Children Volume 2(DPIYC-2)	출생부터 36개월까지
Hawaii Early Learning Profile.HELP	출생부터 3세 6개월까지
Learning Accomplishment Profile 3rd Edition (LAP-3)	36개월부터 72개월까지
Leiter International Performance Scale.Revised (Leiter-R)	2세 0개월부터 20세 11개월까지
Portage Guide Birth to Six	출생부터 5세 11개월까지
Progressive Matrices (Raven)	5세 0개월부터 11세 11개월까지
Rosetti Infant Toddler Scale	출생부터 36개월까지
Universal Nonverbal Intelligence Test (UNIT)	5세 0개월부터 17세 11개월까지
Vineland Adaptive Behavior Scales—2nd Edition	출생부터 90세 이상까지
Weschler Intelligence Scale for Children—4th Edition (WISC-IV)	6세 0개월부터 16세 11개월까지
Weschler Preschool and Primary Scales of Intelligence—3rd Edition(WPPSI-III)	2세 6개월부터 7세 3개월까지

Woodcock-Johnson Tests of Cognitive Ability—3rd Edition (WJ-III)	2세 0개월부터 99세 11개월까지
성취도/읽기	
평가도구	대상 연령 또는 학년
Comprehensive Test of Phonological Processing (CTOPP)	5세 0개월부터 24세 11개월까지
Diagnostic Achievement Battery—3rd Edition (DAB-3)	6세 0개월부터 14세 11개월까지
Gray Oral Reading Test—4th Edition (GORT-4)	6세 0개월부터 18세 11개월까지
Informal Reading Inventory—6th Edition	유치원부터 12학년까지
Johns Basic Reading Inventory—9th Edition	유치원부터 12학년까지
Key Math—Revised	유치원부터 9학년까지
Peabody Individual Achievement Test—Revised (PIAT-R).	5세 0개월부터 8세 11개월까지
Pre-Reading Inventory of Phonological Awareness (PIPA)	4세 0개월부터 6세 11개월까지
Stanford Achievement Test—10th Edition and Otis-Lennon School Ability Test—8th Edition (OLSAT 8)	유치원부터 12학년까지
Test of Early Math Ability—3rd Edition (TEMA-3)	4세 0개월부터 8세 11개월까지
Test of Early Reading Ability—3rd Edition (TERA-3)	3세 6개월부터 8세 6개월까지
Test of Early Written Language—2nd Edition (TEWL-2)	3세 0개월부터 10세 11개월까지
Test of Reading Comprehension—3rd Edition (TORC-3)	7세 0개월부터 17세 11개월까지
Test of Written Language—3rd Edition (TWL-3).	7세 6개월부터 17세 11개월까지
Weschler Individual Achievement Test—2nd Edition (WIAT-II).	4세 6개월부터 85세까지
Woodcock-Johnson Tests of Achievement—3rd Edition (WJ-III)	2세 0개월부터 99세 11개월까지
Woodcock Reading Mastery Test—Revised (WRMT-R)	5세 0개월부터 75세 이상까지
조음	
평가도구	대상 연령
Arizona Articulation Proficiency Scale—3rd Edition (AAPS-3)	1세 6개월부터 18세 11개월까지
Central Institute for the Deaf Phonetic Inventory	연령 제한 없음
Goldman-Fristoe Test of Articulation—2nd Edition	2세 0개월부터 11세까지

Identifying Early Phonological Needs in Children with Hearing Loss (IEPN)	연령 제한 없음
Ling Phonetic−Phonologic Speech Evaluation	연령 제한 없음

말 지각/말 명료도

단어 재인: 개방형 질문

Phonetically Balanced Kindergarten lists (PBK−50)

Glendonald Assessment of Speech Perception (GASP Words)

단어 재인: 폐쇄형 질문

Northwestern University−Children's Perception of Speech (NU-CHIPS)

Auditory Numbers Test (ANT)

Word Intelligibility by Picture Identification (WIPI)

Central Institute for the Deaf spondee Words (CID W−1)

Central Institute for the Deaf CV, VC, and CVC Words (CID W−22)

단어 재인: 개방형 · 폐쇄형 질문

Early Speech Perception Test (ESP & ESP Low Verbal)

문장: 개방형 질문

Central Institute for the Deaf Sentences (CID Sentences)

Glendonald Assessment of Speech Perception (GASP Questions)

부록 C))

소리-대상 연합

Ellen A. Rhoades, EdS
AVT(Auditory Verbal Therapist) 전문가
www.auditoryverbaltraining.com

아기들은 단어를 말하거나 그 의미를 알기 훨씬 이전부터 단어의 소리를 듣고 기억한다(Jusczyk, 1997). 이는 참조물(referent), 즉 의미 있는 사물이나 행동을 소리와 연관 짓는 것이다. 건청 유아의 부모는 지속적으로 소리를 물건이나 행동과 연관 짓는다(Harding, 1983; Norris & Hoffman, 1994). 어린 유아는 단어를 이해하고 말을 하기 전에 자주 들었던 소리에 친숙해진다. 소리-대상 간의 연합 활동은 청각장애 아동의 듣기를 촉진할 수 있을 것이다.

소리-대상 연합은 종종 '듣기 학습'으로 지칭된다. 또한 청능 학습(auditory learning) 수업을 받는 청각장애 아동에게 소리-대상 연합 활동을 실시한다. 소리를 의미 있는 대상물과 연결하는 것은 청능 중재에 있어서 중요한 활동이다. 소리-대상 연합 발달을 촉진시킴으로써 얻을 수 있는 이득은 다음과 같다.

- 아동이 소리에 집중하도록 격려한다.
- 소리가 다름을 인식하도록 촉진한다.
- 아동이 다양한 소리가 다른 의미를 가지고 있다는 것을 이해하는 데 도움이 된다.
- 특정 소리 또는 언어의 음소에 대한 청각적 각인을 발달시킨다. 청각적 각인이란 청각적 스키마 또는 저장된 지각 표상이라고 알려져 있다.

- 구어에서 사용되는 중요한 관련 변인을 강조한다.
- 차례 주고받기와 공동 주의집중과 같은 상호작용에 아동을 참여시킨다.
- 말 산출에 필요한 조음기관이 원활히 움직이도록 한다.
- 아동이 다양한 소리를 시험 삼아 해 보는 데 도움이 된다.
- 신체적 및 사회적 행동을 음성적 상호작용과 통합하여 일치시킨다.
- '의사소통 의도'를 촉진시킨다.
- 구어에 청각적으로 접근하여 익숙하도록 한다.
- 아동이 의사소통의 개념을 이해하기 이전에 의사소통을 위한 상호작용에 참여
  할 수 있게 한다.

어린 아동은 학습 및 듣기 과정에 적극적으로 참여해야 한다. 그러므로 부모는 소리-대상 연합 활동에서 그림이 아닌 장난감이나 일상적인 행동을 활용해야 한다. 소리-대상 활동은 수동적이고 기계적인 훈련이 아니라 성인과 아동 모두에게 의미 있고 능동적으로 즐길 수 있도록 의도된 것이어야 한다(Stark, Ansel & Bond, 1988). 아동은 각기 다른 상황에서 어떤 소리를 들을 때마다, 특정한 소리에 대한 청각적 스키마를 재구조화한다(Norris & Hoffman, 1994). 이러한 이유로 각각의 소리를 다양하게 사용해야 한다.

소리-대상 연합 활동을 처음으로 실시할 때에는 소리-대상 연합을 한 개, 두 개 또는 세 개부터 시작한다. 여러 번 노출시킨 후에는 더 많이 연결할 수 있게 한다. 영아는 새로 배운 개념을 범주화하는 특성이 있다(Hasegawa & Miyashita, 2002). 때문에 소리-대상 활동을 계획하고 학습시키기 위해서는 이러한 자연적인 패턴을 따르고, 소리-대상 연합을 쉽게 범주별로 제시하자. 예를 들어, 동일한 회기에서 운송 차량의 소리와 동물 소리를 함께 들려주지 않는다. 그리고 쉽게 알아볼 수 있고, 간단하고, 분명한 표현이 가능한 장난감을 사용하자. 예를 들어, 'moo'는 명백히 장난감 젖소를 상징한다. 또한 앉아 있기보다는 서 있는 상태의 장난감 동물을 선택하고, 일반적인 모양으로 묘사된 사물을 선택하자. 예를 들어, 컨버터블이 아닌 세단과 같은 일반 차량을 사용하자. 그러나 사용 가능한 것이 컨버터블뿐이라면 모든 교통수단으로 그것을 사용한다. 18개월 이상의 아동은 표상적이지 않은 장난감을 가

지고 놀 수 있다. 즉, 장난감의 크기나 색이 사실적이지 않아도 장난감을 가지고 놀수 있다. 움직이고 소리 나는 장난감은 피하자. 왜냐하면 일반적으로 장난감에서 소리가 나면 말소리보다 장난감에서 나는 소리에 우선 관심을 두기 때문이다. 장난감이 배터리로 작동하는 경우 수업 중에는 배터리를 빼 둔다. 아동이 성공하면 각각의 소리에 사용할 수 있는 대상물을 다양하게 바꾸어 본다. 즉, 소리와 연결 지었던 개념을 확장시키기 위해 다양한 자동차를 사용한다. 또한 동일한 참조로 사용되는 대상물을 다양하게 하는 것도 아동의 흥미를 유지하는 데 도움이 된다.

테이블 위에 놓을 수 있는 다양한 소품을 활용하자. 이러한 소품들은 활동을 더욱 흥미롭게 해 주며, 그중 상당수는 손으로 쉽게 만들 수 있다. 식탁 위 소품의 예로는 플라스틱 울타리, 주유소나 공항 격납고, 열차 선로, 헛간, 작은 연못을 나타내는 타원형의 푸른색 종이 조각, 약간의 작은 조약돌 그리고 야외에서 가져온 잔가지들이 있다. 도구를 많이 사용할수록 소리를 반복해서 발성할 기회가 많아지고, 산출한 소리와 연관된 언어들이 더욱 다양해질 것이다. 심지어 어린 유아들도 시각적 물체와 관련된 청각적 자극을 받았을 때에 더 많이 참여하는 것 같다.

무성음, 파열음, 마찰음, 파찰음에 특별한 관심을 기울여야 한다. 이러한 음소는 /h/, /t/, /p/, /k/, /s/, /f/, /ch/ 및 /sh/와 같은 음소이다. 이런 고주파이면서 낮은 강도의 소리는 아동이 완전한 단어에서 소리를 낼 때 듣기 힘든 경우가 많다(단어 안에서 강도가 큰 모음이 속삭이는 음소들을 대체하기 때문임). 그러므로 무성음 소리는 소리-대상 연합 활동을 하는 동안 모음 없이 사용되어야 한다. 뒤에서 제시된 표에서는 30년 이상 동안 AVT 전문가로서의 경험에 기초하여 만든 소리-대상 연합의 예를 제시하였다.

기억해야 할 점

① 현재 아동의 소리-대상의 연합이 어떠한지 평가한다. 아동이 이미 소리-대상 연합을 할 수 있는지 확인하고, 아동이 자연스럽게 만든 '연결'을 사용하자. 예를 들어, 아동이 이미 '뚜뚜(toot toot)'와 기차가 움직이는 것을 연결할 수 있다. 만약 교사가 '치쉬(chchch)' 소리를 기차와 연결할 계획이라면, '뚜뚜' 소

리는 기차가 움직일 때, '치쉬' 소리는 기차가 출발할 때에 연결할 수 있는 기차 놀이를 한다. 또는 '치쉬' 소리를 또 다른 사물에 연결시킨다.

② 이해력을 점검한다. 때때로 제시하고 있는 소리-대상 연합 관계를 유아가 이해하고 있는지 확인한다. 유아에게 적절한 선택을 하라고 요구하는 것은 비현실적인 일이지만, 1세 이상의 유아는 그들에게 요청된 목표 사물을 선택할 수 있다(Woodward & Hoyne, 1999). 예를 들어, 차고, 자동차, 소방차, 비행기 그리고 종이 착륙장을 가지고 논 후에, 손이나 용기를 내밀면서 어린이에게 소리로 차량을 요청하고 적절한 반응을 기다린다. 이해 점검은 자연스럽고 의미 있게 그리고 놀이 방식으로 수행되어야 한다. 시각적 단서 없이도 아동이 이해할 수 있는 소리가 무엇인지 기록해 두자.

③ 소리-대상의 연합 활동 시 사용해야 하는 효과적인 청각 구어 전략은 '듣기가 항상 우선시되어야 한다'는 것이다. 성인은 아동에게 사물을 보여 주기 전에 소리를 들려주어야 한다.

④ 음성-행동의 동시성(synchrony)을 만들어 준다. 사물의 움직임을 변화시킬 때마다 목소리의 음도, 지속성, 빠르기, 강도 등을 변화시킨다. 예를 들어, 장난감 토끼를 위아래로 움직이면서 토끼를 위로 올릴 때마다 '홉(Hop)'이라고 말한다.

⑤ 언제 앞으로 나아가야 할지 알아야 한다. 일반적으로 아동이 대부분의 소리를 이해했을 때, 이 시점이 바로 단어를 사용하고 그 단어를 들려주는 것으로 넘어가야 할 시기이다. 즉, '치쉬'가 기차가 된다.

⑥ 비일관성을 예상해야 한다. 어린 아동이 항상 일관된 방식으로 행동하는 것은 아니다. 많은 학교의 목표 가운데 80%는 어린 아동들에게 비현실적이다. 아동이 어떠한 특정 소리와 대상물 간에 관계가 있음을 이해하게 된다면, 몇 가지 동물 소리와 몇 가지 교통수단 소리에 대한 이해가 아동에게 요구되는 전부일 것이다. 이 시점에서, 어린 아동은 소리가 의미 있고 분별적이며, 자신이 다양한 청각적 스키마에 노출되고 있음을 나타내 보인다.

⑦ 창의적이 되라. 일일 활동은 다양한 방법으로 제공해야 한다. 계절적 주제를 통합하면 창의력을 발휘할 수 있고, 유의미한 연합 관계를 만들어 낼 수 있다. 예를 들면, 유령들은 할로윈데이에 '우(Oooooo)~~'라고 말한다. 카우보이 장

난감을 가지고 놀이할 때는 혀를 찬다. 크리스마스에는 산타클로스가 '호호호 (ho ho ho)!'라고 말한다. '음(Mmmmm)~~'은 할로윈이나 발렌타인 데이에 사탕을 먹을 때 말한다. 부활절 토끼는 '홉홉홉(Hop Hop hop)', 공기주입식 수영장을 물로 채울 때에는 '스스스스(Sssss)' 하는 소리가 난다.

⑧ 지루함을 피하고 융통성을 키우기 위해 다양한 상황에서 여러 개의 장난감을 사용한다. 매일매일 놀이 상황을 다양하게 한다. 어느 날, 작은 배들이 물로 반쯤 채워진 큰 플라스틱 그릇에서 철렁거리며 다닐 수 있게 한다. 그다음 날, 상상력을 가득 채워서 그러한 배가 파란 종이 위를 가로질러 '항해'할 수 있다. 그다음 날, 작은 플라스틱 사람이나 동물들이 더 큰 장난감 배에 탑승할 수 있다. 또한 아동에게 책을 읽어 줄 때 적절한 소리들을 사용한다. 아동은 반복에 싫증을 낼 수 있기 때문에, 어른이 하는 일 중 가장 어려운 것은 창의적인 부분일 것이다.

⑨ 특정한 장난감을 분리한다. 치료에서 성인의 참여가 포함되어 있기 때문에 부모에게 이러한 장난감들을 아동의 일반 장난감과 분리하여 보관하게 한다. 어린 아동은 분리된 장난감들을 특별하다고 여기게 되고, 이는 아동에게 부모와 놀이치료에 참여할 수 있도록 훨씬 더 많은 자극을 제공할 것이다.

⑩ 상호작용을 즐겁게 한다. 이런 활동들은 아동에게 말해야 한다는 압박을 가하지 않으면서 재미난 것이어야 한다고 부모에게 알려 준다. 결국 이 시기의 아동은 단지 듣는 법을 배우고 있을 뿐이다. 시간이 지나고 여러 상황에 걸쳐 충분한 노출이 이루어지면, 아동은 발성을 시작할 것이다. 대화는 여러 번의 소리 노출에 의해 일어나는 편안하고 자연스러운 행동이어야 한다(Meltzoff, 1999).

⑪ 소리를 단어로 최대한 빨리 전환한다. 성인에 의해 만들어진 소리를 기반으로 아동이 많은 사물을 확인할 수 있을 때, 단어와 사물의 관계를 동물과 교통수단의 명칭으로 전환한다. 어떤 아동의 경우, 소리에 과도한 시간을 사용하였기 때문에 더 높은 상징 수준으로의 전환이 어려울 수 있다. 소리-사물에서 단어-사물로의 전환이 어려울 경우, 자폐스펙트럼장애와 같은 발달장애가 동반되었거나 청각처리장애와 같은 학습장애가 동반되었음을 나타내는 것일 수

있다.

⑫ 습득의 발달 순서는 다음과 같다.

　1단계: 아동이 소리로 사물을 확인할 수 있다.

　2단계: 아동이 모방하거나 자발적으로 소리를 낼 수 있다.

　3단계: 아동이 사물명과 소리로 물체를 확인할 수 있다.

　4단계: 아동이 사물의 이름으로 사물을 확인할 수 있다.

　5단계: 아동이 사물의 이름을 모방하거나 또는 자발적으로 말할 수 있다.

다음 표에 나와 있는 소리는 아동을 특히 몇 가지 기본 자음과 모음뿐만 아니라 지속시간, 강도, 고저, 유성, 무성과 같은 다양한 특징에 노출시키기에 충분하다. 너무 많은 소리는 어휘 학습의 진전을 방해할 수 있으므로 성인이 추가적인 소리를 놀이치료에 통합할 필요는 없다.

소리	장난감	특징	제안
교통수단			
아~~ (Aaaaaah)	비행기	강도가 큰 저주파 모음 사용, 일반적으로 손실의 정도와 상관없이 모든 아동에게 쉬움	• 초성을 사용한다. 초분절적 자질을 과장한다(억양과 지속시간). 비행기를 위아래로 움직이면서 발성을 유지하고, 이를 모방한다. • 아동이 자연스럽게 모방한다면 초분절적 변화를 주의 깊게 듣게 한다. • 아동이 단조로운 목소리를 사용한다면, 억양을 과장하면서 리드미컬하게 몸의 전체를 움직여 소리낸다.
부부부부 (Buhbuhbuhbuh)	버스	조음기관 사용을 자극하기, 건청 유아가 산출하는 첫 번째 자음 산출하기	• 버스 움직임에 맞추어 다양한 리듬을 사용하여 노래하듯이 소리 낸다. • /b/와 /m/는 동일하게 보이기 때문에 성인이 말을 할 때 아동이 입술을 보지 않게 한다. • 버스가 움직일 때 소리를 내어 보도록 하고, 강도 차이가 있음을 강조하기 위해 작은 버스는 작은 소리를, 큰 버스에는 큰 소리를 낸다.
우~~~~ (Oooooooo)	소방차, 구급차, 또는 경찰차	억양 또는 음도 변화 사용을 자극하기, 아동이 좋아하는 것임	• 사이렌 소리를 모방하면서 음도를 높은 것에서 낮게, 그리고 낮은 음도에서 높은 음도로 발성한다. • 점차적으로 지속시간을 늘린다. • 만약 부모가 이 소리에 음도 변화를 줄 수 없다면, '이(eeeeee)~~~' 소리를 선택한다. • 음도 변화를 주면서 트럭을 움직인다. 만약 소방차를 이용할 수 없다면 구급차 또는 경찰차를 사용한다. • 시각적 단서 없이 억양에 초점을 둔다.
브르르르르 (Brrrrrrrrrr)	자동차	입술의 조음기관 사용을 자극하기, 투레질 소리	• 부모는 집에서 먼저 연습하는 것이 더 편안할 수 있다. • 길이와 운율을 고려하여 차를 움직이면서 입술을 떠는 소리를 낸다. • 아동이 입술과 혀를 떠는 것이 어떠한 것이든지 허용한다.

*역자 주: 점선은 무성으로 성대를 울리지 말고 속삭이는 듯이 표현한다.

프트프트프트 (Ptptptptpt)	보트	어떤 재활사는 '프 -프-프-프(p-p- p-p)'소리를 더 선호함. 고주파수 음으로 친숙함을 높이기	• 부모가 모음소리를 완전히 빼고 소리를 낼 때까지, 속삭이는 소리를 먼저 연습한다. • 부모에게 모음은 고주파 자음을 들리지 않게 하기 때문에, 자음 소리가 아동의 뇌에 각인될 때 음향학 적으로 명료하게 들려줘야 함을 논리적으로 설명 한다. • 음성과 행동이 동시에 일어나도록 노력한다. • 유성성의 유무와 움직임의 유무를 연결시킨다. 목 소리의 리듬을 보트의 움직임과 연합한다.
치치 (Chchchch)	기차	입천장에 혀를 밀 어붙여 고주파 자 음을 만들도록 자 극하기. 그리고 가능한 한 '치(ch)' 와 '쉬(sh)'를 비교 하는 것과 같이 장 음과 단음을 비교 하는 것은 나중에 실시함	• '추추추(choo-choo-choo)'라고 말하지 않는다. 위에서 언급한 바와 같이 속삭이며 말할 때 자음이 두드러진다. • 부모가 모음을 제거하고 산출할 수 있는지 점검한다. • 기차를 작동시켰을 때 아동이 너무 흥미로워한다 면, 소리나지 않는 기차를 찾는다. • 재미있는 소음은 말소리에 불리하게 작용한다. • 만약 소리나지 않는 기차를 이용할 수 없다면 배터 리를 제거한다. • 아동에게 소음을 내는 또 다른 기차를 가지고 놀도 록 허용한다. 치료를 위해 소음이 없는 기차를 따로 잘 둔다.
동물			
무~~ (Mooooooo)	암소	강도가 크고 기본 적인 모음을 자극 하기	• 저음으로 목소리를 낸다. 아동은 이러한 변화를 흥 미롭게 느낄 것이다. • 음도 또는 강도 변화를 두지 않고, 지속시간은 다양 하게 한다. • 소가 움직일 때, 소리를 낸다.
반복하여 혀 차기	말	혀 조음기관을 자 극하기	• 이 소리를 낼 때 아동은 입을 보고 싶어 할 수 있다. 따라서 조음기관의 움직임을 보여주지 말고 소리 낸다. • 아동이 이 소리를 낼 수 없을지도 모르지만 목표는 아동이 이 소리가 다른 소리와 다름을 알아차리게 하는 것이다. 달리는 말(horse)의 속도와 리듬에 맞 추어 혀를 차는 리듬과 속도를 낸다.

미아우 (Meeow)	고양이	두 음절의 모음 전이를 촉진하기	• 고양이처럼 소리를 낸다. 'ow' 부분은 반드시 원순음으로 발음한다. • '무(moo)'와 '미이우(meeow)' 간의 차이를 듣는 데 익숙해지기 위해서 한 활동에서는 소와 고양이를 가지고 놀이를 한다.
워프 워프 (woof-woof), 아프 아프 (arf-arf,) 또는 러프 러프 (ruff-ruff)	개	마지막 음절에 무음의 고주파음(f)을 소개하기	• '버스(bus)'에서 'ㅂ(b)' 그리고 고양이에서 '아우(ow)'가 이미 사용되었다면 '바우-와우(bow-wow)'를 사용하지 않는다. 각각의 소리는 각각의 장난감과 연결되어야 한다. • 마찰음 /f/는 특히 아동 귀 가까이에서 작게(크지 않게) 말한다. 마치 개가 짖는 것처럼 가슴으로부터 나오는 소리를 낸다.
쓰 (Sssssss)	뱀	소곤거림과 무성자음을 촉진하기. 또한 아동의 청각보조기기가 작동하고 있는지 점검하기	• 일반적으로 두 살 이하의 아동은 이 소리를 산출하지 못한다. 유아기의 아동은 성인이 아동의 귀에 속삭여 주는 것을 매우 좋아한다. • 보정 청력이 35dB 이상인 경우에는 이 소리를 듣는 것이 어려울 수 있다. • 만약 아동이 뱀을 무서워한다면, 꽃에 물주기, 장난감 차에 가스 넣기, 불을 끄기 위해 호스 사용하는 것과 같은 소리를 활용한다.
꽥꽥 (Quack quack)	오리	처음과 마지막 소리인 파열음 /k/ 소리 강조하기	• 낮은 음도로 소리낸다. • 오리의 행동을 모방하기 위해 짧고 길게 지속시간을 변화시키는 것이 좋다. • 만약 아동이 소리에 반응하지 않는다면, 아동의 귀에 더 가까이 가서 /k/ 소리를 더 강조할 필요가 있다.
홉홉홉 (hop hop hop)	토끼	행동에 중점을 두고, 마찰음 /h/와 파열음 /p/를 강조하기, 유성음과 무성음을 인식시키기	• 속삭임과 유성음 소리를 활용한다. 전등을 약하게 켜고, 장난감 토끼가 행동하고 있는 것을 속삭이듯 말한다. • 토끼의 움직임을 소리 내어 줄 때 전등을 켠다. • 속삭이듯 말하는 것은 아동이 고주파음을 듣는 데 도움이 된다. 전등 불빛에 변화를 주는 것은 유성음과 무성음의 개념을 강조하는 데 도움이 된다.
오잉(크) 오잉(크) (Oink oink)	돼지	첫 이중모음과 '(nk)'의 마지막 음을 강조하기	• 말소리와 행동의 동시성 규칙을 따른다. 〈Old McDonald Had a Farm〉 노래를 부른다. 그리고 돼지가 등장하는 농장 동물에 관한 이야기를 읽어 준다.

바-아-아-아 (Ba-a-a-a-a)	양	기본적인 모음의 변화를 인식시키기	• "아(aaaah)~~~"와 "아-아-아-아(a-a-a-a-a)"를 듣고 비교할 수 있는 기회를 제공한다. 그러한 차이는 모음을 연장하여 발성하였을 때 더 잘 알아차릴 수 있다. • 큰 장난감 비행기에 작은 양(sheep)을 태우는 것과 같이, 동물(양)과 교통수단(비행기)을 함께 가지고 논다.
스퀵(크) (Squeak) 또는 익(크) (Eeek)	쥐	가성대소리를 인식시키기	• 쥐를 표현하기 위해 두 가지 소리를 매우 높은 음도로 소리 낸다. • 말소리와 행동의 동시성 규칙을 따른다. • 태엽을 돌려 작동하는 쥐가 바닥 또는 테이블 주변을 돌아다닐 때 찍찍 소리를 낸다.
새처럼 휘파람소리 내기	새	입 조음기관의 사용을 촉진하기	• 대부분의 어린 아동은 휘파람 소리를 낼 수 없지만 '우(oooo)~~' 또는 '이(eeee)~~'와 같은 가성을 발성함으로써 자연스럽게 시도할 수 있다. • 조용한 환경에서 바깥에서 들리는 새의 큰 소리를 모방한다.
활동			
음~~ (Mmmmm)	음식의 맛을 표현하기	최종적으로 소리만을 따로 산출할 수 있도록 촉진하기	• 자연스러운 억양으로(음도를 올렸다 내렸다 함) 말하면서("Mmmm, it's good."), 음식을 먹는 것처럼 행동한다. • 이러한 소리를 과도하게 사용하지 않는다. • '음바(Mba)'라고 산출하지 않고, '음(Mmm)'을 듣고 산출한 후에 음도를 낮춘다.
쉬 (Shhhhh)	조용히 하도록 요청하기 위해 표현하기	궁극적으로 소리만을 따로 산출할 수 있도록 촉진하기	• 인형이 잠들어 있는 것으로 가정한다. 불을 끄고, '쉬(Shhh)'라고 말하면서 손가락을 입에 대고 살금살금 다가간다.
입술 오므리기	빨기 또는 뽀뽀하기	조음기관인 입술을 오므리도록 촉진하기	• 인형에게 병으로 물을 먹일 때, 마시는 소리를 활용한다. • 소와 말이 물을 마시기 위해 장난감 농장의 여물통으로 가서 물을 먹는 놀이를 한다.

	시계의 똑딱거리는 소리를 나타내기	최종적으로 무성음을 산출하도록 촉진하기	• 시곗바늘의 리드미컬한 움직임을 표현하기 위해 손가락을 이리저리 움직인다. 아동에게 가까운 거리에서 큰 소리로 똑딱거리는 소리를 들려준다. • 모음 소리를 내지 않는다. • 큰 소리로 똑딱거리는 시계를 숨기고 그것을 찾게 한다.
크ㅋㅋㅋ (K k k k k) 그그그그 (G g g g g)	기침, 가글링을 나타내기	조음기관인 혀를 뒤로 가도록 촉진하기. 최종적으로 유성 자음과 무성 자음을 동일한 비중으로 소리 내도록 촉진하기	• '크ㅋㅋㅋ(k-k-k-k)'에 모음 소리를 내지 않는다. • 아기 인형이 기침하는 척하고, 인형의 등을 부드럽게 두드린다. • 인형이 이를 닦은 후에 가글링하는 척한다. • 치료사가 머리를 젖힌 채 입 속에 물을 머금고 물거품을 만드는 것을 아동에게 보여 준다.

(첫 행 왼쪽 칸: 트-트-트-트
(T-t-t-t-t))

구매 가능한 교육과정 및 자료

듣기, 언어, 말 종합서

AuSpLan: Auditory Speech and Language Development

Cottage Acquisition Scales for Listening, Language and Speech (CASLLS)

Listen, Learn and Talk

듣기

Functional Auditory Performance Indicators (FAPI)

Listen Up

Speech Perception Instructional Curriculum and Evaluation (SPICE)

Word Associations for Syllable Perception (WASP)

언어

Structured Methods in Language Education (SMILE)

Teacher Assessment of Grammatical Structures (TAGS)

Teacher Assessment of Spoken Language (TASL)

말

Ling Phonetic-Phonologic Speech Evaluation

Step by Step: The Foundations of Intelligible Speech

Talk It Up

읽기

Benchmark Word Identification Program

Children's Early Intervention for Speech, Language, and Reading (CEI)

Edmark Reading Program

Great Leaps

Jolly Phonics

Lindamood Phoneme Sequencing Program for Reading, Spelling, and Speech
    (LiPS)

Phonological Awareness Skills Program (PASP)

Reading Recovery

Spatial Awareness Skills Program (SASP)

Specialized Program Individualizing Reading Excellence (S.P.I.R.E)

Sunform Alphabet System

Sing, Spell, Read & Write

Wilson-Fundations

Wilson Reading System

참고문헌

About, Inc. (n.d.). *Definition of generalized Wiener process*. Retrieved April 17, 2006, from http://www.economics.about.com/library/glossary/bldef-generalized-wiener-process.htm

Alegria, J., & Lechat, J. (2005). Phonological processing in deaf children: When lipreading and cues are incongruent. *Journal of Deaf Studies and Deaf Education, 10*(2), 122-133.

Anderson, R. C., Wilson, P. T., & Fielding, L. G. (1988). Growth in reading and how children spend their time outside of school. *Reading Research Quarterly, 23*(3), 285-303.

Arehart, K. H., & Yoshinaga-Itano, C. (1999). The role of educators of the deaf in the early identification of hearing loss. *American Annals of the Deaf, 144*(1), 19-23.

Arehart, K. H., Yoshinaga-Itano, C., Thomson, V., Gabbard, S. A., & Brown, A. S. (1998). State of the states: The status of universal newborn hearing screening, assessment, and intervention systems in 16 states. *American Journal of Audiology, 7*(2), 101-114.

Barker, S. E., Lesperance, M. M., & Kileny, P. (2000). Outcome of newborn hearing screening by ABR compared with four different DPOAE pass criteria. *American Journal of Audiology, 9*, 142-148.

Berg, R., & Stork, D. G. (1995). *The physics of sound* (2nd ed.). Englewood Cliffs, NJ: Prentice Hall.

Best, C. T. (1994). The emergence of native-language phonological influences in infants: A perceptual assimilation model. In J. V. Goodman & H. C. Nusbaum (Eds.),*The development of speech perception: The transition from speech sounds to spoken words* (pp. 167-224). Cambridge, MA: MIT.

Biedenstein, J., Davidson, L., & Moog, J. (1995). *SPICE: Speech perception instructional curriculum and evaluation.* St. Louis: Central Institute for the Deaf.

Biever, C. (2004, August 19). Language may shape thought. *NewScientist.com NewsService.* Retrieved April 17, 2006, from www.newscientist.com/article. ns?id=dn6303

Bloom, L. (1970). *Language development: Form and function in emerging grammars.* Cambridge, MA: MIT Press.

Boone, D. R., & Plante, E. (1993). *Human communication and its disorders* (2nd ed). Englewood Cliffs, NJ: Prentice Hall.

Brown, R. (1973). *A first language: The early stages.* Cambridge, MA: Harvard University Press.

Bruner, J. S. (1975). The ontogenesis of speech acts. *Journal of Child Language, 2,* 1–40.

Calderon, R. (2000). Parents' involvement in deaf children's education programs as apredictor of child's language, early reading, and social–emotional development. *Journal of Deaf Studies and Deaf Education, 5,* 140–155.

Calderon, R., & Naidu, S. (1999). Further support for the benefits of early identification and intervention for children with hearing loss. *Volta Review, 100*(5), 53–84.

Calvert, D. R., & Silverman, S. R. (1975). *Speech and deafness.* Washington, DC: A. G. Bell Association for the Deaf and Hard of Hearing.

Carnine, D. W., Kameenui, E. J., Silbert, J., & Tarver, S. (2003). *Direct instruction reading* (4th ed.). New York: Prentice-Hall.

Caselli, M. C. (1990). Communicative gestures and first words. In V. Volterra & C. J. Erting (Eds.), *From gesture to language in hearing and deaf children.* Washington, DC: Gallaudet University Press.

CDI Advisory Committee. (2003). *MacArthur–Bates Communicative Development Inventories.* Baltimore: Brookes.

Cheng, A. K., Grant, G. D., & Niparko, J. K. (1999). Meta-analysis of pediatric cochlear implant literature. *Annals of Otology, Rhinology and Laryngology, 108,* 124–128.

Clark, M. D. (1991). When the same is different: A comparison of the information processing strategies of deaf and hearing people. *American Annals of the Deaf, 136*(4), 349–359.

Clarke School for the Deaf/Center for Oral Education. (1995). *Speech development and improvement: Clarke curriculum series.* Northampton, MA: Author.

Condon, W. (1976). An analysis of behavioral organization. In W. Stokoe & H. R. Bernard (Eds.), *Sign language studies.* Silver Spring, MD: Linstok Press.

De Boysson-Bardie, B. (1989). A cross linguistic investigation of vowel for mants in babbling. *Journal of Child Language, 16*(1), 1-17.

Denes, P. & Pinson, E. (1993). *The speech chain: The physics and biology of spoken language* (2nd ed.). New York: W. H. Freeman.

Desjardin, J. L., Eisenberg, L. S., & Hodapp, R. M. (2006). Sound beginnings: Supporting families of young deaf children with cochlear implants. *Infants & Young Children, 19*(3), 179-189.

Dickson, S. V., Chard, D. J., & Simmons, D. C. (1993). An integrated reading/writing curriculum: A focus on scaffolding. *LD Forum, 18*(4), 12-16.

Dobrich, W., & Scarborough, H. S. (1984). Form and function in early communication: Language and pointing gestures. *Journal of Experimental Child Psychology, 38*(3), 475-490.

Dolch, E. W. (1948). *Problems in reading.* Champaign, IL: The Garrard Press.

Dunst, C. J., Bruder, M. B. (2002). Valued outcomes of service coordination, early intervention, and natural environments. *Exceptional Children, 68*(3), 361-375.

Easterbrooks, S. R., & Baker, S. (2002). *Language learning in children who are deaf and hard of hearing: Multiple pathways.* Boston: Allyn & Bacon.

Easterbrooks, S. R., & Baker-Hawkins, S. (1995). *Deaf and hard of hearing students: Education Services Guidelines.* Washington, DC: National Association of State Directors of Special Education.

Eliot, L. (1999). *What's going on in there? How the brain and mind develop in the first five years of life.* New York: Random House.

Erber, N. P. (1982). *Auditory training.* Washington, DC: A. G. Bell Association for the Deaf and Hard of Hearing.

Erber, N., & Greer, C. W. (1973). Communication strategies used by teachers at an oral school for the deaf. *Volta Review, 75*(8), 480-485.

Erenberg, S. (1999). Automated auditory brain stem response testing for universal newborn hearing screening. *Otolaryngologic Clinics of North America, 32*(6), 999-1007.

Ertmer, D. J., Leonard, J. S., & Pachuilo, M. P. (2002). Communication intervention for children with cochlear implants: Two case studies. *Language, Speech, and Hearing Services in the Schools, 33,* 206-218.

Estabrooks, W. (1994). *Auditory-verbal therapy for parents and professionals.* Washington, DC: The Alexander Graham Bell Association for the Deaf, Inc.

Estabrooks, W. (Ed.). (2001). *Fifty frequently asked questions about auditory-verbal therapy.* Toronto: Learning to Listen Foundation.

Fair, D. (1998). Motherese. *British Medical Journal, 316*(7133), 753-754.

Ferguson, C. A. (1968). Historical background of universals research. In J. Greenberg, C. Ferguson, & E. Moravcsik (Eds.), *Universals of human languages* (pp. 7-31). Stanford, CA: Stanford University Press.

Feuerstein, R. (1980). *Instrumental enrichment.* Baltimore, MD: University Park Press.

First Words Speech Therapy. (2004). *Milestones related to speech therapy.* Retrieved April 17, 2006, from www.fwspeech.com/milestones.php

Flege, J. E. (1995). Second language speech learning: Theory, findings, and problems. In W. Strange (Ed.), *Speech perception and linguistic experience: Issues in cross-language research* (pp. 233-273). Baltimore: York.

Fountas, G. S., & Pinnell, I. C. (1996). *Guided reading: Good first teaching for all children.* Portsmouth, NH: Heinemann.

Fry, D. B. (1999). *The physics of speech.* New York: Cambridge University Press.

Gallagher, P. A., Easterbrooks, S. R., & Malone, D. G. (2006). Universal newborn hearing screening and intervention: Assessing the current collaborative environment in service provision to infants with hearing loss. *Infants and Young Children, 19*(1), 59-71.

Geers, A. E., & Moog, J. S. (1987). Predicting spoken language acquisition of profoundly hearing impaired children. *Journal of Speech and Hearing Disorders, 5,* 84-94.

Geers, A. (1994). Techniques for assessing auditory speech perception and lipreading enhancement in young deaf children. *Volta Review, 96*(5), 85-96.

Gibbons, P. (2002). *Scaffolding language, scaffolding learning.* Portsmouth, NH: Heinemann.

Goldberg, J. (2005). The quivering bundles that let us hear. *Seeing, Hearing and Smelling the World: A Report from the Howard Hughes Medical Institute.* Chevy Chase, MD.

Grimshaw, G., Adelstein, A., Bryden, M. P., & MacKinnon, G. E. (1998). First language acquisition in adolescence: Evidence for a critical period for verbal language development. *Brain and Learning, 63*, 237–255.

Harding, C. G. (1983). Setting the stage for language acquisition: Communication development in the first year. In R. M. Golinkoff (Ed.), *The transition from prelinguistic to linguistic communication* (pp. 93–113). Hillside, NJ: Erlbaum.

Harris, T. L., & Hodges, R. E. (1995). *The literacy dictionary: The vocabulary of reading and writing.* Newark, DE: International Reading Association.

Harrison, M., Roush, J., & Wallace, J. (2003). Trends in age of identification and intervention in infants with hearing loss. *Ear and Hearing, 24*(1), 89–95.

Hart, B. and Risley, T. (1995). *Meaningful differences in everyday parenting and intellectual development in young American children.* Baltimore: Brookes.

Hasegawa, I. & Miyashita, Y. (2002). Categorizing the world: Expert neurons look into key features. *Nature Neuroscience, 5*(2), 90–91.

Haskins, H. (1949). *A phonetically balanced test of speech discrimination for children.* Unpublished master's thesis, Northwestern University, Evanston, IL.

Honig, B., Diamond, L., & Gutlohn, L. (2000). *Teaching reading sourcebook for kindergarten through eight grade.* Novato, CA: Arena Press.

Hughes, C. (1999, February 19–20). *Auditory management of the child with hearing loss* [workshop]. Atlanta.

Individuals with Disabilities Education Improvement Act–IDEA. (2004). Retrieved April 17, 2006, from www.ed.gov/policy/speced/guid/idea/idea2004.html

Joint Committee on Infant Hearing. (2000). Year 2000 position statement: Principle sand guidelines for early hearing detection and intervention programs. *American Journal of Audiology, 9*, 9–29.

Jusczyk, P. (1997). *The discovery of spoken language.* Cambridge: MIT Press.

Jusczyk, P. W., Friederici, A. P, Wessels, J. M., Svenderud, V. Y., & Jusczyk, A. M. (1993). Infants' sensitivity to the sound patterns of native language words. *Journal of Memory and Language, 32*(3), 402–420.

Kelly, L. (1993). Recall of English function words and inflections by skilled and average deaf readers. *American Annals of the Deaf, 138*, 288–296.

Kelly, R. R., Lang, H. G., & Pagliaro, C. M. (2003). Mathematics word problem solving for deaf students: A survey of practices in grades 6-12. *Journal of Deaf Studies and Deaf Education, 8*(2), 104-119.

Kluwin, T. N., Stinson, M. S., & Colarossi, G. M. (2002). Social processes and outcomes of in school contact between deaf and hearing peers. *Journal of Deaf Studies and Deaf Education, 7*(3), 200-213.

Kollie, E. (2006). Acoustics take the lead in classroom design. *School Planning & Management, 45*(2), 36-40.

Koopmans-van Beinum, F. J., Clement, C. J., &van den Dikkenberg-Pot, I. (2001). Babbling and the lack of auditory speech perception: A matter of coordination? *Developmental Science, 4*(1), 61-70.

Kozulin, A., & Rand, Y. (Eds.). (2002). *Experience of mediated learning: An impact of Feuerstein's theory in education and psychology.* Oxford, UK: Elsevier Science Ltd.

Kuhl, P. K. (2000). Language, mind, and brain: Experience alters perception. In M. S. Gazzaniga (Ed.), *The new cognitive neurosciences* (2nd ed., pp. 99-115). Cambridge, MA: MIT Press.

Lang, H. G., & Albertini, J. A. (2001). Construction of meaning in the authentic science writing of deaf students. *Journal of Deaf Studies and Deaf Education, 6*(4), 258-284.

Lederberg, A. R., Prezbindowski, A. K., & Spencer, P. E. (2000). Word-learning skills of deaf preschoolers: The development of novel mapping and rapid word-learning strategies. *Child Development, 71*(6), 1571-1585.

Leybaert, J. (1993). Reading in the deaf: The roles of phonological codes. In Marschark & M. D. Clark (Eds.), *Psychological perspectives on deafness* (pp. 269-309). Hillsdale, NJ: Erlbaum.

Leybaert, J. (1998). Effects of phonetically augmented lip speech on the development of phonological representations in deaf children. In M. Marsschark & M. D. Clark (Eds.), *Psychological perspectives on deafness* (pp. 103-130). Mahwah, NJ: Erlbaum.

Ling, D., (n.d.). *Acoustics, audition, and speech reception: Essentials underlying the development of spoken language by children who are hearing impaired.* [Videotape]. Alexandria, VA: Auditory Verbal International.

Ling, D. (2002). *Speech and the hearing-impaired child* (2nd ed.). Washington, DC: A.

G. Bell Association for the Deaf and Hard of Hearing.

Ling, D., & Ling, A. (1978). *Aural habilitation*. Washington, DC: A. G. Bell Association for the Deaf and Hard of Hearing.

Loeterman, M., Paul, P. V., & Donahue, S. (2002, February). Reading and deaf children. *Reading Online, 5*(6). Retrieved April 17, 2006, from www.readingonline.org/articles/art_index.asp?HREF=loeterman/index.html

Luetke-Stahlman, B., & Nielsen, D. (2003). The contribution of phonological awareness and receptive expressive English to the reading ability of deaf students with varying degrees of exposure to accurate English. *Journal of Deaf Studies and Deaf Education, 8*, 464-484.

McAnally, P., Rose, S., & Quigley, S. (1999). *Reading practices with deaf learners*. Austin, TX: Pro-Ed.

McConkey-Robbins, P. (1998). Two paths of auditory development for children with cochlear implants. *Loud and Clear Newsletter, 1*(1), 1-4.

Mehl, A. L., & Thomson, V. (1998). Newborn hearing screening: The great omission. *Pediatrics, 101*(1), e4.

Mehl, A. L., & Thomson, V. (2002). The Colorado newborn hearing screening project 1992-1999: On the threshold of effective population-based universal newborn hearing screening. *Pediatrics, 109*(1), e7.

Meints, K., Plunkett, K., & Harris, P. L. (1999). When does an ostrich become a bird? The role of typicality in early word comprehension. *Developmental Psychology, 35*, 1072-1078.

Meltzoff, A. N. (1999). Origins of theory of mind, cognition, and communication. *Journal of Communication Disorders, 32*, 251-269.

Metsala, J. L., & McCann, A. D., & Dacey, A. C. (1997). Children's motivations for reading. *Reading Teacher, 50*(4), 360-363.

Moog, J., & Geers, A. (1990). *Early Speech Perception (ESP) test for profoundly hearing-impaired children*. St. Louis: Central Institute for the Deaf.

Moog, J. S., & Biedenstein, J. J. (1998). *Teacher assessment of spoken language*. St. Louis, MO: The Moog Oral School.

Moog, J. S., Stein, K., Biedenstein, J, & Gustus, C. (2003). *Teaching activities for children who are deaf and hard of hearing: A practical guide for teachers.* St. Louis: The Moog Center for Deaf Education.

National Institute of Child Health and Human Development. (2002). *Report of the National Reading Panel: Teaching children to read.* Retrieved May 15, 2006, from www.nationalreadingpanel.org/Publications/subgroups.htm

National Institute on Deafness and Other Communication Disorders. (n.d.). *Speech and language development milestones.* Retrieved April 17, 2006, from www.nidcd.nih.gov/health/voice/speechandlanguage.asp

Nevins, M. E., & Chute, P. M., (1996). *Children with cochlear implants in educational settings.* San Diego: Singular Publishing.

Newport, E. L. (1991). Contrasting conceptions of the critical period for language. In S. Carey & R. Gelman (Eds.), *The Epigenesis of mind: Essays on biology and cognition.* Hillsdale, NJ: Erlbaum.

Nixon, M. (2004). Standards for acoustical environments in educational settings. *Hearing, 25*(2), 113-114.

Norris, J. A., & Hoffman, P. R. (1994). Whole language and representational theories: Helping children to build a network of associations. *Journal of Childhood Communication Disorders, 16*(1), 5-12.

Northern, J. L., & Downs, M. P. (2001). *Hearing in children* (5th ed.). Philadelphia: Lippincot Williams & Wilkins.

O'Hare, C. B. (1987). The effect of verbal labeling on tasks of visual perception: An experimental investigation. *Educational Research, 29*(3), 213-219.

Oller, D. (1978). Infant vocalizations and the development of speech. *Allied Health and Behavior Sciences, 1,* 523-549.

Owens, R., Jr. (1996.) *Language development: An introduction* (4th ed.). Needham Heights, MA: Allyn & Bacon.

Paul, P. (1998). *Literacy and deafness: The development of reading, writing, and literate thought.* Boston: Allyn & Bacon.

Peng, S., Spencer, L. J., & Tomblin, J. B. (2004). Speech intelligibility of pediatric cochlear implant recipients with seven years of device experience. *Journal of Speech Language and Hearing Research, 47*(6), 1227.

Perfetti, C. A., & Sandak, R. (2000). Reading optimally builds on spoken language. Implications for deaf readers. *Journal of Deaf Studies and Deaf Education, 5,* 32-50.

Pinker, S. (1994). *The language instinct: How the mind creates language.* New York: Harper Collins.

Pollack, D., Goldberg, D., & Caleffe-Schenck, N. (1997). *Educational audiology for the limited-hearing infant and preschooler* (3rd ed.). Springfield, IL: Charles C Thomas.

Prezbindowski, A. K., & Lederberg, A. R. (2003). Vocabulary assessment of deaf and hard-of-hearing children: From infancy through the preschool years. *Journal of Deaf Studies and Deaf Education, 7,* 330-345.

Proctor, R., Niemeyer, J. A., & Compton, M. V. (2005). Training needs of early intervention personnel working with infants and toddlers who are deaf and hard of hearing. *The Volta Review, 105*(2), 113-128.

Rhoades, E. (2000). *Motherese-parentese or strategies we employ to facilitate language learning.* Retrieved May 15, 2006, from Auditory Verbal Training-Workshops-Consultants-Mentoring Website: www.auditoryverbaltraining.com/motherese.htm

Rosenshine, B., & Meister, C. (1992). The use of scaffolds for teaching higher-level cognitive strategies. *Educational Leadership, 49*(7), 26-33.

Rossing, T. D. (1990). *The science of sound* (2nd ed.). Upper Saddle River, NJ: Pearson Education.

Ruben, R. J. (1997). A time frame of critical/sensitive periods of language development. *Acta Otlaryngologica, 117*(2), 202-205.

Sajaniemi, N., Hakamies-Blomqvist, L., Makela, J., Avellan, A., Rita, H., & von Wendt, L. (2001). Cognitive development, temperament and behavior at 2 years as indicative of language development at 4 years in preterm infants. *Child Psychiatry & Human Development. 31*(4), 329-346.

Sass-Lehrer, M., & Bodner-Johnson, B. (2003). Early intervention: Current approaches to family-centered programming. In M. Marschark & P. Spencer (Eds.), *Oxford hand-book of deaf studies, language, and education* (pp. 65-81). New York: Oxford University Press.

Schafer, G., Plunkett, K., & Harris, P. L. (1999). What's in a name? Lexical knowledge drives infants' visual preference in the absence of referential point. *Developmental*

Science, 2, 187-194.

Scharer, P. L., Pinnell, G. S., Lyons, C., & Fountas, I. (2005). Becoming an engaged reader. *Educational Leadership, 63*(2), 24-29.

Schirmer, B. (2000). *Language and literacy development in children who are deaf* (2nd ed.). Boston: Allyn & Bacon.

Schirmer, B. (2003). Using verbal protocols to identify the reading strategies of students who are deaf. *Journal of Deaf Studies and Deaf Education, 8*(2), 157-170.

Schleper, D. (1997). *Reading to deaf children: Learning from deaf adults.* Washington, DC: Gallaudet University, Pre-College National Mission Programs.

Schumaker, J. B., & Sheldon, J. B. (1999). *Proficiency in the sentence writing strategy: Instructor's manual.* Lawrence: University of Kansas.

Seep, B., Glosemeyer, R., Hulce, E., Linn, M., & Aytar, P. (2000). *Classroom acoustics: Are source for creating learning environments with desirable listening conditions.* Melville, NY: American Acoustical Society.

Seikel, A. J., King, D. W., & Drumright, D. G. (2005). *Anatomy and physiology for speech, language, and hearing* (2nd ed.). San Diego: Singular Publishing Group.

Staller, S. J., Beiter, A. L., Brimacombe, J. A., Mecklenburg, D. J., & Arndt, P. (1991). Pediatric performance with the Nucleus 22-channel cochlear implant system. *American Journal of Otology, 12*, 126-136.

Stark, R. E., Ansel, B. M., & Bond, J. (1988). Are prelinguistic abilities predictive of learning disability? A follow-up study. In R. L. Masland & M. W. Masland (Eds.), *Preschool prevention of reading failure.* Parkton, MD: York Press.

Strong, C. J. (1998). *The Strong narrative assessment procedure.* Eau Claire, WI: Thinking Publications.

Tade, W. J., & Vitali, G. J. (1994). *Children's early intervention for speech-language-reading(CEI).* East Aurora, NY: Slosson Educational Publications, Inc.

Trainor, L. J., Samuel, S. S., Desjardins, R. N., & Sonnadara, R. R. (2001). Measuring temporal resolution in infants using mismatch negativity. *Neuro report, 12*(11), 2443-2448.

Trezek, B. J., & Wang, Y. (2006). Implications of utilizing a phonics-based reading curriculum with children who are deaf or hard of hearing. *Journal of Deaf Studies and*

Deaf Education, 11(2), 202-213.

Vygotsky, L. (1978). *Mind in society: The development of higher psychological processes.* Cambridge, MA: Harvard University Press.

White, K. R. (2003). The current status of EHDI programs in the United States. *Mental Retardation & Developmental Disabilities Research Reviews, 9*(2), 79-88.

Whitfield, P., & Stoddart, M. (1985). *Hearing, taste, and smell.* New York: Torstar Books.

Woodward, A., & Hoyne, K. (1999). Infants learning about words and sounds in relation to objects. *Child Development, 70*(1), 65-77.

Yoshinaga-Itano, C., & Downey, D. M. (1996). Development of school-aged deaf, hard-of-hearing, and normally hearing students' written language. *Volta Review, 98*(1), 3-7.

Yoshinaga-Itano, C., Sedey, A. L., Coulter, D. K., & Mehl, A. L. (1998). Language of early- and later-identified children with hearing loss. *Pediatrics, 102*(5), 1161-1171.

Zarrella, S. (1995). Managing communication problems of unilateral hearing loss. *ADVANCE for Speech Language Pathologists & Audiologists* (February 13, p. 12). American Speech and Hearing Association.

찾아보기

▌ 저자 소개 ▌

Susan R. Easterbrooks는 조지아 주립대학교 교육대학(http://education.gsu.edu/epse)에서 교육심리 및 특수교육과(농교육 전공)에 재직하고 있으며, 30년 이상 농교육 분야에서 활발하게 활동해 오고 있다. Easterbrooks는 교사, 임상가, 관리자, 학교심리학자, 강연자, 상담가였으며, 청각장애 아동 교육에 관한 많은 논문과 책을 써 왔다. 저자는 여러 지역, 주, 국가 위원회에 적극 참여하고 있다. 현재 미국특수교육협의회 의사소통 및 청각장애 분과 교사교육 파트의 위원장을 맡고 있다. 전국특수교육감독관협회(National Association of State Directors of Special Education)에서 출판된 청각장애 학생을 위한 서비스 지침 개발 및 개정에 참여하였다. 또한 전문교육표준위원회(National Board for Professional Teaching Standards)의 특수교육위원회에서 활동하였다. 그녀는 남편, 아들과 함께 조지아주 게인즈빌에 살고 있다.

Ellen L. Estes는 애틀랜타 언어학교(www.atlantaspeechschool.org)의 캐서린 햄 센터(Katherine Hamm Center)의 청각장애 아동을 위한 구어-청각 프로그램 책임자로, 청각장애 아동을 30년 동안 가르쳐 왔다. 알렉산더 그레이엄 벨 협회(Alexander Graham Bell Association)의 국제 전문 부서(International Professional Section)의 의장을 역임하였다. Estes는 청각장애 아동의 언어와 문해 발달에 관한 글을 쓰고 워크숍을 열고 있으며, 전국의 학교에 조언을 해 주고 있다. 그녀는 아이들 그리고 두 마리의 개구쟁이 반려견과 함께 조지아주 파우더스프링스에 살고 있다.

▌역자 소개 ▌

김영욱 Kim, Young-Wook
단국대학교 특수교육과 졸업
단국대학교 대학원 특수교육학과 석사, 박사
한국언어청각임상학회 회장(2000~2002) 역임
한국특수교육학회 회장(2004~2006) 역임
강남대학교 사범대학 특수교육과 교수 역임
단국대학교 사범대학 특수교육과 교수 역임

김희영 Kim, Hee-Young
이화여자대학교 대학원 특수교육학과 석사
단국대학교 대학원 특수교육학과 청각 · 언어장애아교육 전공 박사
언어재활사 1급
현 김희영아동발달센터 언어재활사

이윤선 Lee, Yoon-Sun
단국대학교 대학원 특수교육학과 청각 · 언어장애아교육 전공 석사, 박사
언어재활사 1급
현 서울농학교 청각언어훈련센터 언어재활사

한효정 Han, Hyo-Jung
단국대학교 대학원 특수교육학과 청각 · 언어장애아교육 전공 석사
단국대학교 대학원 특수교육학과 청각장애아교육 전공 박사
언어재활사 1급
대한청각학회 청각사
현 도닥임아동발달센터 언어재활사

부모, 교사, 언어재활사를 위한 이론과 실제
청각장애 아동의 듣기, 말하기, 읽기
Helping Deaf and Hard of Hearing Students to Use Spoken Language:
A Guide for Educators and Families

2019년 7월 15일 1판 1쇄 발행
2025년 1월 20일 1판 3쇄 발행

지은이 • Susan R. Easterbrooks · Ellen L. Estes
옮긴이 • 김영욱 · 김희영 · 이윤선 · 한효정
펴낸이 • 김 진 환
펴낸곳 • (주) **학지사**
　　　　04031 서울특별시 마포구 양화로 15길 20 마인드월드빌딩 5층
대표전화 • 02) 330-5114　　팩스 • 02) 324-2345
등록번호 • 제313-2006-000265호

홈페이지 • http://www.hakjisa.co.kr
인스타그램 • https://www.instagram.com/hakjisabook

ISBN 978-89-997-1847-2 93370

정가 **19,000**원

출판미디어기업 **학지사**

간호보건의학출판 **학지사메디컬** www.hakjisamd.co.kr
심리검사연구소 **인싸이트** www.inpsyt.co.kr
학술논문서비스 **뉴논문** www.newnonmun.com
원격교육연수원 **카운피아** www.counpia.com
대학교재전자책플랫폼 **캠퍼스북** www.campusbook.co.kr